O PROGRESSO E SEUS PROBLEMAS

FUNDAÇÃO EDITORA DA UNESP

Presidente do Conselho Curador
Herman Jacobus Cornelis Voorwald

Diretor-Presidente
José Castilho Marques Neto

Editor-Executivo
Jézio Hernani Bomfim Gutierre

Conselho Editorial Acadêmico
Alberto Tsuyoshi Ikeda
Célia Aparecida Ferreira Tolentino
Eda Maria Góes
Elisabeth Criscuolo Urbinati
Ildeberto Muniz de Almeida
Luiz Gonzaga Marchezan
Nilson Ghirardello
Paulo César Corrêa Borges
Sérgio Vicente Motta
Vicente Pleitez

Editores-Assistentes
Anderson Nobara
Henrique Zanardi
Jorge Pereira Filho

LARRY LAUDAN

O PROGRESSO E SEUS PROBLEMAS
RUMO A UMA TEORIA DO
CRESCIMENTO CIENTÍFICO

Tradução
Roberto Leal Ferreira

© 1978 The Regents of the University of California
Published by arrangement with University of California Press
Publicado por meio de acordo com a University of California Press

Título original: *Progress and its problems: towards a theory of scientific growth*

© 2010 da tradução brasileira

Direitos de publicação reservados à:
Fundação Editora da UNESP (FEU)
Praça da Sé, 108
01001-900 – São Paulo – SP
Tel.: (0xx11) 3242-7171
Fax: (0xx11) 3242-7172
www.editoraunesp.com.br
www.livrariaunesp.com.br
feu@editora.unesp.br

CIP – Brasil. Catalogação na fonte
Sindicato Nacional dos Editores de Livros, RJ

L391p
 Laudan, Larry, 1941-
  O progresso e seus problemas: rumo a uma teoria do crescimento científico / Larry Laudan; tradução Roberto Leal Ferreira. – São Paulo: Editora Unesp, 2011.
  352p.

  Tradução de: Progress and its problems: towards a theory of scientific growth
  Inclui bibliografia e índice
  ISBN 978-85-393-0143-0

  1. Ciência – Filosofia. 2. Ciência – História. 3. Desenvolvimento científico. 4. Progresso. 5. Solução de problemas. I. Título.

 11-3401.   CDD: 501
                                                       CDU: 501

Editoras afiliadas

Asociación de Editoriales Universitarias
de América Latina y el Caribe

Associação Brasileira de
Editoras Universitárias

A Rachel, Heather e Kevin –
companheiros de peregrinação

SUMÁRIO

PREFÁCIO	1
INTRODUÇÃO	3

PARTE 1
UM MODELO DE PROGRESSO CIENTÍFICO 15

1 O PAPEL DOS PROBLEMAS EMPÍRICOS	17
A natureza dos problemas científicos	19
Problemas empíricos	21
Tipos de problemas empíricos	26
O *status* dos problemas não resolvidos	27
A natureza dos problemas resolvidos	32
O papel especial dos problemas anômalos	38
Converter anomalias em problemas resolvidos	44
A ponderação dos problemas empíricos	45
O peso dos problemas resolvidos	46
O peso dos problemas anômalos	52
Complexos de teorias e problemas científicos	56
A alegada ambiguidade do teste das teorias	57
Solução de problemas e testes ambíguos	59
2 PROBLEMAS CONCEITUAIS	63
A natureza dos problemas conceituais	67
Problemas conceituais internos	69
Problemas conceituais externos	71

VIII LARRY LAUDAN

As origens dos problemas conceituais	76
O peso relativo dos problemas conceituais	91
Resumo e visão geral	93

3 DAS TEORIAS ÀS TRADIÇÕES DE PESQUISA **99**

A teoria dos "paradigmas" científicos de Kuhn	102
A teoria dos "Programas de Pesquisa" de Lakatos	107
A natureza das tradições de pesquisa	111
Teorias e tradições de pesquisa	115
A separabilidade entre teorias e tradições de pesquisa	133
A evolução das tradições de pesquisa	135
Tradições de pesquisa e mudanças na visão de mundo	142
A integração das tradições de pesquisa	145
Tradições de pesquisa "não convencionais"	148
A avaliação das tradições de pesquisa	149
Adequação e progresso	149
As modalidades de avaliação: aceitação e adoção	152
A adhocidade e a evolução das tradições de pesquisa	160
Reexame das anomalias	167
Resumo: caracterização da mudança científica	168

PARTE 2
APLICAÇÕES **215**

4 PROGRESSO E REVOLUÇÃO **171**

Progresso e racionalidade científica	171
Revoluções científicas	186
Revolução, continuidade e comensurabilidade	194
Progresso não cumulativo	205
Em defesa da ciência "imatura"	211

5 HISTÓRIA E FILOSOFIA DA CIÊNCIA **217**

O papel da História na Filosofia da ciência	221
O papel das normas na História da Ciência	229
Normas na narração histórica	230
Normas para a explicação histórica	232
Apreciação racional e "reconstrução racional"	234

O PROGRESSO E SEUS PROBLEMAS   IX

6 A HISTÓRIA DAS IDEIAS   241
   Autonomia disciplinar e História das ideias   244
   Ideias e seus contextos de problema   246
   Os objetivos e as ferramentas da História intelectual   251
   Solução de problemas e tradições de pesquisa não científicas 266
   A História é indispensável para a avaliação
   das teorias   271

7 RACIONALIDADE E SOCIOLOGIA DO CONHECIMENTO   275
   O campo da Sociologia cognitiva   278
   A natureza da Sociologia cognitiva   278
   Os fundamentos teóricos da Sociologia cognitiva   306
   Conclusão   313

EPÍLOGO: PARA ALÉM DA *VERITAS* E DA *PRAXIS*   315
REFERÊNCIAS   319
ÍNDICE ONOMÁSTICO   331

PREFÁCIO

Tive sorte de ser aluno ou colega de vários dos estudiosos cujo trabalho muito contribuiu para formar o caráter da História e da Filosofia da ciência contemporâneas: C. G. Hempel, T. S. Kuhn, Gerd Buchdahl, Paul Feyerabend, Karl Popper, Imre Lakatos e Adolf Grünbaum. Todos eles deixaram marca nas ecléticas doutrinas que compõem este ensaio. Se o livro é insistentemente crítico de algumas das ideias deles, é porque a discordância sadia (diferentemente da imitação) é o sinal mais profundo da admiração duradoura. Infelizmente, não me é mais possível agradecer o quanto a minha abordagem da ciência deve a cada um desses pensadores; a dívida coletiva é enorme. A originalidade que possa haver neste ensaio deriva quase inteiramente das intuições (e, em alguns casos, das férteis confusões) que se encontram em seus escritos.

Outras formas de dívida são, porém, mais fáceis de situar. Bolsas de pesquisa da National Science Foundation, da Fulbright-Kommission alemã e da Universidade de Pittsburgh proporcionaram o tempo livre necessário para levar adiante este projeto. A hospitalidade da Universidade de Konstanz proporcionou uma atmosfera adequada para deixar por escrito ideias que vinham ganhando forma em meus seminários desde 1970. Cindy Brennan e Karla Goldman forneceram o trabalho de escrevente ao prepararem o manuscrito. Partes específicas dos primeiros esboços deste ensaio foram proveitosamente discutidas com A. Grünbaum, D. Hull, J. E. McGuire, K. Schaffner, M. J. S. Hodge, M. e R. Nye, I. Mitroff, P. Machamer, N. Rescher, R. Creath, A. G. Molland, S. Wykstra, F. Kambartel, J. Mittelstrass, P. Janich e J. M. Nicholas. O livro teria muito mais defeitos que tem sem as críticas e as sugestões deles. Minha maior dívida é, no entanto, com Rachel, cuja paciência, senso crítico e incansável incentivo deram sustentação a este projeto durante o difícil período de incubação.

Junho de 1976

INTRODUÇÃO

Temos de explicar por que a ciência –
exemplo mais certo de um conhecimento sólido –
progride como progride; antes, temos de descobrir como,
na verdade, ela progride.[1]

A Epistemologia é um tema antigo; até por volta de 1920, era também um grande tema. O que provocou a mudança nessa consideração foi a confluência de três desenvolvimentos bastante independentes, tendo cada um dos quais efetuado uma profunda transformação no estudo do conhecimento. Houve, antes de tudo, a crise produzida pela percepção de que o conhecimento não era tão certo nem tão passível de correção como os pensadores desde Platão e Aristóteles haviam presumido que fosse. Houve, em segundo lugar, o crescente isolamento profissional dos filósofos acadêmicos e sua convicção relacionada de que disciplinas como Psicologia e Sociologia, que haviam desempenhado papel de fundamental importância nas primeiras teorias epistemológicas, não tinham muito a oferecer. (Esse isolamento foi, em seguida, promovido pela ingênua duplicidade dos estudiosos de outras áreas, todos muito dispostos a relegar "o problema

---

[1] Kuhn, Logic of Discovery or Psychology of Research?. In: Lakatos; Musgrave (Eds.), *Criticism and the Growth of Knowledge*, p.20.

4 LARRY LAUDAN

do conhecimento" aos filósofos profissionais.) Houve, final e catastroficamente, uma tendência crescente (sobretudo nos países de língua inglesa) de se imaginar que se poderia captar a natureza do conhecimento mesmo permanecendo ignorante de seu melhor exemplo existente – as ciências naturais.

Apesar da tentativa de apropriação dos assuntos epistemológicos pelos filósofos profissionais, muitas das questões clássicas acerca da natureza do conhecimento científico ainda permanecem de interesse amplo e geral: A ciência progride? Nossas ideias acerca da natureza são realmente dignas de crédito? Algumas crenças a respeito do mundo são mais racionais que outras? Questões como essas vão muito além das fronteiras dos monopólios disciplinares especializados. Isso em boa medida porque a maioria das pessoas no Ocidente colhe na ciência a parte principal de suas crenças tanto sobre a natureza quanto com relação a si mesmas. Sem Newton, Darwin, Freud e Marx (para citar só os mais óbvios), nossa imagem do mundo seria muito diferente do que é. Se a ciência é um sistema de investigação racionalmente bem fundamentado, é certo que emulemos seus métodos, aceitemos suas conclusões e adotemos seus pressupostos. Se, porém, a ciência for predominantemente irracional, não há razão para levarmos suas reivindicações de conhecimento mais (ou menos) a sério que as do vidente, do profeta religioso, do guru ou do quiromante local.

Durante muito tempo, tomou-se a racionalidade e o caráter progressivo da ciência como fato óbvio ou conclusão autoevidente; alguns leitores provavelmente ainda acharão estranho haver nisso algum problema. Embora essa atitude confiante tenha sido quase inevitável, dado o viés cultural favorável à ciência na cultura moderna, houve uma série de desenvolvimentos recentes que a questionam seriamente:

O PROGRESSO E SEUS PROBLEMAS 5

1. Os filósofos da ciência, cujo objetivo principal é definir racionalidade em geral descobriram que seus modelos de racionalidade têm poucos exemplos, se é que existe algum, no processo real de atividade científica.[2] Se aceitarmos o argumento tirado desses modelos para a definição da racionalidade em si, parece que somos forçados a considerar irracional praticamente toda a ciência.

2. As tentativas de mostrar que os métodos da ciência garantem que ela seja um conhecimento verdadeiro, provável, progressivo ou solidamente confirmado – tentativas que contam com uma linhagem quase contínua de Aristóteles aos dias de hoje – geralmente fracassaram,[3] provocando uma distinta presunção de que as teorias científicas não são verdadeiras, prováveis, progressivas nem solidamente confirmadas.

---

[2] Rudolf Carnap, por exemplo, admite que seu sistema de lógica indutiva e sua teoria da confirmação são *inadequados* para lidar com os mais importantes episódios da história da ciência. "Por exemplo, não podemos aplicar a lógica indutiva à teoria da relatividade geral de Einstein a fim de obter um valor numérico para o grau de confirmação desta teoria. O mesmo vale para as outras etapas da transformação revolucionária da física moderna... *uma aplicação da lógica indutiva a esses casos está fora de cogitação.*" (Carnap, *Logical Foundation of Probability*, p.243, grifos do autor). A maioria dos proponentes de teorias indutivas da racionalidade fez observações parecidas acerca de seus modelos.

[3] Carnap, mais uma vez, vê-se forçado a adotar a ideia de que o grau de confirmação (sua medida básica para a aceitabilidade racional) de todas as teorias científicas universais é zero, a confirmação que teriam se jamais tivessem sido confirmadas! Carnap, em um clássico exemplo de lítotes, concorda que esse "resultado parece surpreendente; ele não vai de acordo com o fato de que os cientistas muitas vezes dizem que uma lei 'foi bem confirmada'...". (Ibid., p.571.)

6   LARRY LAUDAN

3. Os sociólogos da ciência apontaram diversos episódios no passado recente (e distante) da ciência que *parecem* revelar que muitos fatores não racionais ou irracionais estão envolvidos na tomada de decisões científicas.[4]

4. Alguns historiadores e filósofos da ciência (por exemplo, Kuhn e Feyerabend) afirmaram não só que certas decisões entre teorias na ciência *foram irracionais*, mas que as escolhas entre teorias científicas concorrentes *devem ser irracionais*, por natureza.[5] Eles (sobretudo Kuhn) também sugeriram que todo ganho em conhecimento é acompanhado de perdas concomitantes, e assim é impossível afirmar quando, ou até mesmo se, estamos progredindo.[6]

O ceticismo para o qual apontam tais conclusões foi reforçado pelos argumentos gerais ligados ao relativismo cultural no sentido de que a ciência é apenas um conjunto de crenças entre muitos outros possíveis e de que nós, no Ocidente, a veneramos não porque ela seja mais racional que as concorrentes, mas porque somos produto de uma cultura que tradicionalmente dá grande importância à ciência. Todos os sistemas de crença, inclusive a ciência, são vistos como dogmas e ideologias, dentre os quais a escolha objetiva e racional é impossível.

---

[4] Se tais episódios são genuinamente irracionais ou só parecem sê-lo é uma questão tratada no Capítulo 7.

[5] Veja em especial Kuhn, *The Structure of Scientific Revolutions*; Feyerabend, *Against Method*.

[6] Para exame detalhado das ideias de Kuhn sobre esta questão, veja p.206-ss.

O PROGRESSO E SEUS PROBLEMAS 7

Diante do fracasso reconhecido da análise tradicional em lançar alguma luz sobre a racionalidade do conhecimento, três opções parecem se oferecer:

1. Podemos continuar a esperar que alguma pequena variação ainda não descoberta da análise tradicional vá enfim esclarecer e justificar as nossas intuições acerca do caráter bem fundado da ciência e, assim, revelar-se um modelo válido de racionalidade.
2. Podemos, diferentemente, abandonar a busca de um modelo adequado de racionalidade como causa perdida, aceitando, assim, a tese de que a ciência é, ao que nos consta, claramente irracional.
3. Podemos, enfim, começar de novo a analisar a racionalidade da ciência, tentando deliberadamente evitar alguns dos pressupostos fundamentais que provocaram o colapso da análise tradicional.

Enormes esforços foram despendidos, sobretudo na última década, na aplicação das estratégias (1) e (2). Os filósofos da ciência, de modo geral, escolheram a primeira opção. Assim, pergunta Lakatos, "Quais são as mudanças *mínimas* necessárias à análise popperiana da ciência para capacitá-la a resolver o problema da racionalidade?".[7] Salmon pergunta: "Quais são os ajustes *mínimos* necessários à teoria de Reichenbach para adequá-la à prática científica?". Hintikka pergunta: "Que tipo de *remendo* à lógica indutiva de Carnap a tornará relevante ao teste científico?". Embora admiremos a tenacidade

---

[7] Lakatos luta para tornar adequada a teoria popperiana da racionalidade e encaixar suas próprias ideias interessantes em um contexto popperiano (Lakatos, Changes in the Problem of Inductive Logic. In: _____ (Ed.). The *Problem of Inductive Logic*).

8 LARRY LAUDAN

e a engenhosidade demonstrada pelos defensores dessa abordagem, os resultados não são muito encorajadores. A maioria das
dificuldades enfrentadas por Popper, Carnap ou Reichenbach
continuam sendo obstáculos para seus discípulos de hoje.[8]
A segunda opção mostrou-se mais popular entre os
pensadores de orientação histórica. Assim, tanto Kuhn como
Feyerabend concluem que a tomada de decisões científicas
é basicamente um problema político e propagandístico, em
que o prestígio, o poder, a idade e a polêmica determinam
de maneira decisiva o resultado do combate entre teorias e
teóricos concorrentes. O erro deles parece ter sido chegar a
uma conclusão prematura. Eles partem da premissa de que
a racionalidade é definida exaustivamente por certo modelo
(os dois assumem como arquétipo o modelo de falseabilidade de Popper). Tendo observado que o modelo popperiano
de racionalidade pouca justiça faz à ciência real, concluem
precipitadamente que a ciência tem de ter amplos elementos
irracionais, sem pararem para examinar se um modelo mais
rico e sutil de racionalidade poderia obter êxito.

Visto que uma opção parece pouco promissora e a
outra, prematura, tendo a achar que devemos adotar a terceira
estratégia. Abramos mão de parte da linguagem e dos conceitos tradicionais (grau de confirmação, conteúdo explicativo,
corroboração e afins) e vejamos se um modelo potencialmente
mais adequado de racionalidade científica começa a despon-
tar. Vejamos se, fazendo de novo as perguntas elementares
sobre a ciência, não alcançamos uma perspectiva um pouco
diferente sobre o conhecimento científico.

---

[8] Embora Hintikka tenha evitado algumas das dificuldades que Carnap
encontrou, como Carnap, mantém a ideia de que os graus de confirmação
são, em geral, dependentes da linguagem. Esse fracasso é tão embaraçoso e
contraintuitivo quanto qualquer um dos resultados anteriores de Carnap.

O PROGRESSO E SEUS PROBLEMAS 9

Nas páginas seguintes, tentarei examinar as consequências da ideia de que a ciência visa fundamentalmente à solução de problemas. Embora a ideia em si seja um lugar--comum, muito pouca atenção foi dada a explorá-la em pormenor. Quais são os diferentes tipos de problemas, o que torna um mais importante que outro, os critérios para considerar adequada uma solução, a relação entre problemas não científicos e científicos; nenhuma dessas questões foi tratada com a minúcia necessária. Para antecipar algumas das conclusões, proponho que a racionalidade e a progressividade de uma teoria estão intimamente relacionadas – não com a confirmação ou o falseamento, mas, antes, com a sua *efetividade em resolver problemas*. Argumentarei que há importantes fatores *não empíricos* e até "*não científicos*" (no sentido habitual) que desempenharam – e deveriam desempenhar – um papel no desenvolvimento *racional* da ciência. Sugerirei, além disso, que a maioria dos filósofos da ciência identificou erroneamente a natureza da avaliação científica, e com isso a unidade primária da análise racional, concentrando-se na teoria individual, em vez de no que chamarei de *tradição de pesquisa*. Este estudo mostrará, ademais, que precisamos distinguir entre a *racionalidade de aceitação* e a *racionalidade de exploração*, se quisermos progredir na reconstrução das dimensões cognitivas da atividade científica.

Minha estratégia básica no que se segue envolverá a obnubilação e talvez a obliteração da distinção clássica entre *progresso* científico e *racionalidade* científica. Essas duas noções, ambas centrais em qualquer discussão sobre a ciência, muitas vezes pareceram em desacordo uma com a outra. Progresso é um conceito inevitavelmente *temporal*; falar de progresso científico implica a ideia de um processo que ocorre ao longo do tempo. A racionalidade, por outro lado, tende a ser vista como um conceito atemporal; tem-se alegado que

10 LARRY LAUDAN

podemos determinar se uma asserção ou teoria é racionalmente crível independentemente de qualquer conhecimento de sua carreira histórica. À medida que a racionalidade e a progressividade estão ligadas, a primeira assumiu a prioridade sobre a segunda – a tal ponto que a maioria dos autores vê o progresso como *nada mais que* a projeção temporal de uma série de escolhas racionais. Ser progressivo, segundo a concepção habitual, é aderir a uma série de crenças cada vez mais racionais. Muito me perturba a unanimidade com que os filósofos transformaram o progresso em *parasita* da racionalidade. Em parte, meu aborrecimento é provocado pela preocupação de que tal processo implique explicar algo que pode ser prontamente entendido (progresso) em termos de outra coisa (racionalidade) talvez muito mais obscura. Mais séria, porém, é a ausência de qualquer argumento convincente para explicar o conceito de progresso em termos de racionalidade. Os dois conceitos estão, sem dúvida, relacionados, mas não necessariamente da maneira que se costuma supor.

Vamos pressupor que podemos aprender alguma coisa invertendo a suposta dependência do progresso em relação à racionalidade. Tentarei mostrar que dispomos de um modelo mais claro de progresso científico que de racionalidade científica; além disso, podemos definir a aceitação racional em termos de progresso científico. Em uma frase, minha proposta é que *a racionalidade consiste em escolhas teóricas mais progressivas*, não que o progresso consista em aceitar sucessivamente as teorias mais racionais. Essa inversão da hierarquia habitual proporciona algumas perspectivas sobre a natureza da ciência que tendem a nos escapar se preservarmos a relação tradicional entre progresso e racionalidade.

Outro dos principais obstáculos ao desenvolvimento de uma teoria do progresso científico tem sido o pressuposto universal de que o progresso só pode ocorrer se for *cumulativo*,

O PROGRESSO E SEUS PROBLEMAS 11

isto é, se o conhecimento se acumular por adição. Por haver graves dificuldades, tanto histórica como conceitualmente, com a ideia de progresso por adição, proponho uma definição do progresso científico que não requer desenvolvimento cumulativo. Para que as ambições deste empreendimento tragam frutos e para evitar que sejam mal-interpretadas, dois pontos essenciais devem ser ressaltados. Primeiro, o termo "progresso" tem muitas conotações *emocionais* arraigadas nas intuições subjetivas tanto dos amigos quanto dos críticos da ciência. O objetivo deste trabalho não é explorar essa emotividade, mas oferecer critérios objetivos para se determinar quando ocorreu progresso. Em muitas discussões, não tem sido dada atenção suficiente à separação da questão sobre o que é o progresso da questão sobre sua desejabilidade moral e cognitiva. Qualquer teoria adequada deve fazer tal distinção do modo mais exato possível. Há uma segunda ambiguidade crucial nos usos normais de "progresso", que também deve ser ressaltada. É comum falar de progresso para se referir a uma melhora das condições materiais ou "espirituais" da vida. Embora esse sentido de progresso seja sem dúvida importante, não direi praticamente nada sobre ele neste ensaio. Minha exclusiva preocupação será com o que chamarei de *progresso cognitivo*, que não é nada mais, nada menos que o *progresso relacionado às aspirações intelectuais da ciência*. O progresso cognitivo não acarreta nem é acarretado pelo progresso material, social ou espiritual. Essas noções não são completamente desconexas, mas se referem a processos muito diferentes e, pelo menos no âmbito da presente discussão, devem ser distinguidas.

Um último ponto: antes, um número grande demais de discussões sobre a racionalidade e o progresso científicos foi desinformado sobre o curso real da evolução da ciência e inaplicável a ele. Os diversos modelos filosóficos bem conhecidos de racionalidade têm se mostrado inaplicáveis à maioria dos casos na história da ciência em que, pelo menos intuitivamente, estamos convencidos de que escolhas sensatas e racionais estavam sendo feitas. Sem pressupor que tudo o que a ciência faça é, por definição, racional, devemos exigir de qualquer modelo de ciência que ele substancialmente "se encaixe" no curso real da mudança científica. Assim, será feito amplo uso de casos e episódios históricos neste ensaio; a ideia não é que eles apenas *ilustrem* minhas afirmações filosóficas, mas também *sirvam de teste* para elas. Se o modelo aqui em discussão não conseguir ilustrar a maneira como a tomada de decisões científicas tem atuado na realidade (pelo menos por algum tempo), ele fracassou.

Em razão do peso dado ao material histórico nesta abordagem – material que alguns filósofos consideram irrelevante para a epistemologia – também examinarei brevemente a questão geral da introdução de dados descritivos (como a história) em uma teoria normativa (como um modelo de racionalidade científica).

A primeira parte do estudo articula um modelo de racionalidade e progresso científicos e mostra como esse modelo, apesar de toda a sua evidente incompletude, evita muitos paradoxos que os modelos anteriores haviam gerado e dá conta, de certa maneira, dos dados históricos. A segunda parte examina as ramificações desse modelo em relação a uma série de investigações científicas, que vão da história das ideias à história e à filosofia da ciência e à sociologia do conhecimento.

Não me foi possível explorar todas as questões relacionadas ao progresso científico com a minúcia que elas merecem. Por essa falha, só posso pedir a clemência do leitor. Este não é, nem pretende ser, um trabalho acabado. Em muitos pontos, esboços de argumentos fazem as vezes

O PROGRESSO E SEUS PROBLEMAS 13

de argumentos e intuições plausíveis e são invocados onde, idealmente, seriam necessárias doutrinas explícitas. Muito resta a dizer sobre todas as questões tratadas. Mas o estudo do conhecimento racional e seu crescimento são um empreendimento cooperativo de um conjunto de mentes. Meu propósito é oferecer uma nova perspectiva sobre alguns problemas que há muito tempo vêm preocupando as pessoas propensas à reflexão.

PARTE 1
UM MODELO DE PROGRESSO CIENTÍFICO

A atividade de compreender é, essencialmente, a mesma que a do ato de solucionar problemas.[1]

---

[1] Popper, *Objective Knowledge*, p.166.

CAPÍTULO 1

O PAPEL DOS PROBLEMAS EMPÍRICOS

A formulação de problemas na ciência
deve ser entendida observando-se
a continuidade de toda a corrente
do esforço científico.[1]

A ciência é essencialmente uma atividade de solução de problemas. Esse insípido lugar-comum, mais clichê que Filosofia da Ciência, foi adotado por gerações de autores de manuais científicos e de autoproclamados especialistas "no método científico". Mas, apesar de todo o falatório gerado pela ideia de que a ciência consiste fundamentalmente em solucionar problemas, pouca atenção foi dada, tanto pelos filósofos da ciência quanto pelos historiadores da ciência, às ramificações de tal abordagem.[2] Os filósofos da ciência

---

[1] Simon, Scientific Discovery and the Psychology of Problem Solving. In: Colodny (Ed.), *Mind and Cosmos*, p.37.

[2] Aparentemente, as duas exceções a esta afirmação são Kuhn e Popper, que insistem no fato de que seus modelos de ciência se fundamentam em uma abordagem do crescimento científico baseada na solução de problemas. Infelizmente, essa abertura aos problemas é apenas retórica.

18 LARRY LAUDAN

em geral imaginaram que podiam revelar a racionalidade da ciência ignorando, em suas análises, o fato de que as teorias costumam ser tentativas de resolver problemas empíricos específicos acerca do mundo natural.[3] Do mesmo modo, os historiadores da ciência, por sua vez, costumavam imaginar que a cronologia das teorias científicas possuísse uma inteligibilidade intrínseca que exigiria pouco ou nenhum conhecimento dos problemas particulares que preeminentes teorias no passado tencionavam resolver.

O objetivo deste pequeno livro é esboçar o que parecem ser as implicações, tanto para a História da Ciência quanto para a Filosofia, de uma visão da investigação que vê a ciência – acima de tudo – como atividade de solução de problemas. A abordagem aqui assumida não deve implicar que a ciência "nada mais é" que uma atividade de solução de problemas. A ciência tem uma ampla variedade de objetivos, assim como os cientistas individualmente têm inúmeras motivações: a ciência visa a explicar e controlar o mundo natural; os cientistas buscam (entre outras coisas) a verdade, a influência, a utilidade social e o prestígio. Cada uma dessas metas poderia ser usada (e o foi) para traçar um quadro dentro do qual se pudesse tentar explicar o desenvolvimento

---

Popper jamais mostra de maneira convincente como a lógica da solução de problemas se relaciona com qualquer elemento técnico de sua filosofia da ciência (como a "falseabilidade" ou o "conteúdo empírico"); Kuhn, por sua vez, nega que "a capacidade de resolver problemas seja a única base – ou uma base inequívoca – para a escolha de paradigmas [isto é, teorias]" (Kuhn, *The Structure of Scientific Revolutions*, p.168). Assim, ambos tomam com uma mão o que dão com a outra.

[3] Não afirmo com isso que os filósofos da ciência ignoraram tal empirismo. Como veremos adiante, há vastas diferenças entre "explicar dados empíricos" e "resolver problemas empíricos". Os filósofos da ciência falaram demais sobre o primeiro e praticamente nada sobre o segundo.

O PROGRESSO E SEUS PROBLEMAS   19

e a natureza da ciência. A abordagem, porém, sustenta que
a visão de um sistema de solução de problemas propicia a
esperança de apreender o que é mais característico na ciência
do que qualquer outro quadro.

À medida que se tornar claro que muitos dos problemas
clássicos da Filosofia da Ciência e dos padrões da História
da Ciência assumem uma perspectiva bem diferente quando
encaramos a ciência como atividade de solução de problemas,
afirmaremos que uma análise atenta desse ponto de vista gera
novas perspectivas que se opõem a boa parte da "sabedoria
convencional" que os historiadores e os filósofos da ciência
tinham como certa.

As teses propostas por este estudo nada têm de modes-
tas. Em suma, sugerirei que uma teoria sofisticada da ciência
qua atividade de solução de problemas *deve* alterar a maneira
como percebemos as questões centrais da historiografia e
os problemas centrais da Filosofia ou da metodologia da
ciência. Argumentarei que, se levarmos a sério a doutrina de
que o objetivo da ciência (e de toda investigação intelectual,
aliás) é a resolução ou a clarificação de problemas, teremos
uma imagem diferente da evolução histórica e da avaliação
cognitiva da área.

Antes de contrastar a visão da ciência como solução de
problemas com algumas filosofias e histórias bem conhecidas, mostrarei especificamente o que entendo por "teoria da
ciência orientada para problemas". Esse é o objetivo que este
capítulo e o próximo visam a alcançar.

A natureza dos problemas científicos

Ao longo deste ensaio, falarei sobre o que chamo de
problemas científicos. Devo ressaltar desde já que não creio

que sejam fundamentalmente diferentes dos outros tipos de problemas (embora muitas vezes sejam diferentes). De fato, mostrarei no Capítulo 6 que a ideia proposta pode ser aplicada, com apenas algumas restrições, a *todas* as disciplinas intelectuais. Mas se quisermos estudar a resolução de problemas, devemos começar com os seus casos mais bem-sucedidos; por isso, limitarei minhas observações nestas primeiras seções à própria ciência.

Se os problemas são o foco do pensamento científico, as teorias são seu resultado final. Elas são relevantes, *cognitivamente* importantes, à medida que – e somente à medida que – oferecem soluções adequadas. Se os problemas constituem as perguntas da ciência, as teorias constituem as respostas. A função de uma teoria é resolver a ambiguidade, reduzir a irregularidade à uniformidade, mostrar que o que acontece é inteligível e previsível; é a esse complexo de funções que me refiro quando falo de teorias como soluções para problemas.

Tese 1: *A primeira e essencial prova de fogo para qualquer teoria é se ela oferece respostas aceitáveis a perguntas interessantes:* em outras palavras, *se oferece soluções satisfatórias a problemas importantes.*

Até certo ponto, pode parecer que isso não dá margem a controvérsia. A maioria dos autores que lidaram com a natureza da ciência provavelmente afirmaria aceitar tal perspectiva. Infelizmente, como verificaremos, a maioria das filosofias da ciência não chega a justificar sequer esse sentimento inofensivo e óbvio, para não falar da exploração de suas ramificações.

A literatura da metodologia da ciência não oferece nem a taxonomia dos tipos de problemas científicos nem um método de classificar sua importância relativa. É notavelmente silenciosa acerca dos critérios para a solução adequada dos problemas. Não reconhece que há graus de adequação na solução, sendo algumas melhores e mais ricas que outras.

Uma vez que a Filosofia contemporânea da ciência diz algo sobre todas essas questões, ela tende a encarar todas as soluções em pé de igualdade e a atribuir igual peso a todos os problemas. Ao avaliar a adequação de uma teoria, o filósofo da ciência costuma perguntar quantos fatos a confirmam, não quão importantes tais fatos são. Ele pergunta quantos problemas a teoria resolve, não qual a importância desses problemas. Sob esse aspecto, a Filosofia contemporânea da ciência não captou o sentido da tese (1). É por essas razões que proponho:

Tese 2: *Ao avaliar os méritos das teorias, é mais importante perguntar se constituem soluções adequadas a problemas significativos que perguntar se são "verdadeiras", "corroboradas", "bem confirmadas" ou justificáveis de outra maneira dentro do quadro conceitual da Epistemologia contemporânea.*

Mas, se é plausível pensar que o contraponto entre os problemas instigantes e as teorias adequadas é a dialética básica da ciência, precisamos ter ideias muito mais claras que as que temos acerca do que são os problemas e de como eles funcionam, sobre qual seu peso e sobre a natureza das teorias e sua relação com os problemas que as geram (e que, como veremos, são às vezes por elas gerados).

Problemas empíricos

Há dois tipos muito *diferentes* de problemas que as teorias científicas devem resolver. Por enquanto, pretendo concentrar-me no primeiro, mais familiar e arquetípico sentido do conceito, que chamarei de *empírico*. Os problemas empíricos são mais fáceis de exemplificar que de definir. Observamos que os corpos pesados caem na direção do centro da Terra com espantosa regularidade. Perguntar como e por que eles caem assim é apontar um desses problemas. Observamos que o álcool deixado em um copo logo desaparece. Procurar uma explicação para tal fenômeno é, também, levantar um problema empírico. Podemos observar que a descendência de plantas e animais apresenta impressionante semelhança com seus genitores. Investigar o mecanismo de transmissão de características também levanta um problema empírico. De um modo mais geral, constitui um problema empírico qualquer coisa presente no mundo natural que pareça estranha ou que, de alguma maneira, necessite de explicação.

Ao chamar tais situações de investigação de problemas "empíricos", não quero sugerir que sejam diretamente oferecidos pelo mundo como pedaços verídicos de dados sem ambiguidade. Tanto os exemplos históricos como a análise filosófica recente tornaram claro que o mundo é percebido através de "lentes" de uma ou outra malha conceitual, e que tais malhas e as linguagens nas quais estão embutidas podem, pelo que sabemos, dar um "matiz" não eliminável ao que percebemos. Mais especificamente, *surgem problemas* de todo tipo (inclusive empíricos) *dentro de certo contexto investigativo*, e eles são, em parte, definidos pelo contexto. Nossos pressupostos teóricos acerca da ordem natural dizem-nos o que esperar e o que parece peculiar, "problemático" ou questionável. Situações que colocam problemas em um contexto investigativo não farão necessariamente o mesmo em outros. Assim, se algo é considerado ou não um problema empírico, isso dependerá, em parte, das teorias que possuímos.

Por que, então, chamá-los de problemas "empíricos"? Chamo-os assim porque, mesmo afirmando que só surgem em certos contextos de investigação teórica, mesmo admitindo que sua formulação será influenciada por nossos compromissos teóricos, todavia os *tratamos* como se fossem problemas acerca do mundo. Se perguntarmos "com que rapidez os corpos caem perto da Terra?", estamos supondo que há objetos afins à nossa concepção de corpo e de Terra que se movem uns em relação aos outros de acordo com alguma regra estável. Essa suposição, é claro, está repleta de teoria, mas afirmamos que ela se refere ao mundo físico. Os problemas empíricos são, portanto, *problemas de primeira ordem*: são questões substantivas acerca dos objetos que constituem o domínio de determinada ciência. Ao contrário de outros problemas de ordem superior (que serão examinados no Capítulo 2), julgamos a adequação das soluções aos problemas empíricos estudando os objetos desse domínio.

Já observamos que há uma semelhança funcional entre falar sobre problemas e de soluções e sobre a retórica mais familiar acerca de fatos e explicações. Dada essa semelhança, podemos estar propensos a traduzir as afirmações que farei acerca da natureza e da lógica da resolução de problemas em asserções sobre a lógica da explicação. Fazer isso, porém, seria interpretar mal o empreendimento, pois os problemas são muito diferentes dos "fatos" (mesmo dos "carregados de teoria") e a solução de um problema não pode ser reduzida a "explicar um fato". A discussão completa das disparidades vai ter de esperar um pouco, mas algumas das discrepâncias ficam claras ao considerarmos as diferenças entre fatos ou estados de coisas, por um lado, e problemas empíricos, por outro.

Alguns supostos estados de coisas que, segundo dizem, colocam problemas empíricos são, na realidade, *contrafatuais*. Um problema não precisa descrever com

24   LARRY LAUDAN

exatidão um estado de coisas real para ser um problema: é necessário apenas que ele *seja pensado* como um estado de coisas real por algum agente. Por exemplo, os primeiros membros da Royal Society de Londres, convencidos pelas histórias de marinheiros da existência de serpentes marinhas, consideraram as propriedades e o comportamento de tais serpentes um problema empírico a ser resolvido. Alguns filósofos medievais da natureza, como Oresme, consideraram que sangue de bode quente pudesse partir diamantes e desenvolveram teorias para essa "ocorrência" empírica contrafatual.[4] Da mesma maneira, os biólogos do começo do século XIX, convictos da existência da geração espontânea, consideraram ser um problema empírico mostrar como a carne deixada ao sol se transformava em larvas de inseto ou como o suco gástrico podia transformar-se em solitárias. Durante séculos, a teoria médica tentou explicar o "fato" de que as sangrias curavam certas doenças. Se a fatualidade fosse condição necessária para algo ser considerado um problema empírico, tais situações não poderiam ser tidas como problemas. Enquanto insistirmos que as teorias devem apenas explicar "fatos" (isto é, asserções verdadeiras sobre o mundo), nos veremos na impossibilidade de explicar a maior parte da atividade teórica que se deu na ciência.

Há muitos fatos acerca do mundo que não levantam problemas empíricos, simplesmente porque são *desconhecidos*. Por exemplo, supostamente é fato, (e sempre o foi) que o Sol é composto principalmente por hidrogênio; mas até

---

[4] Oresme, *A Treatise on the Uniformity and Difformity of Intensities*, p.244. (Agradeço ao Dr. A. G. Molland, do E. R. Institute, por essa referência.) Pode-se encontrar uma explicação fascinante de alguns dos fenômenos "não factuais" que foram tratados como problemas empíricos por cientistas em Martin, *Histoire des monstres depuis l'antiquité jusqu'à nos jours*.

O PROGRESSO E SEUS PROBLEMAS 25

o fato ser descoberto (ou inventado), não podia ter gerado um problema. Em suma, um fato só se torna um problema quando é tratado e reconhecido como tal; fatos, por outro lado, são fatos, independente de ser ou não reconhecidos. O único tipo de fato que pode ser visto como problema são os *conhecidos*.

E até mesmo muitos fatos conhecidos não constituem necessariamente problemas empíricos. Para considerar algo problema empírico, devemos perceber que *há um prêmio para sua solução*. Em qualquer momento da História da Ciência, muitas coisas serão vistas como fenômenos bem conhecidos, mas não se sentirá a necessidade de explicá--los ou esclarecê-los. Há muitíssimo tempo se sabe, por exemplo, que a maioria das árvores tem folhas verdes. Mas tal "fato" só se tornou um "problema empírico" quando alguém decidiu que ele era interessante e importante o bastante para merecer uma explicação. As sociedades antigas sabiam também que certas drogas podiam provocar alucinações, mas tal fato amplamente conhecido só se tornou um problema reconhecido para as teorias fisiológicas há relativamente pouco tempo.

Enfim, os problemas reconhecidos como tais em certo momento podem, por motivos perfeitamente racionais, *deixar* de ser problemas mais tarde. Os fatos jamais poderiam passar por esse tipo de transformação. Os primeiros teóricos da geologia, por exemplo, consideravam a explicação de como a Terra assumiu a sua forma nos últimos 6 mil a 8 mil anos um dos problemas centrais da disciplina. Com o alongamento da escala temporal geológica, essa questão não permaneceu como um problema a resolver.

26   LARRY LAUDAN

Tipos de problemas empíricos

Tendo visto algumas[5] das diferenças entre fatos e problemas empíricos e a necessidade de separar os dois, podemos nos voltar para o papel que tais problemas desempenham no processo de análise científica. Embora uma taxonomia mais completa seja desenvolvida adiante, vamos a *grosso modo* dividir os problemas empíricos em três tipos com relação à função que têm na avaliação de teorias: (1) *problemas não resolvidos* – aqueles empíricos que ainda não foram adequadamente resolvidos por *nenhuma* teoria;[6] (2) *problemas resolvidos* – os empíricos que foram resolvidos adequadamente por uma teoria; (3) *problemas anômalos* – os empíricos que *determinada* teoria não resolveu, mas uma ou mais das suas concorrentes, sim.[7]

É claro que os problemas resolvidos contam pontos para uma teoria, problemas anômalos constituem provas *contra* uma teoria e problemas não resolvidos simplesmente indicam linhas para futuras investigações. Servindo-nos dessa terminologia, argumentamos que *uma das marcas de progresso científico é a transformação de problemas empíricos anômalos e não resolvidos em problemas resolvidos.* Sobre toda e qualquer

---

[5] Há outras diferenças técnicas importantes entre problemas empíricos e fatos (como a de que uma teoria explica um número infinito de proposições factuais, mas resolve um número finito de problemas) que serão discutidas adiante.

[6] A minha categoria de problemas empíricos não resolvidos corresponde aproximadamente à noção de "quebra-cabeças" de Kuhn. É importante ressaltar que a visão que ele tem da ciência como solução de quebra--cabeças não abrange *nada mais* que a classe de problemas não resolvidos.

[7] Deve-se ressaltar que essa concepção da anomalia é significativamente diferente da convencional. (Veja as próximas seções para um exame completo dos pormenores.)

teoria, devemos perguntar quantos problemas resolveu e com quantas anomalias se depara. Essa pergunta, sob uma forma um pouco mais complexa, torna-se uma das principais ferramentas para a avaliação comparativa das teorias científicas.

O status *dos problemas não resolvidos*

Faz parte da sabedoria convencional que os problemas não resolvidos estimulam o crescimento e o progresso da ciência; e não há dúvida de que transformá-los em resolvidos é um dos modos (certamente não o único) pelos quais as teorias progressivas estabelecem suas credenciais científicas. Supõe-se, com bastante frequência, que o conjunto de problemas não resolvidos em determinado momento é delimitado e definido, que os cientistas têm uma noção de quais problemas não resolvidos devem ser solucionados por suas teorias e de que o fracasso de uma teoria em assimilar seus problemas não resolvidos é um defeito óbvio.

Um exame atento de vários casos históricos revela, porém, que o *status* dos problemas não resolvidos é muito mais ambíguo do que se costuma imaginar. Se determinado "fenômeno" for um problema genuíno, qual a sua importância, quanto pesaria contra uma teoria se ela não conseguisse resolvê-lo – todas essas são questões muito complexas, e uma resposta com boa aproximação é a seguinte: *os problemas não resolvidos só são considerados genuínos quando já não são não resolvidos.* Até serem resolvidos por alguma teoria em seu domínio, são em geral apenas problemas "em potencial", e não em ato.[8]

---

[8] Uma vez resolvidos por alguma teoria, porém, eles em geral permanecem como problemas que as teorias subsequentes devem resolver (pelo menos até mostrar de maneira convincente que se trata de pseudoproblemas).

Há dois fatores principais responsáveis por isso: o primeiro, que já examinamos, surge quando não temos certeza de que um efeito empírico é genuíno. Pelo fato de muitos resultados experimentais serem difíceis de reproduzir, porque é impossível isolar os sistemas físicos, porque os instrumentos de medição muitas vezes não são confiáveis, porque até a teoria dos erros nos leva a esperar resultados "esquisitos", muitas vezes demora até que um fenômeno esteja autenticado para ser levado a sério como efeito bem estabelecido. Segundo, muitas vezes acontece de, mesmo depois de um efeito ter sido bem autenticado, *não ficar de modo algum claro a que domínio da ciência ele pertence* e, portanto, teorias devem procurar ou esperar resolvê-lo. O fato de a Lua parecer maior no horizonte é um problema para as teorias astronômicas, para as ópticas ou para as psicológicas? A formação de cristais e o crescimento cristalino é um problema de química, de biologia ou de geologia? As "estrelas cadentes" são um problema de astronomia ou de física da atmosfera superior? A contorção da perna eletrificada de um sapo é um problema de Biologia, de Química ou de teoria da eletricidade? Hoje temos respostas para todas essas perguntas e nos sentimos confiantes em atribuir tais questões a um ou a outro domínio. A principal razão da nossa confiança é que *resolvemos* esses problemas. Mas durante muito tempo na História da Ciência eles estavam sem solução e não era claro a que área pertenciam. Em decorrência dessa incerteza, não era considerado grave uma teoria não conseguir solucionar tais problemas; ninguém podia mostrar de modo convincente que era de se esperar que algum domínio em particular os resolvesse.

O *status* ambíguo dos problemas não resolvidos é exemplificado de modo convincente pela história do problema do movimento browniano. Discutido amplamente pela primeira vez por Robert Brown em 1828, foi somente depois de passada a maior parte do século que os cientistas se decidiram

O PROGRESSO E SEUS PROBLEMAS 29

se era ou não um autêntico problema, qual sua importância e que tipo de teoria era de se esperar que o resolvesse. Durante as décadas de 1830 e 1840, por exemplo, foi ora visto como um problema biológico (sendo as partículas brownianas talvez pequenos "animálculos"), ora como um problema de química, ora como um problema de óptica da polarização (por Brewster, por exemplo), ora como um problema de condutividade elétrica (por Brongniart), ora como um problema da teoria do calor (por Dujardin), ora como um efeito mecânico absolutamente sem interesse, complicado e insignificante demais para valer o esforço de se procurar uma solução, ora como um absoluto não problema.[9] Enquanto o problema permaneceu sem solução, qualquer teórico poderia muito convenientemente ignorá-lo, dizendo que não se tratava de um problema com o qual as teorias da *sua* área tivessem de lidar. No entanto, esse fenômeno, que não podia encontrar seu lugar nem sua solução na primeira metade do século XIX, aos poucos surgiu como uma das anomalias centrais da termodinâmica clássica e se tornou, nas mãos de Einstein e Perrin (que resolveu o problema), um dos sucessos triunfais da teoria cinético-molecular do calor.

---

[9] A respeito do problema do movimento browniano, John Conybeare – um contemporâneo de Brown – escreveu: "Não acredito em uma só palavra disso tudo... [Biot] afirma ser possível que corpos sólidos sejam comparados a sistemas de moléculas em movimento, que representam em pequena escala o que os sistemas planetários fazem em grande escala. Gostaria apenas de acrescentar uma suposição; que essas moléculas são habitadas e têm filósofos em sua população que [...] creem ter desenvolvido o sistema do Universo". Essa citação é tomada da excelente história da recepção do movimento browniano escrita por Mary Jo Nye, *Molecular Reality*, p.21-2. Para mais discussões sobre esse caso, veja Brush, A History of Random Process. I. Brownian Movement from Brown to Perrin. *Archive for History of Exact Sciences*, v.5.

Examinemos outro exemplo, o famoso caso do pólipo de tipo hidra de Abraham Trembley, observado atentamente pela primeira vez em 1740. Era um fenômeno que parecia opor-se às ideias biológicas dominantes na época; ele podia reproduzir-se sem acasalamento sexual e, quando cortado, cada parte compunha um organismo inteiro. Tais propriedades costumavam ser observadas em plantas, mas eram especificamente negadas aos animais, o que sugeria que o pólipo fosse uma planta. Por outro lado, tinha capacidade de locomoção, estômago e padrões de consumo de alimentos associados aos animais, em especial os insetos. Aí estava, portanto, um organismo vivo – meio planta e meio animal – cuja própria existência negava o princípio por tanto tempo exaltado dos três reinos separados (animal, vegetal e mineral). A reação à descoberta de Trembley foi imediata – durante as décadas de 1740 e 1750, biólogos e naturalistas de toda a Europa especularam sobre isso e estudaram seu comportamento. Esse caso parece ser um exemplo convincente da geração de um problema empírico sério *na ausência de qualquer teoria que pudesse resolvê-lo*.

Mas, como Vartanian mostrou,[10] a explicação anterior, que sugere o surgimento de uma aguda anomalia na ausência de qualquer concorrência teórica, é lamentavelmente incompleta. Ela ignora o fato de que – ao lado da biologia vitalista dominante – havia uma minoria de biólogos comprometidos com uma abordagem mais materialista e mais mecanicista dos processos biológicos. Os poderes regenerativos do pólipo (juntamente com suas características animais óbvias) sugeriam que talvez os materialistas estivessem corretos. Afinal,

---

[10] Veja Vartanian, Trembley's Polyp, la Mettrie, and 18th Century French Materialism. In: Wiener; Noland (Eds.). *Roots of Scientific Thought*.

O PROGRESSO E SEUS PROBLEMAS   31

se qualquer parte do pólipo, por menor que fosse, podia
converter-se em um animal completamente desenvolvido, os
materialistas pareciam estar certos ao negar que havia uma
alma indivisível e supramaterial pertencente ao organismo
inteiro como um ser organizado.

Logo em seguida à primeira descoberta do pólipo, os
defensores da biologia vitalista reconheceram que as propriedades da hidra podiam dar "auxílio e conforto" a uma escola de
pesquisa rival. Cramer, Lyonnet e dois escritores anônimos
(nas *Mémoires de l'Académie des Sciences* e no *Journal de
Trévoux*) já haviam observado, entre o início e a metade da
década de 1740, a possibilidade de dar uma interpretação
materialista ao pólipo (interpretação plenamente desenvolvida
por La Mettrie em seu *L'homme machine*). Em suma, o que
fez que o pólipo passasse de uma vã curiosidade a uma
anomalia ameaçadora para a biologia vitalista foi a presença
de uma teoria alternativa (ou, como a chamarei adiante, uma
tradição alternativa de pesquisa), que podia considerar o
pólipo um problema resolvido.[11]

Os casos em que havia dúvidas acerca da área adequada
para algum problema não resolvido frequentemente tiveram importância histórica decisiva. As vicissitudes dos
cometas oferecem um exemplo claro disso. Na Antiguidade
e na Idade Média, os cometas eram classificados como
fenômenos sublunares e pertenciam, assim, ao campo da
meteorologia. Os astrônomos, cuja atenção se concen-
trava exclusivamente em problemas relativos às regiões

---

[11] Vale a pena ressaltar que a teoria dos "programas de pesquisa" de Lakatos
(apesar de toda a ênfase dada à competição entre teorias) não explica
casos como estes, porque a biologia materialista não previu o pólipo
antes de sua descoberta e, assim, (segundo ele) não recebe os créditos
pela capacidade de explicá-lo.

celestiais, não sentiam necessidade de apresentar teorias sobre os cometas nem de demarcar seu curso. No século XVI, porém, passou a ser habitual classificar os cometas como fenômenos celestes. Essa transição de domínios foi crucial para a teoria copernicana, à medida que o movimento dos cometas constituiu uma das anomalias decisivas para a astronomia geocêntrica e um dos problemas resolvidos para a teoria heliocêntrica.

Não devemos concluir de sua ambiguidade que os problemas não resolvidos não tenham importância para a ciência, pois resolvê-los é um dos meios pelos quais as teorias fazem progressos empíricos. Mas devemos ao mesmo tempo ressaltar que em geral o fracasso de uma teoria em solucionar um problema não vai pesar muito contra ela, pois normalmente não é possível saber *a priori* se o problema em questão deveria ser solucionado por esse tipo de teoria. *O único guia confiável para os problemas relevantes a determinada teoria é um exame dos problemas que teoria anteriores – e concorrentes – naquela área (inclusive a própria teoria) já resolveram.* Assim, ao apreciarmos os méritos das teorias, a classe dos problemas não resolvidos é irrelevante. O que importa são apenas os problemas resolvidos, não necessariamente pela teoria em questão, mas por *alguma* teoria conhecida. (Aqui, como alhures, a avaliação de uma teoria está intimamente relacionada a certo conhecimento de suas concorrentes.)

A natureza dos problemas resolvidos

Já indicamos que a "solução de problemas" não deve ser confundida com a "explicação dos fatos" e discutimos as diferenças entre os fatos e os problemas empíricos. O que exige maior elaboração é a diferença entre a lógica e a pragmática da

O PROGRESSO E SEUS PROBLEMAS 33

solução de problemas, por um lado, e a lógica e a pragmática da explicação científica, por outro.

A maioria das principais diferenças aparece ao começarmos a explorar os critérios para que algo seja tido como um problema resolvido. De maneira genérica, podemos dizer que um problema empírico está resolvido quando, em determinado contexto de investigação, os cientistas não mais o consideram propriamente uma pergunta não respondida, ou seja, quando julgam entender por que a situação proposta pelo problema é como é. Ora, são as teorias que devem proporcionar tal entendimento, e qualquer referência a um problema resolvido pressupõe a existência de uma teoria que aparentemente resolve o problema em questão. Assim, quando perguntamos se um problema foi resolvido, estamos perguntando se ele mantém certa relação com uma ou outra teoria.

Que dizer dessa relação? Ao perguntarmos a um lógico da ciência a questão análoga (a saber: qual é a relação entre um *explanans* e um *explanandum*?), ele provavelmente dirá: a teoria deve (juntamente com certas condições iniciais) implicar uma asserção *exata* do fato; a teoria deve ser ou *verdadeira* ou altamente *provável*; deve-se considerar que toda explicação adequada de algum fato sempre foi uma explicação adequada para ele (enquanto a avaliação epistêmica do *explanans* não mudar). Vou afirmar, pelo contrário, que uma teoria pode resolver um problema desde que implique até mesmo uma declaração *aproximada* do problema; para determinar se uma teoria resolve um problema, *é irrelevante se ela é verdadeira ou falsa, bem ou mal confirmada*; o que vale como solução em determinado momento não será necessariamente considerado como tal todas as vezes. Cada uma dessas diferenças exige esclarecimentos.

O CARÁTER APROXIMATIVO DA SOLUÇÃO DE PROBLEMAS. Embora raramente, acontece de uma teoria predizer com exatidão um resultado experimental. Quando o resultado desejado é alcançado, é motivo de júbilo geral. É muito mais comum que as predições deduzidas de uma teoria cheguem perto de reproduzir os dados que constituem um problema específico, mas sem coincidência de resultados. Newton não explicou exatamente o movimento dos planetas; a teoria de Einstein não implicava exatamente as observações telescópicas de Eddington; a teoria moderna das ligações químicas não prevê com exatidão a distância orbital dos elétrons em uma molécula; a termodinâmica não se encaixa com precisão nos dados de transferência de calor de nenhum motor a vapor conhecido. Há muitas razões que se poderiam sugerir (por exemplo, o uso de "casos ideais", o não isolamento dos sistemas reais, imperfeições em nossos instrumentos de medida) para explicar as frequentes discrepâncias entre os "resultados teóricos" e os "resultados de laboratório", mas elas não são nossa principal preocupação aqui. O que é relevante é que os fatos são raramente, se é que o são alguma vez, explicados (se tomarmos o sentido de explicação do modelo dedutivo clássico), porque costuma haver discordância entre o que a teoria implica e os dados laboratoriais. Em contrapartida, os problemas empíricos são resolvidos com frequência, pois, para fins de solução de problemas, não exigimos semelhança exata entre os resultados teóricos e os experimentais. Newton de fato resolveu, e foi tido por muitos como aquele que resolveu, a questão da curvatura da Terra – ainda que seus resultados não fossem idênticos aos achados observacionais. As teorias termodinâmicas de Carnot e Clausius eram corretamente tidas, no século XIX, como soluções adequadas a diversos problemas de transferência de calor, apesar do fato de se aplicarem apenas a motores térmicos ideais (isto é, não existentes).

O PROGRESSO E SEUS PROBLEMAS 35

Como deve ficar claro, a noção de solução é muito relativa e comparativa, a de explicação, não. Podemos ter duas teorias diferentes que resolvem o mesmo problema e, no entanto, dizer que uma delas é melhor (ou seja, uma aproximação maior) que a outra. Muitos filósofos da ciência não permitem expressões e comparações semelhantes na retórica da explicação; no modelo padrão de explicação, algo definitivamente é ou não é explicação – não são aceitos graus de adequação. Por exemplo, os filósofos da ciência muito se perturbaram com os dados relacionados às teorias de Galileu e de Newton sobre a queda dos corpos. Uma vez que não podiam dizer que ambas as teorias "explicavam" os fenômenos de queda (porque as duas eram formalmente incompatíveis), inventaram uma série de dispositivos para excluir o título de "explicativa" de uma ou de outra teoria. Mas decerto é mais natural historicamente e mais sensato conceitualmente dizer que *ambas* as teorias (a de Galileu e a de Newton) resolviam o problema da queda livre, uma talvez com maior precisão que a outra (embora até isso seja questionável). Conta pontos para ambos que, como o próprio Newton percebeu, cada uma delas oferecia uma solução adequada ao problema em questão. Não podemos, porém, usar dessa maneira natural de descrever a situação se aceitarmos muitas das atuais doutrinas acerca da natureza da explicação.

A IRRELEVÂNCIA DA VERDADE E DA FALSIDADE PARA SE RESOLVER UM PROBLEMA. A sugestão de que as questões de verdade e probabilidade são irrelevantes para se determinar se uma teoria resolve determinado problema parece herética, se mais não é porque estamos condicionados a considerar a busca do verdadeiro entendimento um dos principais objetivos da ciência. Seja qual for o papel que a verdade desempenhe no empreendimento científico (e esta é uma ampla questão da qual voltaremos a tratar),[12] não precisamos, e os cientistas em geral não o fazem, considerar questões de verdade e falsidade ao determinar se uma teoria resolve ou não um problema empírico. A teoria de Ptolomeu sobre os epiciclos resolveu o problema do movimento retrógrado dos planetas, independente de aceitarmos ou não a verdade da astronomia dos epiciclos. Da mesma maneira, a teoria ondulatória da luz de Thomas Young – seja ela verdadeira ou falsa – resolveu o problema da dispersão da luz. A teoria da oxidação de Lavoisier, seja qual for seu estatuto de verdade, resolveu o problema de por que o ferro fica mais pesado depois de aquecido. Em geral, *pode-se considerar que qualquer teoria, T, resolva um problema empírico, se funcionar (significativamente) em qualquer esquema de inferência cuja conclusão for uma declaração do problema.*

A FREQUENTE NÃO PERMANÊNCIA DAS SOLUÇÕES. Uma das mais ricas e saudáveis dimensões da ciência é o aumento ao longo do tempo do rigor dos padrões exigidos para que algo seja tido como solução para um problema. O que uma geração de cientistas aceita como solução perfeitamente adequada muitas vezes será visto pela geração seguinte como resposta inapelavelmente inadequada. A História da Ciência está repleta de casos em que soluções cuja precisão e especificidade que eram perfeitamente adequadas para uma época se tornam inadequadas para outra. Examinemos alguns exemplos.

Em *Física*, Aristóteles cita o problema da queda como um fenômeno central para qualquer teoria de mecânica terrestre. Ele procurou entender por que os corpos caem e por

---

[12] Veja o Capítulo 4, sobretudo p.175-9.

O PROGRESSO E SEUS PROBLEMAS   37

que aceleram durante a queda. A Física aristotélica ofereceu a essas questões respostas que foram levadas a sério por mais de dois milênios. Para Galileu, Descartes, Huygens e Newton, porém, as ideias de Aristóteles não eram de modo nenhum soluções reais ao problema da queda, pois não conseguiam explicar o caráter "uniforme disforme" (isto é, uniformemente acelerado) da queda dos corpos. Poder-se-ia dizer que estes últimos pensadores estavam simplesmente trabalhando em um problema muito diferente do de Aristóteles; estou mais inclinado a considerar que esse é um caso em que, ao longo do tempo, os critérios para a solução de um problema evoluíram tanto que aquilo que antes era visto como solução adequada deixou de ser.

Um caso mais claro é oferecido pela teoria cinética dos gases. Na década de 1740, tanto Newton (valendo-se de um modelo baseado em forças centrais) quanto Daniel Bernoulli (servindo-se de um modelo baseado em colisão) haviam mostrado ser possível resolver o problema das relações entre pressão e volume nos gases por meio de suposições acerca da interação mecânica de suas partículas constituintes. No final do século XIX, porém, haviam-se acumulado dados suficientes para mostrar que a simples teoria cinética proporcionava apenas aproximações inexatas do comportamento gasoso, sobretudo em baixas temperaturas ou sob altas pressões. Em suma, dados os padrões de exatidão experimental do século XVIII e os cânones de adequação da solução de problemas, a teoria cinética estava longe de ser um solucionador de problemas, sobretudo no que diz respeito a certos intervalos de dados. Assim, Van der Waals e outros decidiram modificar a teoria cinética tradicional, para permitir que ela resolvesse o problema das relações pressão-volume segundo os padrões de solução de problemas da época. O que nasceu daí foi, é claro, a equação de Van der Waals.

Na história de muitas disciplinas, tanto humanísticas como científicas, podemos observar um gradual estreitamento e uma intensificação do patamar a partir do qual as teorias são reconhecidas como solução para o problema relevante. A menos que reconheçamos que os mesmos critérios para as soluções aceitáveis de problemas evoluam ao longo do tempo, a história do pensamento sem dúvida parecerá um enigma.

O papel especial dos problemas anômalos

Muitos historiadores e filósofos da ciência atribuíram especial significação ao lugar das anomalias na ciência. Pensadores como Bacon Mill, Popper, Grünbaum e Lakatos ressaltaram a importância de se refutar ou falsear experiências na avaliação das teorias científicas. De fato, certas filosofias da ciência (em especial as de Bacon e Popper) fazem da busca e solução das anomalias a *raison d'être* do empreendimento científico, e a ausência de anomalias, a marca-d'água da virtude científica. Embora compartilhe a ideia de que os casos anômalos têm sido – e devem ser – alguns dos componentes mais importantes da racionalidade científica, oponho-me seriamente à sabedoria convencional acerca do que sejam as anomalias e da interpretação de sua indubitável importância.

Segundo a perspectiva tradicional, as anomalias têm duas características principais:

(a) a ocorrência de até mesmo uma única anomalia em uma teoria deve forçar o cientista racional a abandoná-la;

(b) os únicos dados empíricos que podem ser considerados anomalias são os *logicamente incoerentes* com a teoria para a qual são anomalias.

O PROGRESSO E SEUS PROBLEMAS 39

Considero tais características factualmente equivocadas quanto à prática científica real (tanto no passado como no presente) e como obstáculo conceitual para a compreensão do papel das anomalias na avaliação das teorias. Quero afirmar, em contrapartida, que:

(a') a ocorrência de uma anomalia levanta dúvidas quanto à teoria que a exibe, mas *não* obriga a abandoná-la;
(b') as anomalias *não* precisam ser incompatíveis com as teorias para as quais são anomalias.

O primeiro desses pontos (a') é o menos controverso, porque muitos críticos da perspectiva clássica já ofereceram argumentos convincentes a seu favor; consequentemente, limitar-me-ei a enumerar brevemente as razões. A segunda tese (b') não é muito conhecida, e me deterei sobre ela por mais tempo.

Começando por (a'), diversos filósofos (em particular Pierre Duhem, Otto Neurath e W. Quine)[13] argumentaram que não se pode decidir racionalmente se determinada teoria que gera uma anomalia deva ser abandonada, por certas *ambiguidades* não elimináveis em relação à situação de teste. São duas as principais ambiguidades:

1. Em qualquer teste empírico, é necessária *uma rede de teorias* para derivar qualquer predição experimental. Se a predição se revelar errônea, não sabemos onde situar o erro na rede. Segundo os críticos, é

---

[13] Cf. em especial Duhem, *The Aim and Structure of Physical Theory*; Neurath, Pseudorationalismus der falsifikation. *Erkenntnis*, v.5; Quine, *From a Logical Point of View*.

arbitrária a decisão de que determinada teoria da rede é falsa.

2. Abandonar uma teoria porque ela é incompatível com os dados supõe que nosso conhecimento dos dados seja infalível e verídico. Tão logo nos damos conta de que os dados em si são só prováveis, a ocorrência de uma anomalia não requer necessariamente o abandono de uma teoria (podemos escolher, por exemplo, "abandonar" os dados).

Outros críticos[14] de (a) ressaltaram não a ambiguidade, mas a *pragmática* do teste e da escolha de teorias. Mostram que, na história, quase toda teoria teve algumas anomalias ou casos refutantes; de fato, ninguém conseguiu apontar qualquer teoria importante que não apresentasse anomalias. Assim, se levássemos (a) a sério, teríamos de abandonar completamente nosso repertório teórico e, com isso, estaríamos incapacitados de dizer qualquer coisa sobre a maioria das áreas da natureza. Por esses motivos, parece haver razões fortes para substituir (a) pela tese (a'), mais fraca, porém mais realista.

Contudo, quase todos os autores que tratam do tema das anomalias, defensores ou críticos da perspectiva clássica (a), parecem aceitar (b) e sustentar que uma anomalia só é gerada quando há incompatibilidade *lógica* entre as previsões "teóricas" e as observações "experimentais". Em outras palavras, eles têm alegado que a única circunstância em que os dados podem epistemicamente ameaçar uma teoria é quando contradizem as alegações da teoria. Noção restrita de um problema anômalo. É verdade, naturalmente, que uma genuína incompatibilidade entre teoria e observação pode, sob certas

---

[14] Sobretudo Kuhn e Lakatos.

O PROGRESSO E SEUS PROBLEMAS 41

circunstâncias, constituir um exemplo particularmente claro de anomalia. Mas tais incompatibilidades estão longe de ser a única forma de problema anômalo.

Se levarmos a sério (a'), é razoável caracterizar a anomalia como uma situação empírica que, embora não ofereça razões definitivas para se abandonar uma teoria, provoca dúvidas racionais acerca das credenciais empíricas. Os defensores de (a'), ao criticar (a), não estão afirmando que devamos ignorar as anomalias; ao contrário, estão ressaltando que *as anomalias constituem objeções importantes, mas não necessariamente decisivas, a qualquer teoria que as apresente.* Se considerarmos as anomalias sob esse ponto de vista (isto é, *como problemas empíricos que provocam dúvidas razoáveis acerca da adequação empírica de uma teoria*), devemos trocar (b) por (b'), uma vez que, por paridade de raciocínio, há muitos problemas empíricos que, embora coerentes, podem lançar dúvidas sobre seus fundamentos empíricos. Em outras palavras, há ocasiões em que os cientistas trataram *racionalmente* certos problemas (compatíveis com uma teoria) da mesma maneira como tratariam anomalias claramente incompatíveis com a teoria. Surgem tais situações quando uma teoria em algum campo ou área não diz nada sobre certo tipo de problema já resolvido por outras teorias na mesma área.

Se tratamos ou não esses casos como anômalos é algo que depende, em parte, de nossas ideias sobre a finalidade da ciência. Se adotarmos a perspectiva estreita de que o objetivo é simplesmente evitar que se cometam erros (ou seja, afirmações falsas), os problemas não resolvidos não pesam muito contra uma teoria. Mas, se adotarmos a perspectiva mais ampla de que a ciência visa a aumentar ao máximo sua capacidade de resolver problemas (ou, em linguagem mais convencional, seu "conteúdo explicativo"), o fracasso de uma teoria em resolver um problema bem conhecido, que já foi

42 LARRY LAUDAN

resolvido por uma teoria concorrente, é um grave indício contra ela. Ironicamente, a maioria dos filósofos da ciência fez elogios da boca para fora à perspectiva mais ampla, tenham se recusado a reconhecer o que tal perspectiva implica – *a existência de uma classe de anomalias não refutantes.*[15] Um exame atento da História da Ciência evidencia que muitas situações geram comportamentos semelhantes ao tipo de resposta que fomos levados a esperar de incompatibilidade entre a teoria e a observação. *Uma das mais importantes espécies de anomalia surge quando uma teoria, embora não incompatível com os resultados observacionais, é incapaz de explicar ou resolver tais resultados (que foram resolvidos por uma teoria concorrente).*[16] Assim, no clássico estudo de Galileu sobre o movimento pendular, ele critica as teorias cinemáticas de seus predecessores por *não conseguirem explicar* a matemática do movimento pendular. O que ele diz não é que essas teorias anteriores dão uma previsão *incorreta* da geometria do peso movente; ao contrário, a crítica é que não

---

[15] Popper chegou perto de captar este ponto, (b'), com a exigência de que qualquer nova teoria aceitável deve explicar *tudo* que suas predecessoras e competidoras explicam. Infelizmente, ele vai longe demais, porque ao aderir a (a), transforma a perda de conteúdo explicativo em um golpe fatal a qualquer teoria que a apresente. Em contrapartida, afirmo que a perda de conteúdo explicativo em virtude de uma anomalia não refutante conta pontos contra a teoria, mas não necessariamente de maneira decisiva. Para uma crítica mais completa da teoria acumulativa da ciência de Popper (e de Lakatos), veja p.205-11 e Laudan, Two Dogmas of Methodology. *Philosophy of Science*, v.43.

[16] É importante ressaltar a recíproca deste ponto: se um problema não tiver sido resolvido anteriormente por alguma teoria predecessora, ele constitui um problema não resolvido, não anômalo, para essa teoria (com o porém de que ulteriormente pode deixar completamente de ser um problema; nesse caso, é claro, ele seria não mais anômalo).

O PROGRESSO E SEUS PROBLEMAS 43

dão *nenhuma* previsão. Do mesmo modo, no início do século XVIII, muitos críticos da mecânica celeste newtoniana argumentavam que o sistema do mundo newtoniano não oferecia nenhuma explicação para o fato de que todos os planetas se movem na mesma direção ao redor do Sol – fenômeno que foi resolvido por diversas teorias astronômicas anteriores, em especial a kepleriana e a cartesiana. Mais uma vez, não é que a teoria de Newton faça uma previsão *falsa* acerca da direção da revolução planetária; ao contrário, a falha é que a teoria de Newton não consegue lidar com o problema. (Por exemplo, seria compatível com o sistema newtoniano se os planetas adjacentes se movessem em direções opostas.)

Podemos definir essa espécie de anomalia com maior precisão usando a terminologia anteriormente estabelecida: *Toda vez que um problema empírico, p, tiver sido resolvido por alguma teoria, então p passa a constituir uma anomalia para toda teoria no campo relevante que não o resolva.* Assim, o fato de que alguma teoria seja logicamente coerente não torna *p* não anômalo para essa teoria, se tiver sido resolvido por alguma outra teoria conhecida naquele campo.

A sugestão, portanto, é ampliarmos nosso conceito de caso anômalo para incluir essa importante classe de fenômenos. Da mesma maneira, no espírito de (a'), devemos enfraquecer a ameaça epistêmica de *todos* os casos anômalos, reconhecendo que, embora as anomalias constituam boas razões para criticar uma teoria, elas raramente, se é que alguma vez, constituem argumentos finais e decisivos contra essa teoria. São importantes no delicado processo de avaliação das teorias, mas continuam sendo apenas um dos vetores que determinam a aceitabilidade científica delas.

Ao ressaltar que um problema só pode ser tido como *anômalo* para uma teoria se for *resolvido* por outra, a análise parece opor-se à ideia comum de que um tipo de anomalia, *o caso refutante, representa uma ameaça cognitiva a uma teoria,* mesmo se não tiver sido resolvida por nenhum concorrente. Se uma teoria prevê certo resultado experimental (digamos, *O*) e a experiência revela que ~*O* é o caso, ~*O* constitui uma anomalia para a teoria, mesmo que nenhuma outra consiga resolvê-lo? Por mais paradoxal que pareça, isso em geral é duvidoso. Uma explicação das razões pelas quais muitos casos refutantes não são anômalos exige um instrumental analítico suplementar, que será desenvolvido no Capítulo 3. Temos aqui de nos contentar com a observação de que casos refutantes não resolvidos são muitas vezes de pouca importância cognitiva.

Converter anomalias em problemas resolvidos

Uma das atividades cognitivamente mais significativas que um cientista pode praticar é a transformação bem-sucedida de uma suposta anomalia empírica para uma teoria em um caso comprobatório. Ao contrário da solução de um novo problema, a conversão de anomalias em êxitos presta um duplo serviço: não só exibe as capacidades de solução de problemas da teoria (o que a solução de qualquer problema fará), mas ao mesmo tempo elimina um dos maiores defeitos cognitivos que atingem a teoria. Esse processo de conversão de anomalias (reais ou aparentes) em problemas resolvidos é tão velho quanto a própria ciência; a história da astronomia antiga está repleta de exemplos. Com efeito, a ideia básica é resumida pelo clássico aforismo *exceptio probat regulam* – que originalmente significava que uma regra, ou princípio, era testada por sua capacidade de lidar com as exceções aparentes. Embora possam ser citados inúmeros exemplos desse fenômeno de conversão, o mais conhecido é provavelmente a evolução da hipótese de Prout acerca da composição atômica.

O PROGRESSO E SEUS PROBLEMAS 45

A ideia de Prout era que todos os elementos fossem compostos de hidrogênio e, por conseguinte, que o peso atômico devesse ser múltiplo do peso do hidrogênio. Logo depois do aparecimento dessa doutrina em 1815, muitos químicos apontaram aparentes exceções ou anomalias. Berzelius e outros descobriram que diversos elementos tinham pesos atômicos incompatíveis com a teoria de Prout (por exemplo, 103,5 para o chumbo, 35,45 para o cloro e 68,7 para o bário). Tais resultados constituíam anomalias muito sérias para os químicos proutianos. No início do século XX, contudo, a descoberta dos isótopos e o refinamento da técnica de separação isotópica permitiu aos químico-físicos separar os isótopos do mesmo elemento; descobriram que cada isótopo tinha um peso atômico múltiplo inteiro do hidrogênio. Os resultados antes anômalos puderam ser explicados no âmbito da hipótese de Prout, mostrando se tratar de misturas isotópicas. Assim, *os mesmos fenômenos que antes constituíam anomalias para a hipótese de Prout se tornaram casos positivos para ela.* Quase todas as grandes teorias da História da Ciência foram capazes de produzir sucessos comparáveis ao digerir algumas de suas anomalias iniciais.

A ponderação dos problemas empíricos

Até este ponto da discussão temos assumido que todos os problemas empíricos estão essencialmente no mesmo plano. Na verdade, é claro, alguns problemas resolvidos contam muito mais, e alguns problemas anômalos são mais ameaçadores. Se o objetivo for que a abordagem baseada na solução de problemas se torne uma ferramenta útil para a avaliação, deve-se mostrar como e por que certos problemas são mais significativos que outros.

46 LARRY LAUDAN

O peso dos problemas resolvidos

Há alguns problemas empíricos aos quais, em certo momento, em determinada área científica, é dada (e *deve ser*) alta prioridade; tão alta que se a teoria resolvê-la naquela área será *ipso facto* considerada um sério pretendente ao reconhecimento racional da comunidade científica. Por outro lado, alguns problemas são de importância marginal. Seria bom dispor de uma solução para eles, mas nenhuma teoria será abandonada simplesmente por não conseguir resolvê-los. Do mesmo modo, a importância das anomalias vai desde a condição de argumentos decisivos contra uma teoria (as chamadas "experiências cruciais") até a de exceções menores, que muitas vezes podem ser ignoradas. Se a Filosofia da Ciência ou um modelo de progresso científico quiser ser satisfatória, deve oferecer diretrizes não só para a contagem, mas também para a ponderação dos problemas científicos em uma escala de importância relativa.

Nesta seção, são propostas maneiras pelas quais os problemas podem ser racionalmente ponderados. Antes de dar início a essa tarefa, porém, devem ser feitas duas advertências. Primeiramente, o critério não pretende esgotar os modos de ponderação racional. O cálculo do peso dos problemas é uma façanha considerável, muito além do alcance deste ensaio; portanto, a lista é apenas parcial, mais sugestiva que exaustiva.

Em segundo lugar, o que se segue diz respeito só à *ponderação cognitivamente racional* dos problemas científicos. Muitas vezes acontece de um problema tornar-se de grande importância para uma comunidade de cientistas por motivos não racionais ou irracionais. Assim, certos problemas podem adquirir grande importância porque a National Science Foundation paga cientistas para trabalhar neles, como no caso

O PROGRESSO E SEUS PROBLEMAS 47

da pesquisa sobre o câncer, por haver pressões morais, sociais e financeiras que "promovem" tais problemas a um lugar mais elevado do que eles talvez mereçam cognitivamente. Não é meu propósito discutir as dimensões não racionais da ponderação de problemas (embora algo seja dito acerca disso no Capítulo 7); precisamos, antes, esclarecer que tipos de fatores afetam a ponderação dos problemas no contexto da avaliação racional das teorias científicas.

Em uma nova área científica, ou seja, em uma área em que nenhuma teoria sistemática e adequada foi ainda desenvolvida, quase todos os problemas empíricos estão no mesmo plano. Não costuma haver boas razões para destacar um como mais importante ou crucial. Logo que tenhamos uma ou mais teorias na área, porém, de imediato teremos critérios para *aumentar* a importância de certos problemas empíricos.[17] Três tipos de casos são aqui muito importantes:

INFLAÇÃO DE PROBLEMAS POR SOLUÇÃO. Se determinado problema tiver sido resolvido por alguma teoria viável na área, ele ganhará considerável importância; a tal ponto que quase certamente se esperará que toda teoria concorrente na área o resolva ou forneça boas razões para não resolvê-lo. Assim, tão logo Galileu encontrou uma solução para o problema da velocidade da queda dos corpos, todas as outras teorias de mecânica ficaram sob forte pressão para fornecer uma solução igualmente adequada ao mesmo problema.

Desenvolvendo uma tese anterior, é tentador formular uma versão ainda mais forte dessa tese, afirmando que, em muitos casos (mas não todos), uma situação empírica sequer é

---

[17] De fato, não seria muito errado identificar o surgimento histórico de uma ciência a partir de um estado protocientífico como o ponto em que todos os problemas deixam de ter o mesmo peso.

tida como um problema até ter sido resolvida por alguma teoria da área. Em tais casos, resolver um problema não aumenta o peso anterior do problema; ao contrário, *é a solução que nos permite reconhecer o problema como genuíno*. A razão disso é que frequentemente não está claro se um problema aparente é empírico, isto é, se há mesmo ali algum fenômeno natural que explicar. As experiências sobre percepção extrassensorial são um bom exemplo. A maioria dos cientistas de hoje diria que não é certo haver *uma* prova *sequer* da existência de tais percepções que careçam de explicação teórica. As chamadas "pseudociências" (assim como as ciências recém-surgidas) medram precisamente nesses casos, nos quais não é claro que haja, inicialmente, algum problema que precise ser resolvido.

INFLAÇÃO DE PROBLEMAS POR SOLUÇÃO ANÔMALA. Se um problema em particular tiver se revelado anômalo para certas teorias da área ou tiver resistido a ser solucionado por elas, toda teoria que possa transformá-lo em um problema resolvido terá fortes argumentos a seu favor. O bom êxito da teoria da relatividade especial na solução dos resultados das experiências de Michelson-Morley (que se tornaram problemas anômalos para as teorias anteriores do éter) é um exemplo conhecido de tal processo. Entre outros exemplos temos: a explicação dada por Newton à forma da Terra e ao alongamento do espectro, a explicação dada por Darwin às experiências de criação doméstica e a explicação de Einstein para o efeito fotoelétrico.

INFLAÇÃO DE PROBLEMAS POR CONSTRUÇÃO ARQUETÍPICA. Em um nível mais sutil, há outras maneiras pelas quais as teorias podem dar maior significação a certos problemas empíricos que a outros. Como veremos adiante, muitas teorias destacam, entre os problemas da área, algumas situações empíricas como arquetípicas. Chamo-as "arquetípicas" porque a teoria

O PROGRESSO E SEUS PROBLEMAS 49

indica que são os processos naturais primários ou básicos a que os outros processos na área devem ser reduzidos. Por exemplo, antes de Descartes, os problemas de impacto e colisão dos corpos estavam na periferia das preocupações dos autores que tratavam do movimento e de mecânica e mal eram reconhecidos como problemas que uma teoria do movimento devesse resolver.

Mas a Filosofia mecânica de Descartes, justamente por conceber as colisões como o modo primário de interação entre os corpos, promoveu os problemas acerca do impacto à linha de frente da mecânica, onde permaneceram desde então. Nesse caso, como em outros semelhantes, a inflação do valor dos problemas de colisão era mais que uma mudança caprichosa na ênfase da pesquisa. O cartesiano estava comprometido com a tese de que virtualmente toda a ciência natural pudesse ser reduzida às leis da colisão. Mas essas leis, das quais tanta coisa depende, eram completamente desconhecidas no começo do século XVII. Era, portanto, razoável para os cartesianos e os interessados na abordagem cartesiana considerar os problemas de impacto e colisão como dos mais urgentes da Física. Semelhantemente, um século depois, a explicação dada por Franklin à garrafa de Leyden, um condensador primitivo, conseguiu dobrar a importância do problema da garrafa de Leyden, resolvendo com sucesso o que já fora reconhecido como um fenômeno enigmático e solucionando-o por meio de uma teoria que tornava a garrafa de Leyden um caso arquetípico de eletrificação, mais que uma curiosidade, como fora considerado até então.[18]

---

[18] Home, em Franklin's Electrical Atmospheres. *British Journal of the History Science*, v.6 (especialmente p.150-1), mostra de maneira convincente que o tratamento dado por Franklin à garrafa de Leyden desviou a atenção do que antes se considerava problema central da teoria elétrica.

O que é notável em relação aos três modos de ponderação de problemas indicados anteriormente é que a importância depende das teorias já existentes. Sem um tipo adequado de teoria, nenhum desses três modos de ponderação de problemas seria possível. Há, porém, um tipo de ponderação que nem sempre é tão dependente das nossas teorias existentes.

PONDERAÇÃO DOS PROBLEMAS POR GENERALIDADE. Ocasiões há em que se pode mostrar que um problema é mais geral e, portanto, mais importante que outro. Por exemplo, o problema kepleriano de descobrir a lei do movimento de Marte é provavelmente um caso especial de seu ulterior problema de descobrir a lei do movimento de todos os planetas e, portanto, menos geral que este último. O problema de Mendel da transmissão de características nas ervilhas é claramente menos geral que o da transmissão de características em todos os vegetais. Mas, deixando de lado as intuições, é difícil definir generalidade de um problema. Certo tipo é relativamente simples: *se pudermos mostrar, para quaisquer dois problemas p' e p, que qualquer solução para p' deve constituir uma solução para p (mas não vice-versa), p' é mais geral e, portanto, tem maior peso que p.* Embora essa seja uma classe importante de casos, há muitos outros que não permitem que se avalie sua generalidade comparativa. Em tais casos, temos de voltar aos primeiros três métodos de ponderação diferencial.

Assim como tais circunstâncias podem tornar alguns problemas mais importantes que outros, também há circunstâncias que tendem a *diminuir* a importância dos problemas empíricos, resolvidos ou não.

DEFLAÇÃO DE PROBLEMAS POR DISSOLUÇÃO. Como vimos anteriormente, os problemas representam estados de coisa, suposições do que cremos estar ocorrendo no mundo (ou, mais comumente, no laboratório). Porque às vezes mudamos nossas crenças (se, por exemplo, certos resultados experimentais não puderem ser reproduzidos), muitos problemas simplesmente desaparecem de determinado campo. O que era antes considerado um problema importante pode deixar de sê-lo e tornar-se um "pseudoproblema". Mesmo quando o problema não desaparece completamente, sua importância diminui, enquanto aumenta a dúvida sobre sua autenticidade ou relevância para o progresso da área.

DEFLAÇÃO DE PROBLEMAS POR MODIFICAÇÃO DA ÁREA. Outra maneira de diminuir significativamente a importância de um problema é a passagem de uma área do saber para outra. Até o começo do século XVII, por exemplo, os autores que tratavam da óptica física julgavam importante explicar o que se conhecia acerca da fisiologia do olho e da Psicologia da visão. Nenhuma teoria "óptica" era adequada, a não ser que lidasse com esses problemas. Com a crescente especialização do conhecimento, porém, os problemas da fisiologia da visão e da Psicologia da percepção foram excluídos da óptica física e, com isso, sua anterior importância na óptica se reduziu.

DEFLAÇÃO DE PROBLEMAS POR MODIFICAÇÃO DO ARQUÉTIPO. Como vimos anteriormente, pode-se dar preeminência a alguns problemas pelo surgimento de uma nova teoria que lhes dê importância. A imagem especular desse processo ocorre quando a teoria é repudiada. Aqueles problemas que haviam adquirido preeminência por ser arquétipos de uma nova teoria abandonada podem perder parte de sua importância quando desmorona a teoria de que eram aliados tão próximos. No século XVII, depois de Descartes e outros físicos terem obtido êxito em transformar os processos de colisão no processo mecânico arquetípico, as situações de trabalho e de gasto de energia – que eram alguns dos exemplos centrais de Aristóteles – perderam boa parte de sua velha preeminência.

O peso dos problemas anômalos

Foi muitas vezes afirmado, em especial por Karl Popper, mas em geral por todos os empiristas lógicos, que toda teoria que apresente problemas empíricos anômalos (em sua linguagem, uma teoria que tenha sido "refutada" ou "infirmada") não é mais digna de atenção científica séria. Todas as anomalias, todos os "casos refutantes" teriam a mesma importância. E, para uma teoria, uma única anomalia empírica seria tão devastadora quanto uma centena delas. Recentemente, porém, ficou claro que tal abordagem não funciona; com certeza, não na prática e provavelmente nem sequer em princípio. Como Kuhn e outros têm ressaltado, praticamente toda teoria já concebida, *inclusive* as aceitas pelos cientistas de hoje, apresentam casos anômalos. Não é verdade que, em geral, a descoberta de uma anomalia para determinada teoria leve, em e por si mesma, ao abandono da teoria que exiba tal anomalia. Ao mesmo tempo, devemos reconhecer que houve circunstâncias em que teorias se depararam com casos anômalos suficientemente agudos para ser abandonadas. Se quisermos capturar o pouco de racionalidade implícito em tal atividade, devemos, *grosso modo*, graduar as anomalias enfrentadas pela teoria, para indicar pelo menos as diferenças entre as que são desastrosas para a teoria e aquelas que representam apenas um ligeiro incômodo.

Um modo possível de lidar com tal dilema foi apresentado por Thomas Kuhn, que propôs essencialmente que o acúmulo de *grande número de anomalias* leva os cientistas a

O PROGRESSO E SEUS PROBLEMAS 53

abandonar a teoria.[19] As dificuldades com a solução proposta por Kuhn para esse problema são muitas: ele não oferece razão pela qual, para um número qualquer de anomalias, *n*, os cientistas permaneçam despreocupados diante de *n-1* anomalias e, de repente, passem a estar dispostos a abandonar a teoria quando ela apresenta *n* anomalias; a explicação dada por Kuhn não dá conta do fato histórico de que os cientistas muitas vezes abandonaram uma teoria diante de apenas umas poucas anomalias e, outras vezes, conservaram uma teoria diante de um oceano de refutações empíricas.

Afirmo que, se quisermos descobrir alguma racionalidade no papel das anomalias ao longo da História da Ciência, isso só acontecerá se reconhecermos que o que conta não é tanto *o número* de anomalias geradas por uma teoria, mas sim *quão cognitivamente importantes* são essas anomalias específicas. Como, então, podemos começar a graduar a importância das anomalias empíricas? Parece que a abordagem mais natural implicaria graduar as anomalias em função do *grau de ameaça epistêmica* que representam para a teoria. Um primeiro passo preliminar nessa direção vem do reconhecimento de que a importância de qualquer anomalia específica para uma teoria depende, em boa medida, do placar do jogo entre essa teoria e suas concorrentes. Se uma teoria for a única conhecida em determinado campo, pode haver dúzias de casos "de refutação", e provavelmente nenhum deles será de importância decisiva. Afinal, quando perguntamos sobre a importância da anomalia, estamos fazendo a seguinte pergunta: até que ponto tal anomalia deveria nos levar a abandonar a teoria que a gerou? Se não houver nenhuma

---

[19] Cf. Kuhn, op. cit.

teoria em vista para substituí-la, provavelmente qualquer ideia de abandoná-la será acadêmica, pois, na ausência de uma sucessora, este seria um fracasso cognitivo de primeira grandeza. Assim, *avaliar a importância de qualquer problema aparentemente anômalo é algo que deve ser feito no contexto das outras teorias concorrentes naquela área*. Dado que tais teorias existem, podemos, então, perguntar se determinado problema não resolvido que seja exibido por T_1 também é exibido pelas concorrentes. Se a resposta for afirmativa, ou seja, se todas as teorias existentes na área se veem igualmente incapazes de resolver determinado fenômeno, então o problema não pode ter um peso muito grande na avaliação de T_1 – mesmo que seja logicamente inconsistente com T_1. Se, por outro lado, houver algum problema empírico não resolvido por T_1 para o qual uma teoria concorrente tenha a solução, então esse problema não resolvido ganha importância considerável para T_1; em suma, ele se torna uma verdadeira anomalia. Fica claro que a importância das anomalias para as teorias pode variar com o tempo e as circunstâncias.

Um ou dois exemplos podem tornar isso mais claro. Desde a Antiguidade, os cientistas reconheceram que toda teoria astronômica e óptica deve ser capaz de explicar a cor do céu. Até o começo do século XX, porém, nenhuma teoria ofereceu explicação adequada da razão pela qual a luz, ao passar pelo espaço vazio e ser refratada na atmosfera, produz a cor azul que vemos. Foi só depois de Rayleigh desenvolver uma teoria da dispersão atmosférica que a incapacidade das teorias ópticas de explicarem o azul do céu passou a constituir um argumento importante contra tais teorias. Do mesmo modo, a possibilidade de produzir calor por atrito era um contraexemplo há muito conhecido à ideia de que o calor fosse uma substância presente nos corpos. Mas foi só depois do desenvolvimento da teoria cinética, que foi bem-sucedida em

O PROGRESSO E SEUS PROBLEMAS 55

explicar a geração do calor por atrito, que este se tornou um problema importante para as teorias do calor como substância. A análise desenvolvida até agora só nos diz, porém, como identificar uma anomalia, não como graduar sua importância. Um determinante considerável da importância das anomalias é *o grau de discrepância* entre o resultado experimental observado e a predição teórica. Toda teoria constantemente se depara com discrepâncias de pequena grandeza entre o que prevê e o que é observado. Na falta de uma teoria com maior adequação aos dados, poucas pessoas dariam importância a tais quase anomalias. Mais sérias, porém, são as grandes discrepâncias, que muitas vezes representam várias ordens de magnitude. Os cientistas estão dispostos a conviver com teorias aproximadas, até certo ponto. Exatamente onde traçar a linha de demarcação é algo que depende dos padrões convencionais de exatidão, tanto teórica, quanto experimental, naquela área do saber. É claro, por exemplo, que os cosmólogos ou os geólogos estão muitas vezes dispostos a dar menos importância a discrepâncias aparentemente grandes entre os resultados previstos e observados do que, digamos, um químico-físico ou um espectroscopista. Tais diferenças na tolerância da precisão nas diversas disciplinas não significam que tais limites de tolerância sejam arbitrários. Ao contrário, eles costumam refletir os sutis vínculos instrumentais e matemáticos naquele campo, bem como a complexidade do processo em investigação. O que é comum a todas as ciências é a convicção de que certos resultados experimentais são tão discordantes que constituem anomalias de extrema importância, ao passo que outros, apenas ligeiramente discordantes, são problemas relativamente menores. Também aqui, é decisivo o placar do jogo entre as teorias concorrentes.

Um segundo fator que influencia no peso de uma anomalia é a *idade e a comprovada resistência a ser resolvida por determinada teoria.* Ninguém se admira se um fenômeno recém-descoberto (talvez previsto por uma teoria) é anômalo para alguma teoria da área. Ensina-nos a experiência que às vezes são necessários muitos ajustes intrateóricos para que um problema possa ser resolvido de maneira convincente. Se, porém, depois de repetidos esforços, a teoria permanecer incapaz de explicar a anomalia, ela passará a se revelar um incômodo epistêmico. É por essa razão, aliás, que as chamadas experiências cruciais – concebidas para determinar a escolha entre teorias concorrentes – raramente são decisivas de imediato. É necessário certo tempo e esforço de reconciliação para que se possa chegar à conclusão de que é provável que a teoria não consiga resolver tal problema anômalo.

Posteriormente terei mais a dizer acerca da questão geral da ponderação dos problemas empíricos; podemos resumir até aqui a discussão ressaltando duas teses principais:

1. A importância de se resolver todos os problemas empíricos (sejam eles resolvidos ou anômalos) não é a mesma, tendo alguns um peso muito maior que outros.
2. A avaliação da importância de determinado problema ou anomalia exige conhecimento das diversas teorias daquela área *e* conhecimento de quão bem ou mal-sucedidas essas teorias têm sido em oferecer soluções.

Complexos de teorias e problemas científicos

Até este ponto da discussão, tenho escrito como se fossem as teorias *individuais* que resolvem, ou deixam de resolver, os problemas empíricos. Aleguei que elas podem

O PROGRESSO E SEUS PROBLEMAS   57

receber os créditos pelos problemas que resolvem e devem carregar a culpa pelas anomalias que geram. Pode-se dizer, no entanto, que, ao escolher tal abordagem, ignorei um dos mais surpreendentes e significativos aspectos da situação de teste: a ambiguidade da *ameaça epistêmica representada pelas anomalias*. Para determinar se a minha análise tropeça nesse ponto, temos de examinar com atenção os argumentos a favor da ambiguidade.

A alegada ambiguidade do teste das teorias

Nos primeiros anos deste século, o físico e filósofo francês Pierre Duhem argumentou que o teste das teorias é muito mais complicado que o observador não crítico possa imaginar.[20] Mostrou que individualmente as teorias não costumam implicar nada que possa ser observado diretamente no laboratório; ao contrário, dizia ele, apenas a *conjunção complexa* de uma série de teorias pode levar (dadas certas asserções sobre as condições iniciais) a predições sobre o mundo. Por exemplo, para testar uma proposição teórica simples como a lei de Boyle, é preciso invocar (entre outras coisas) teorias acerca do comportamento dos nossos instrumentos de medida. A lei de Boyle sozinha nada prediz sobre como aqueles instrumentos vão se comportar. Se é sempre (ou mesmo costuma ser) o caso que complexos de teorias, de preferência as individuais, estão sujeitos à prova empírica, parecem surgir certas ambiguidades. Suponhamos, por exemplo, que um complexo de teorias produza um resultado errado (ou seja, que leva a uma predição

---

[20] Veja Duhem, op. cit. e Laudan, Grünbaum on the "Duhemian Argument". *Philosophy of Science.*

refutada pelas evidências). Que conclusão se tira? Duhem (e a maioria dos seus comentadores recentes) deseja argumentar que nunca podemos deduzir com certeza que elementos teóricos do complexo foram refutados ou falseados pela observação recalcitrante. Tudo o que aprendemos da experiência, diz ele, é que em algum ponto nos perdemos, mas a lógica da inferência científica é imprecisa para nos permitir atribuir a culpa a algum componente em particular do complexo teórico. Segue-se daí que nunca se deve afirmar legitimamente que alguma teoria tenha sido em algum momento refutada.[21]

Uma ambiguidade semelhante, que até agora passou despercebida, aparentemente afeta tanto a confirmação quanto a refutação individual das teorias de hipóteses científicas. Se é verdade que os complexos teóricos confrontam a experiência, *a predição bem-sucedida de um resultado experimental nos deixa em dúvida quanto a como distribuir o crédito igual assim como uma predição mal-sucedida nos deixa quanto a quem atribuir a culpa.* No caso de uma confirmação bem-sucedida, devemos supor que cada um dos membros do complexo teórico é confirmado pelo resultado? E devemos supor que todos os membros obtêm o mesmo aumento em grau de confirmação? Essas são perguntas difíceis e, creio eu, ainda sem resposta.

Mas o que concluir a respeito dessas ambiguidades dos testes no tocante ao modelo que estamos examinando? Esse modelo está aberto a tal análise, como a visão aceita o está? E tais ambiguidades tornam carente de sentido falar da avaliação de teorias e hipóteses individuais?

---

[21] Muitas dessas teses foram contestadas por Grünbaum. Ver especialmente The Duhemian Argument. *Philosophy of Science*, v.11; Can We Ascertain the Falsity of a Scientific Hypothesis. *Studium Generale*, v.22; *Philosophical Problems of Space and Time.*

Solução de problemas e testes ambíguos

Mostrarei em seguida que as ambiguidades dos testes, embora bastante verdadeiras e incômodas quando dirigidas contra o modo convencional de discutir a avaliação de teorias, são relativamente inócuas quando vistas no contexto de um modelo de avaliação de teorias baseado na solução de problemas. Demonstrarei, além disso, que – dentro deste último modelo – há um modo natural de lidar com as ambiguidades duhemianas que nos permitirá tratar da avaliação racional de teorias *individuais*, sem que seja preciso se contentar em falar apenas de complexos teóricos. Vamos tratar primeiramente das ambiguidades da refutação ou falseamento. O argumento concluía que não podemos deduzir legitimamente a falsidade de qualquer componente de um complexo teórico a partir da falsidade do complexo teórico como um todo. Para facilitar a discussão, concedamos que o argumento seja conclusivo. Mesmo que rigorosamente convincente, ele não implica *nada* acerca da avaliação da efetividade na solução de problemas das teorias tomadas individualmente. Podemos, por exemplo, de maneira coerente com as preocupações duhemianas, adotar o seguinte princípio (A_1),

Toda vez que um complexo teórico qualquer, C, se depara com um problema anômalo, a, então a é considerado uma anomalia para *cada elemento não analítico* T_1, T_2, ..., T_n de C.[22]

---

[22] O único modo pelo qual certa T_i, que era um membro do complexo C, pode remover a de sua classe de casos anômalos é pelo desenvolvimento de um complexo alternativo C', inclusive T_i, que pode transformar o a anômalo em problema resolvido.

Por que o princípio (A_1) é imune às críticas de tipo duhemiano? Simplesmente porque todo peso da análise duhemiana recai sobre as *atribuições de verdade ou falsidade* (ou substitutos mais fracos para elas, como probabilidade ou grau de confirmação) a teorias tomadas individualmente. A força da posição de Duhem (bem como de suas elaborações recentes) depende de características específicas da atribuição de valores de verdade dentro de um argumento de tipo *modus tollens*. Nesse esquema argumentativo, somos solicitados a imaginar uma situação em que um complexo teórico C implica certa observação, O, que é falsa.

[C (que consiste em T_1, T_2, ..., T_n) + condições iniciais] $\longrightarrow O$
Observa-se não O

O duhemiano mostra que essa lógica não permite afirmar a falsidade de nenhum elemento T_i do complexo só porque o complexo em si foi falseado.

No modelo baseado na solução de problemas, porém, não fazemos atribuição de verdade ou falsidade; nada há na estrutura da lógica dedutiva que impeça a localização de propriedades como a efetividade na solução de problemas. Quando dizemos que a é uma anomalia para a teoria T_1, não estamos dizendo que a falseia T_1 (afirmar isso seria expor-se às objeções duhemianas); em vez disso, estamos dizendo que a é o tipo de problema que uma teoria como T_1 deve ser capaz de resolver (embora em conjunção com outras teorias), mas que até o momento ela não conseguiu resolvê-lo. Isto *não* prova que T_1 é falsa; mas levanta, *sim*, dúvidas acerca da eficiência na solução de problemas de T_1 (e acerca de *qualquer outra* T_i *pertencente ao complexo* que não tenha conseguido resolver o problema empírico a).

O PROGRESSO E SEUS PROBLEMAS 61

Um tipo parecido de análise aplica-se às aparentes ambiguidades de confirmação. Quando ressaltamos tais ambiguidades, é porque não está claro o quanto a bem-sucedida confirmação de um complexo teórico deva aumentar nossa confiança na *verdade* (ou na probabilidade) dos elementos que a compõem. Mas, se passarmos do discurso sobre a verdade ou a probabilidade ao discurso sobre solução de problemas, tal ambiguidade também se esvai, pois há uma imagem especular do princípio (A_1) definido anteriormente para as anomalias; a saber, (A_2):

Toda vez que um complexo teórico qualquer C resolve adequadamente um problema empírico b, então b é considerado um problema resolvido para *cada um* dos elementos não analítico $T_1, T_2, ..., T_n$ de C.

Como fica claro com os princípios (A_1) e (A_2), proponho virar de ponta-cabeça a resposta costumeira a essas ambiguidades duhemianas. No ponto em que os que escreveram antes sobre este problema tenderam a imaginar que a solução para ambiguidade duhemiana consiste em encontrar um modo, *contra* a análise de Duhem, de *localizar* a culpa ou o crédito, tentaremos a abordagem oposta, sugerindo uma saída para a charada duhemiana; em vez de *localizarmos* a culpa ou o crédito em um só lugar, *os espalharmos uniformemente entre os membros do complexo* (por meio de uma variante racional da doutrina da culpa por associação).

Uma argumentação completa acerca dos princípios (A_1) e (A_2) exigiria um tratamento mais longo. O que afirmarei é que nada há nos argumentos habituais acerca da ambiguidade dos testes que refute (A_1) ou (A_2). Até esse ponto, pelo menos, temos o direito de afirmar que parece ser apropriado falar sobre a avaliação de teorias tomadas individualmente – com a condição de que tais avaliações digam respeito à efetividade na solução de problemas, e não à verdade ou à falsidade.

Há outra importante dimensão do problema duhemiano que deve ser mencionada aqui, embora somente depois de ter sido desenvolvido, no próximo capítulo, um melhor instrumental para a avaliação das teorias. A dimensão em questão está relacionada à natureza da resposta racional à chamada experiência falseadora. Nesta análise, toda vez que um complexo teórico gera uma anomalia, tal anomalia conta pontos contra *cada um* dos elementos do complexo. O fato de que cada uma dessas teorias tenha a sua anomalia particular não exige, é claro, que todas sejam abandonadas; pois, como vimos, a existência de um problema anômalo para uma teoria não é *ipso facto* razão suficiente para que ela seja abandonada. E esse não é o fim da História. Justamente porque a anomalia existe e porque a ciência procura reduzir ao mínimo as anomalias, ainda há certa pressão cognitiva sobre a comunidade científica para que se tente resolver a anomalia. Resolver tal anomalia exigirá o abandono (embora não em virtude de seu "falseamento") de pelo menos uma das teorias que compunham o complexo que não lidava com a anomalia. Do meu ponto de vista (e desconfio que do ponto de vista de Duhem também), *o verdadeiro desafio da análise duhemiana consiste* não em mostrar como podemos "localizar" a falsidade ou a verdade, mas *em mostrar que estratégias racionais existem para selecionar um complexo melhor.*[23] Tal ponto será retomado no Capítulo 3, quando será descrito o instrumental para se fazer as avaliações adequadas.

---

[23] Mostrando quando é racional preservar o complexo inteiro e ignorar a anomalia.

CAPÍTULO 2

PROBLEMAS CONCEITUAIS

Se um historiador aceitar a [costumeira] análise de confirmação, [...]
talvez ele conclua que o curso do desenvolvimento científico
é maciçamente influenciado por [...] considerações não evidenciais.[1]

No primeiro capítulo, nossa análise concentrou-se em problemas empíricos e na ligação entre eles e as teorias que parecem resolvê-los. Seria equívoco, porém, imaginar que o progresso e a racionalidade científicos consistem inteiramente em resolver problemas empíricos. Há um segundo tipo de atividade relacionada à solução de problemas que tem sido *tão importante* no desenvolvimento da ciência quanto a solução de problemas empíricos. Este último tipo de problemas, que eu chamaria de *conceituais*, tem sido ignorado pelos historiadores e filósofos da ciência (embora raramente pelos cientistas), provavelmente porque ele não se adapta às epistemologias da ciência empiristas dominantes há mais de um século. O objetivo deste capítulo é propor uma teoria mais

---

[1] Salmon, Theorem and the History of Science. In: Stuewer (Ed.), *Historical and Philosophical Perspectives of Science*, p.80.

64 Larry Laudan

rica da solução de problemas que a permitida pelos empiristas, explorar a natureza desses problemas não empíricos e mostrar que papel desempenham na avaliação das teorias.

Mesmo o mais breve olhar lançado à História da ciência mostra claramente que os debates fundamentais travados entre os cientistas giraram tanto ao redor de questões não empíricas como de questões empíricas. Quando, por exemplo, a astronomia epicíclica de Ptolomeu era criticada (como o foi com frequência na Antiguidade, na Idade Média e no Renascimento), as críticas mais importantes *não* estavam ligadas a sua adequação para resolver os principais problemas empíricos da astronomia observacional. A maioria dos críticos de Ptolomeu concordou que seu sistema era perfeitamente adequado para preservar o fenômeno. Ao contrário, o essencial da crítica dirigia-se contra as credenciais conceituais dos mecanismos utilizados por Ptolomeu (inclusive equantes e excêntricos, bem como epiciclos) para resolver os problemas empíricos da astronomia. Do mesmo modo, os críticos posteriores da astronomia copernicana em geral não alegavam que ela fosse empiricamente inadequada para predizer os movimentos dos corpos celestes; de fato, ela podia resolver alguns problemas empíricos (como o movimento dos cometas) muito melhor que as outras opções disponíveis. O que mais incomodava os críticos de Copérnico eram dúvidas acerca de como a astronomia heliocêntrica podia ser integrada em um quadro mais amplo de suposições acerca do mundo natural – quadro que foi sistemática e progressivamente articulado desde a Antiguidade. Quando, um século depois de Copérnico, Newton anunciou seu "sistema do mundo", ele foi ovacionado pela capacidade de resolver muitos problemas empíricos. O que incomodou contemporâneos de Newton (inclusive Locke, Berkeley, Huygens e Leibniz) foram as ambiguidades e as confusões conceituais acerca de suas suposições fundamentais. O que era o espaço absoluto e por que era ele necessário para se fazer Física? Como podiam os corpos agir uns sobre os outros a distância? Qual a origem da nova energia que, na teoria de Newton, tinha de ser continuamente adicionada de novo à ordem do mundo? Como, perguntaria Leibniz, podia reconciliar-se a teoria de Newton com um Deus inteligente que projetou o mundo? Em nenhum desses casos os críticos apontavam um problema empírico anômalo ou não resolvido. Estavam, pelo contrário, apontando dificuldades de *tipo não empírico*. Tampouco era só "em seus primórdios" que a ciência exibia este fenômeno.

Se observarmos a recepção da biologia evolucionista de Darwin, as teorias psicanalíticas de Freud, o behaviorismo de Skinner ou a moderna mecânica quântica, repete-se o mesmo padrão. Paralelamente à enumeração das anomalias empíricas e dos problemas empíricos resolvidos, tanto os críticos quanto os defensores das teorias muitas vezes invocam critérios teóricos de avaliação que nada têm a ver com a capacidade da teoria de resolver os problemas empíricos do campo científico a que pertencem.

Tal padrão não passou despercebido por historiadores, filósofos e sociólogos da ciência; ele é óbvio e persistente demais para ter sido completamente ignorado. Mas a resposta habitual, quando diante de casos em que as teorias foram apreciadas segundo vetores não empíricos, tem sido deplorar a intrusão dessas considerações "não científicas" e atribuí-las em boa parte ao preconceito, à superstição ou a um "caráter pré-científico". Alguns estudiosos (como Kuhn) chegaram ao ponto de fazer da ausência de tais fatores não empíricos um sinal da "maturidade" de qualquer ciência específica.[2] Em vez de tentar aprender algo acerca da natureza complexa da

---

[2] Para uma crítica das ideias de Kuhn sobre este ponto, veja a seguir p.211-3, 244-6.

66 LARRY LAUDAN

racionalidade científica desses casos, os filósofos (com pesar) e os sociólogos (com prazer) em geral os tomaram como sinais da irracionalidade da ciência tal como é praticada na realidade.[3] Por conseguinte, poucos estudiosos que se debruçaram sobre a natureza da ciência encontraram certo espaço em seus modelos para o papel de tais problemas conceituais na avaliação racional das teorias científicas.[4] As filosofias empiristas da ciência (inclusive as de Popper, Carnap e Reichenbach) e até metodologias empiristas menos estridentes (como as de Lakatos, Collingwood e Feyerabend) – que imaginam que a escolha entre teorias na ciência deva ser governada exclusivamente por considerações empíricas – simplesmente não conseguem lidar

---

[3] Karl Popper, por exemplo, insistiu no fato de que o uso de crenças metafísicas e teológicas para criticar teorias científicas tem apenas interesse "sociológico" e não é, de modo algum, pertinente ao entendimento da avaliação racional. Em um de seus mais recentes ensaios, por exemplo, ele escreve: "o fato histórico e sociológico de que as teorias de Copérnico e Darwin se chocaram com a religião é irrelevante para a avaliação racional das teorias científicas por eles propostas" (The Rationality of Scientific Revolutions. In: Harré (Ed.), *Problems of Scientific Revolution*, p.88). Em um estilo um pouco diferente, Philip Frank – diante da não aceitação do copernicanismo por parte dos astrônomos do Renascimento – afirma que eles fizeram a escolha perguntando-se "se a vida do homem se tornaria mais feliz com a aceitação de tal sistema" (The Variety of Reasons for the Acceptance of Scientific Theories. In: Frank (Ed.), *The Validation of Scientific Theories*, p.17). Frank não admite meio-termo entre uma avaliação puramente "científica" (isto é, empírica) e os juízos de valor hedonistas.

[4] A exceção recente mais interessante é Gerd Buchdahl, que discutiu amplamente (veja History of Science and Criteria of Choice. In: Stuewer (Ed.), *Historical and Philosophical Perspectives of Science*) o papel das controvérsias acerca de questões não empíricas na história da ciência. Minha explicação dos problemas conceituais, embora diferente da dele, deve muito a seu sensato tratamento dessas questões.

O PROGRESSO E SEUS PROBLEMAS 67

com o papel dos problemas empíricos na ciência e, assim, se veem sem recursos para explicar ou reconstruir o curso real da ciência. Tais teorias exibem limitações para explicar as situações históricas em que as competências em resolver problemas empíricos de teorias concorrentes foram *equivalentes*. Casos desse tipo são muito mais comuns na ciência do que se costuma imaginar. Os debates entre astrônomos copernicanos e ptolomaicos (1540-1600), entre newtonianos e cartesianos (1720-50), entre as ópticas ondulatória e de partículas (1810-50), entre atomistas e antiatomistas (1815 até cerca de 1880) são exemplos de controvérsias científicas importantes em que o suporte empírico de teorias rivais era essencialmente o mesmo. As explicações de inspiração positivista desses encontros históricos lançaram pouca luz sobre esses casos importantes, o que não é de surpreender, visto que os positivistas consideram que a base empírica é o único árbitro legítimo da crença teórica. O empirista estrito deve ver tais controvérsias como meras *querelles de mots*, debates vazios e irracionais acerca de questões que a experiência não resolve.

Uma visão mais ampla acerca da natureza da solução de problemas – que reconheça a existência de problemas conceituais – permite-nos entender e descrever o tipo de interação intelectual que ocorre entre os defensores de teorias que recebem igual apoio dos dados. Por ser a avaliação de teorias um trabalho que envolve múltiplos fatores, a paridade em relação a um fator de modo algum exclui uma escolha racional baseada em disparidades em outros níveis.

A natureza dos problemas conceituais

Até agora, definimos os problemas conceituais por exclusão, sugerindo que são não empíricos. Antes de entender seu papel na avaliação das teorias, devemos esclarecer com precisão o que são e como surgem. Para começar, cumpre ressaltar que os problemas conceituais são *apresentados por umas ou outras teorias*, são característicos das teorias e não têm existência independente das teorias que os apresentam, nem sequer aquela autonomia limitada que os problemas empíricos às vezes possuem. Se os problemas empíricos são questões de primeira ordem acerca das entidades substantivas de algum setor do saber, os conceituais são questões de ordem superior acerca da fundamentação das estruturas conceituais (por exemplo, as teorias) que foram concebidas para responder às questões de primeira ordem. (Na realidade, há um *dégradé* contínuo de problemas intermediários entre os puramente empíricos e conceituais; por motivos heurísticos, porém, concentrar-nos-emos nas extremidades distais do espectro.)

Os problemas conceituais surgem, para uma teoria *T*, de uma destas duas maneiras:

1. Quando *T* apresenta certas incoerências internas ou quando suas categorias básicas de análise são vagas e pouco claras; esses são os *problemas conceituais internos*.
2. Quando *T* está em conflito com outra teoria ou doutrina, *T'*, que os defensores de *T* acreditam ser bem fundamentada; esses são os *problemas conceituais externos*.

Cada uma dessas formas de problema conceitual deve ser analisada com certa minúcia.

O PROGRESSO E SEUS PROBLEMAS   69

Problemas conceituais internos

O tipo mais vivaz de problema conceitual interno, embora de modo algum o mais frequente, surge com a descoberta de que uma teoria é incoerente e, portanto, contraditória. Provavelmente mais comum na Fistória da Matemática, teorias incoerentes têm sido detectadas em quase todos os ramos da ciência.[5] Há pouco que dizer acerca do caráter sutil de tais problemas. A menos que os defensores de tais teorias estejam preparados para abandonar as regras da inferência lógica (que forneceram as bases para o reconhecimento da incoerência) ou possam de algum modo "localizar" a incoerência, a única resposta concebível a um problema conceitual desse tipo é recusar-se a aceitar a teoria defeituosa até que a incoerência seja removida.[6]

Mais comum, mas também mais difícil de se lidar, é uma segunda classe de problemas conceituais internos; a saber, *aqueles que surgem de ambiguidades ou circularidades conceituais dentro da teoria*. Ao contrário da incoerência, a ambiguidade de conceitos é uma questão mais de grau que de tipo. Certo grau de ambiguidade provavelmente não pode ser eliminado em nenhuma teoria, exceto as mais axiomatizadas. Pode até ser verdade que certa medida mínima de

---

[5] Heimann, Maxwell and the Modes of Consistent Representation. *Archive for History of Exact Sciences*, v.6, usa a busca da coerência interna como meio para explicar a evolução das ideias de Maxwell sobre a eletricidade e o magnetismo.

[6] Deve-se observar, todavia, que a recusa de *aceitar* uma teoria incoerente não exige que se deixe de trabalhar nela. (Veja a seguir p.255.) Sobre o papel dos problemas conceituais internos no desenvolvimento do trabalho de Thomas Young, veja Cantor, The Changing Role of Young's Ether. *The British Journal of History Science*, v.5.

ambiguidade seja positiva, uma vez que teorias definidas com menor rigidez muitas vezes são aplicadas com maior facilidade a outros campos de investigação. Mas, mesmo concordando com isso, não deixa de ser verdade que uma ambiguidade ou uma circularidade sistemática e crônica em uma teoria com frequência tem sido, e deve ser, considerada desvantajosa.

Exemplos de tais problemas conceituais são comuns na História da ciência. Por exemplo, o primeiro modelo de interação elétrica concebido por Faraday foi criado para eliminar o conceito de ação a distância (já um problema conceitual na primeira Física newtoniana). Infelizmente, como mostrou Robert Hare,[7] o próprio modelo de Faraday exigia ações a distância de pequeno alcance. Faraday simplesmente substituíra um conceito inútil por seu equivalente virtual. Pior ainda, o modelo de Faraday – como Hare indicou de maneira perspicaz – postulava partículas "contiguantes", que, na realidade, não eram contíguas. Esse tipo de crítica levou Faraday a repensar suas ideias acerca da matéria e da força e foi, por fim, responsável pelo surgimento da teoria de campo de Faraday, que evitava esses problemas conceituais. Tomando outro exemplo da Física do século XIX, os críticos da teoria cinético-molecular (por exemplo, Stallo e Mach) muitas vezes alegaram que a teoria cinética era não explicativa por ser circular. Por exemplo, ela explicava a elasticidade dos gases postulando constituintes elásticos (ou seja, moléculas). Mas, observaram os críticos, uma vez que não compreendemos

---

[7] Veja Hare, A Letter to Prof. Faraday on Certain Theoretical Opinions. *Philosophical Magazine*, e a resposta perplexa de Faraday, An Answer to Dr. Hare's Letter on Certain Theoretical Opinions. *Philosophical Magazine*, v.17, a essa crítica conceitual.

O PROGRESSO E SEUS PROBLEMAS   71

mais as causas da elasticidade nos sólidos que nos líquidos, a explicação cinética é completamente circular.[8] A maior clareza conceitual de uma teoria por intermédio de minuciosos esclarecimentos e especificações de significado é, como observou William Whewell há mais de um século, um dos modos mais importantes de progresso da ciência. Ele chamou esse processo de "explicação de concepções" e mostrou como muitas teorias, ao longo de seu curso temporal, se tornaram mais precisas – em boa medida por causa dos críticos dessas teorias, que ressaltavam suas obscuridades conceituais.[9] Muitas revoluções científicas importantes (como o surgimento da teoria da relatividade restrita, o desenvolvimento da Psicologia behaviorista) dependeram do reconhecimento e da subsequente redução da ambiguidade terminológica de teorias de determinado campo do saber. Embora esses tipos de problemas internos sejam indubitavelmente importantes no processo de avaliação de teorias, nenhum desempenhou um papel histórico tão decisivo como os outros tipos de problemas conceituais.

Problemas conceituais externos

Problemas conceituais externos são gerados por uma teoria, *T*, quando esta está em conflito com outra teoria ou doutrina que os defensores de *T* creem ser bem fundamentada. É a existência dessa "tensão" que constitui um problema

---

[8] Veja em especial Stallo, *Concepts and Theories of Modern Physics*.
[9] Veja Whewell, *The Philosophy of Inductive Sciences. Founded upon their History*, Parte II. Para uma excelente descrição da análise de Whewell, veja Butts, Consilience of Inductions and the Problem of Conceptual Change in Science. In: Colodny (Ed.), *Logic, Laws, and Life*.

conceitual. Mas o que exatamente significam a "tensão" e o "conflito"? A forma de "tensão" mais fácil de definir, embora não a mais frequente, é a da *incoerência ou incompatibilidade lógica*. Quando uma teoria é logicamente incompatível em relação a outra, temos um exemplo claro de problema conceitual.

O desenvolvimento da astronomia na Grécia Antiga, a que já nos referimos, oferece um exemplo útil. Aqui, o problema empírico não resolvido (na verdade, uma série de problemas correlacionados) era sintetizado em tabelas de movimento planetário, que registravam as posições aparentes do Sol, da Lua e dos planetas em diferentes momentos. Esse era o problema empírico inicial que tinha de ser resolvido. A sucessão de teorias planetárias na Antiguidade, das esferas homocêntricas de Eudoxo e Aristóteles aos complexos epiciclos, excêntricos e equantes de Ptolomeu, mostra uma série de tentativas de resolver os problemas da astronomia nascente. Mas tão logo as primeiras teorias astronômicas eram desenvolvidas, cada uma delas, por sua vez, gerava um sem-número de outros problemas, alguns empíricos, outros conceituais. Assim, as esferas homocêntricas de Eudoxo e Aristóteles não conseguiam explicar com precisão as retrogradações dos planetas e as desigualdades sazonais apresentadas pelos dados. Esses fenômenos eram claramente reconhecidos como problemas não resolvidos. Por outro lado, o posterior sistema de Ptolomeu conseguia evitar a maioria dos problemas anômalos com que a primeira astronomia grega se deparou, mas o preço que pagou por isso foi a *geração de problemas conceituais enormes*. Desde os tempos de Platão, os astrônomos haviam trabalhado com a suposição de que os movimentos celestes eram "perfeitos" (isto é, cada planeta se movia em um círculo perfeito ao redor da Terra, em velocidade constante). Tal suposição impunha enormes restrições aos tipos de hipóteses que estavam

O PROGRESSO E SEUS PROBLEMAS   73

abertas aos astrônomos. O sistema de Ptolomeu, com todas as virtudes empíricas, desrespeitou essas proibições, fazendo suposições acerca do comportamento dos corpos celestes (por exemplo, a hipótese de que certos planetas se movem ao redor de pontos vazios no espaço, de que os planetas nem sempre se movem com velocidade constante etc.) que estavam em flagrante contradição com a as teorias Físicas e cosmológicas então universalmente aceitas acerca da natureza e do movimento dos corpos celestes. Apesar dos engenhosos esforços de Ptolomeu e outros para reconciliar essas diferenças, a maior parte dos problemas conceituais permaneceu e deveria atrapalhar o desenvolvimento da astronomia matemática até o fim do século XVII (e depois também).

Mas há outras relações além da incoerência que também constituem problemas conceituais para as teorias que as apresentam. É comum duas teorias, embora logicamente compatíveis, serem conjuntamente *implausíveis*, ou seja, quando a aceitação de uma delas torna menos plausível que a outra seja aceitável. Por exemplo, muitas das teorias fisiológicas do final do século XVII se baseavam na suposição (cartesiana) de que os diversos processos corporais fossem causados pelos processos mecânicos de colisão, filtragem e fluxo de líquidos. Uma vez aceita a teoria newtoniana, críticos da fisiologia mecanicista observaram que tais doutrinas, embora logicamente compatíveis com a Física de Newton, haviam se tornado um tanto implausíveis com a Física newtoniana. O argumento era mais ou menos o seguinte: a Física newtoniana, embora permitisse a existência de fenômenos de colisão, mostra que *a maioria* dos processos físicos depende de algo mais que os impactos entre as partículas e seus movimentos. Uma vez que tais teorias fisiológicas "mecanicistas" (de inspiração cartesiana) postulam esses processos como determinante *exclusivo* da mudança orgânica, implicam uma enorme improbabilidade. São coerentes com a Física newtoniana (pois tal Física não nega que possa haver sistemas materiais inteiramente mecânicos); mas parece muito implausível, dada a Física newtoniana, que um sistema tão complexo quanto um organismo vivo possa funcionar apenas com pequena parte dos processos que se apresentam no reino inorgânico.

Um segundo exemplo pode esclarecer a noção da geração dos problemas conceituais por as teorias não serem mutuamente plausíveis. Ao longo de todo o século XVII e o começo do XVIII, a teoria dominante sobre o calor era *cinética*; o calor era entendido como a agitação rápida das partes constituintes de um corpo. Ao longo de todo o século XVIII, porém, muitas teorias em vários campos começaram a sugerir que vários processos naturais dependessem da presença de um ou mais fluidos muito elásticos e rarefeitos que pudessem ser absorvidos pelos corpos materiais ou deles vertidos. Embora a eletricidade fosse o exemplo mais bem conhecido, tais fluidos sutis eram postulados para explicar o magnetismo, o funcionamento neurológico, a percepção, a embriologia e até mesmo a gravidade. À medida que essas teorias se tornavam aceitas e certas analogias observáveis entre o calor, a luz e a eletricidade começavam a ser exploradas, as teorias cinéticas do calor passaram a ser objeto de contínuos ataques. Embora a aceitação, por exemplo, de uma teoria líquida da eletricidade não implique a negação da teoria cinética do calor, julgava-se que as teorias cinéticas do calor se tornavam menos plausíveis à medida que as áreas do saber, uma após outra, passavam a ser dominadas por ideias muito bem-sucedidas acerca da natureza substancial, e não cinética, dos processos físicos.

Uma terceira maneira pela qual os problemas conceituais podem ser gerados ocorre quando surge uma teoria que

O PROGRESSO E SEUS PROBLEMAS 75

deveria reforçar outra, mas não consegue fazer isso e é *meramente compatível com ela.* Para entender o que está implicado em tais casos, devemos falar brevemente sobre a estrutura interdisciplinar da ciência, pois a compatibilidade entre dois sistemas ou teorias não é, na linguagem corrente, vista como fraqueza cognitiva. As diversas disciplinas e áreas científicas nunca são completamente independentes umas das outras. Em qualquer época, há sistemas hierárquicos de interligação entre as diversas ciências que condicionam as expectativas racionais que os cientistas têm ao avaliar teorias. Em nossa própria época, por exemplo, presume-se que o químico deva recorrer ao físico para obter ideias acerca da estrutura atômica; que o biólogo deva valer-se de conceitos químicos ao falar de microestruturas orgânicas. A enunciação de uma teoria química que fosse meramente compatível com a mecânica quântica, mas não usasse nenhum de seus conceitos, seria vista desfavoravelmente pela maioria dos cientistas modernos. Do mesmo modo, uma teoria da hereditariedade que fosse compatível com a química, mas não conseguisse explorar seus instrumentais analíticos, também pareceria suspeita. Diferentes épocas, é claro, terão diferentes expectativas sobre quais disciplinas devam tomar emprestado de outras e reforçá-las. (No século XVII, por exemplo, esperava-se que toda teoria Física fosse relevante para a teologia cristã, e não meramente compatível com ela.)

Como deve ter ficado claro, a *mera* compatibilidade entre duas teorias nem sempre é um problema conceitual. Ninguém acha, por exemplo, que uma teoria microeconômica seja defeituosa por ser meramente compatível com a termodinâmica. Mas, em muitos casos, a compatibilidade, em contraposição à relevância positiva entre duas teorias é, com toda razão, vista como uma importante desvantagem para a aceitação das teorias em questão.

76   LARRY LAUDAN

Nossa discussão até aqui nos permite esboçar uma taxonomia das diversas relações cognitivas que podem existir entre duas (ou mais) teorias:

1. *Implicação* – uma teoria T implica outra teoria T_1.
2. *Reforço* – T oferece uma "explicação" para (parte de) T_1.[10]
3. *Compatibilidade* – T nada implica em relação a T_1.
4. *Implausibilidade* – T implica que (parte de) T_1 seja improvável.
5. *Incoerência* – T implica a negação de (parte de) T_1.

Em princípio, qualquer relação que não seja a total implicação (1) pode ser vista como algo que coloca um problema conceitual para as teorias que a apresentam. Deve--se ressaltar, porém, que embora as situações (2) a (5) gerem problemas conceituais, elas *representam graus muito diferentes de ameaça cognitiva*; tais graus são representados, em ordem crescente, pela sequência (2) a (5).

As origens dos problemas conceituais

Ao analisar os problemas conceituais externos, fui deliberadamente vago acerca dos tipos de teoria ou de crença que geram problemas conceituais para uma teoria científica. Evitei essa questão até agora porque queria concentrar-me

---

[10] A forma mais comum de reforço mútuo entre teorias é a "*analogia*". (Para uma demonstração interessante de quão crucial era esse tipo de problema analógico na química do século XIX, veja Brooke, Organic Synthesis and the Unification of Chemistry – a Reappraisal. *The British Journal History of Science*, v.5.)

O PROGRESSO E SEUS PROBLEMAS 77

nos tipos de ligação entre teorias que geram problemas conceituais. Neste ponto, porém, vou explicar com clareza o outro lado da questão, perguntando que tipos de teoria podem qualificar-se para ser acopladas a uma teoria científica, gerando um problema conceitual; pois, a menos que respondamos a essa pergunta de maneira coerente, poder--se-iam gerar trivial e mecanicamente problemas conceituais para quaisquer teorias acoplando-as arbitrariamente a qualquer crença "descabelada". Por exemplo, poderíamos criar um problema para a teoria quântica moderna mostrando a sua não relevância ao budismo zen! A meu ver, há pelo menos três classes distintas de dificuldades que geram problemas conceituais externos: (1) casos em que estão em tensão duas teorias *científicas* de diferentes áreas do saber; (2) casos em que uma teoria científica está em conflito com as teorias *metodológicas* da comunidade científica envolvida; e (3) casos em que uma teoria científica está em conflito com algum componente da *visão de mundo* predominante. Cada uma delas merece um exame atento.

DIFICULDADES INTRACIENTÍFICAS. Acontece muitas vezes de uma nova teoria em alguma área científica fazer suposições incompatíveis com as de outra teoria *científica*, uma teoria que temos boas razões para aceitarmos. Assim, o sistema astronômico de Copérnico – embora não seja propriamente uma teoria física – fez várias suposições acerca do movimento dos corpos que eram incompatíveis com a mecânica aristotélica então aceita. No século XVII, um dos mais fortes argumentos contra o sistema copernicano consistia em observar que a teoria de Copérnico, embora talvez adequada no que se refere aos dados astronômicos, era inaceitável por ir de encontro aos princípios da mais bem estabelecida teoria física. Pior ainda, Copérnico na realidade não dispunha de nenhum sistema mecânico alternativo e bem articulado com que pudesse racionalizar as suposições que estava fazendo acerca do movimento da Terra. A contribuição capital de Galileu consistiu em lidar com o problema conceitual reconhecendo a incompatibilidade entre a Física aristotélica e a astronomia copernicana e remediando a situação, concebendo uma nova Física independentemente plausível e compatível com a astronomia de Copérnico.

O reconhecimento e a solução de tais problemas conceituais foi um dos mais fecundos processos da História das ciências naturais e sociais.[11] Se duas teorias científicas forem incoerentes ou mutuamente implausíveis, há uma forte suspeita de que pelo menos uma delas deva ser abandonada. Até aqui, tudo é muito simples. O que é mais interessante é o fato de geralmente não se deixar de lado uma ou outra metade de um par inconsistente sem causar estragos no resto do conhecimento científico. Pelo fato de as teorias de certas áreas do saber (digamos, a astronomia) parecer exigir, para a sua compreensão e avaliação empírica, a existência de teorias de outras áreas (a mecânica ou a óptica, digamos),[12] *a decisão de abandonar uma de um par*

---

[11] Viner, Adam Smith and laissez faire. In: *Adam Smith, 1776-1926*, oferece um argumento convincente de que um dos problemas conceituais centrais para a teoria econômica de Adam Smith era sua incompatibilidade com a tese newtoniana de um equilíbrio de forças na natureza. A questão era séria, uma vez que a teoria econômica de Smith se baseava em um equilíbrio geral (newtoniano) e, no entanto, postulava forças de motivação econômica (por exemplo, o interesse próprio), aparentemente incompatíveis com tal sistema equilibrado. Afirmou-se que Smith escreveu seu tratado de filosofia moral justamente para resolver essa tensão.

[12] Por exemplo, qualquer tese astronômica baseada na observação telescópica pressupõe a aceitabilidade de certas teorias ópticas. O melhor

O PROGRESSO E SEUS PROBLEMAS 79

de teorias incompatíveis e conservar o outro membro do par costuma envolver o compromisso de desenvolver uma alternativa adequada para a teoria rejeitada. Por conseguinte, esses problemas conceituais são, em geral, muito mais fáceis de se reconhecer que de se resolver. Raramente podemos resolver tais problemas pelo simples expediente de rejeitar um dos membros do par defeituoso. Além disso, como já vimos, não há nada embutido no processo de avaliação científica que nos informe de antemão qual membro de um par inconsistente deva ser rejeitado. Essa é uma questão que só pode ser resolvida após o fato, isto é, depois de nos livrarmos de um, depois de outro, e de termos observado com que sucesso podemos construir um parceiro adequado para a teoria conservada.

Devem ser feitas, de passagem, duas considerações finais sobre os problemas conceituais intracientíficos. Ressalta-se, primeiro, que o fato de determinada teoria ser incompatível com outra aceita cria um problema conceitual para *ambas.* A relação de incompatibilidade é simétrica, e não devemos perder de vista o fato de que os problemas conceituais intracientíficos inevitavelmente levantam dúvidas presuntivas acerca de ambos os membros do par incompatível. Em segundo lugar, devemos observar que a descoberta de uma incoerência lógica ou de uma relação de não reforço entre duas teorias *não* deve forçar os cientistas a abandonar uma nem outra nem ambas. Assim como às vezes pode ser racional conservar uma teoria diante de dados anômalos, do mesmo modo pode ser racional conservar uma teoria ante uma incoerência entre ela e alguma outra aceita. O que temos

---

exame geral da interdependência conceitual e experimental das ciências físicas ainda é Duhem, *The Aim and Structure of Physical Theory.*

de reconhecer é que a ocorrência de tal incoerência indica uma *debilidade*, razão para se considerar o abandono de uma ou de outra teoria (ou talvez de ambas).

Entre os mais claros exemplos de dificuldades intracientíficas está a controvérsia entre biólogos, geólogos e físicos, no final do século XIX, a respeito da cronologia da Terra. Do lado geológico e biológico estava uma enorme quantidade de dados a favor da ideia de que a Terra era de fato muito antiga, de que era parcialmente líquida sob a superfície e de que as condições físicas haviam permanecido em boa medida inalteradas durante centenas de milhões de anos. Tanto a geologia uniformista como a biologia evolucionista se baseavam em tais suposições. O físico Lord Kelvin, porém, se viu na impossibilidade de reconciliar esses postulados essenciais com a termodinâmica. Especificamente, ele mostrou que a segunda lei da termodinâmica (que implica um aumento da entropia) era incompatível com a explicação evolucionista das espécies e que tanto a primeira como a segunda leis eram incompatíveis com a hipótese dos geólogos de que as reservas de energia na Terra permaneceram constantes durante a maior parte do passado geológico. Isso causou perplexidade generalizada. A termodinâmica tinha muito a seu favor na Física, mas as teorias geológicas e biológicas também gabavam-se de uma enorme quantidade de problemas resolvidos. Era sério o dilema: deve-se abandonar a termodinâmica, rejeitar a geologia uniformista ou repudiar a teoria da evolução? Haveria outra opção? Como mais tarde se revelou, embora ninguém tivesse previsto de antemão, as três puderam ser mantidas, pois a descoberta da radioatividade tornou possível contornar os problemas acerca da conservação da energia. O importante aqui, para os nossos propósitos, é que o surgimento dessa incompatibilidade criou sérios problemas conceituais para *todas* as ciências envolvidas. Embora o caminho para uma

O PROGRESSO E SEUS PROBLEMAS 81

solução fosse obscuro, percebia-se em geral que esses problemas conceituais, até que fossem resolvidos, levantavam fortes dúvidas acerca da eficácia na resolução de problemas de um amplo leque de teorias científicas.

DIFICULDADES NORMATIVAS. Como se costuma dizer, a ciência é uma atividade praticada por agentes aparentemente racionais. Como tal, tem certos objetivos e metas. A avaliação racional da ciência deve ser, portanto, em ampla medida, uma questão de se determinar se as teorias da ciência alcançam as metas cognitivas da atividade científica. Quais são essas metas e como alcançá-las? Uma das funções essenciais de qualquer Filosofia ou metodologia da ciência é especificar essas metas e indicar os *meios* mais efetivos para alcançá-las. A única função das regras metodológicas (tais como a clássica frase de Newton, "*hypotheses non fingo*" ["não invento hipóteses"]) é oferecer normas para o comportamento científico; dizer-nos o que devemos ou não fazer para alcançar as metas cognitivas, epistêmicas e práticas do empreendimento científico.

Desde a Antiguidade, os filósofos e os filósofos cientistas tentaram definir conjuntos de normas ou regras metodológicas que devem governar o comportamento do cientista. De Aristóteles a Ernst Mach, de Hipócrates a Claude Bernard, os pensadores interessados na ciência tentaram legislar a respeito dos modos aceitáveis de inferência científica. No início do século XVII, a imagem dominante era matemática e demonstrativa e se tornou canônica no famoso *Discurso do método*, de Descartes. No século XVIII e no início do XIX, em contrapartida, a maioria dos filósofos da natureza estava convicta de que os métodos da ciência deviam ser indutivos e experimentais. Não é de admirar que toda época histórica apresente uma ou mais imagens dominantes e normativas da ciência. Seria um grave engano imaginar, como muitos

82 LARRY LAUDAN

historiadores, que tais normas são objeto apenas do filósofo ou lógico profissional. *Todo* cientista em atividade, tanto os do passado quanto os atuais, adere a certas ideias acerca de como a ciência deve ser praticada, do uso dos controles experimentais, e assim por diante. *Tais normas de que o cientista se vale em sua avaliação das teorias têm sido, talvez, a mais importante fonte de controvérsias na História da ciência, gerando muitos dos mais agudos problemas conceituais com que os cientistas tiveram de lidar.* Ainda é muito difundida a ideia de que a metodologia a que o cientista adere é na realidade pouco mais que uma fachada, mais desrespeitada que observada. Preeminentes cientistas e estudiosos de História dos nossos próprios dias (em especial Einstein e Koyré)[13] zombaram da ideia de que as ideias explícitas acerca de metodologia possam exercer muito impacto em suas crenças e atividades científicas. Além disso, há casos significativos (por exemplo, Newton e Galileu) em que a pesquisa real do cientista viola quase todas as regras metodológicas a que ele adere da boca para fora. Como, sob essas circunstâncias, posso alegar aqui que a metodologia é uma fonte poderosa para a avaliação das teorias científicas e a geração de problemas conceituais?

Felizmente, o trabalho de diversos historiadores nos últimos vinte anos proporcionou abundantes provas de que as crenças metodológicas dos cientistas muitas vezes afetam profundamente suas avaliações dos méritos das teorias científicas.[14] O que todas essas investigações tornam claro (contra

---

[13] Koyré expõe a questão da seguinte maneira: "a metodologia abstrata tem pouco a ver com o desenvolvimento concreto do pensamento científico" (Review of Crombie's *Robert Grosseteste. Diogène*, n.16, out. 1956, p.13).

[14] Para mencionar alguns exemplos: Buchdahl, *Metaphysics and Philosphy of Science* e Sabra, *Theories of Light from Descartes to Newton*, examinaram

O PROGRESSO E SEUS PROBLEMAS   83

Einstein e Koyré) é que o destino da maior parte das teorias
científicas importantes do passado estava vinculada a sua
avaliação *metodológica*; a *boa fundamentação metodológica* foi
constitutiva das mais importantes avaliações de teorias, e não
tangencial a elas.

É justamente por esta razão que as fraquezas metodológicas observadas constituíram problemas conceituais sérios, e
não raro agudos, para qualquer teoria que as apresente. É pela
mesma razão que a eliminação de incompatibilidades entre

---

o papel da metodologia na ciência mecanicista do século XVII; Cantor,
Henry Brougham and the Scottish Methodological Tradition. *Studies
in History and Philosophy of Science*, v.2, Olson, *Scottish Philosophy and
British Physics. 1750-1880*, e Laudan, Thomas Reid and the Newtonian
Turn of British Methodological Thought. In: Butts; Davis (Eds.). *The
Methodological Heritage of Newton*, estudaram o impacto da episte-
mologia da escola escocesa na recepção das teorias físicas em fins do
século XVIII; McEvoy; McGuire, God and Nature: Priestley's Way
of Rational Dissent. *Hist. Stud. Phys. Sci.*, v.5, exploraram as relações entre a metodologia de Priestley e a química flogística; Brooke,
Organic Synthesis and the Unification of Chemistry – a Reappraisal.
The British Journal History of Science, v.5, analisou o impacto do positivismo comteano sobre a química e a física francesas do século XIX;
Hooykaas, *The Principle of Uniformity in Geology, Biology and Theology*,
e Laudan, "Ideas and Institutions: the Case of the Geological Society of
London". *Isis*, estudaram o impacto da metodologia sobre a geologia no
período lyelliano; Buchdahl, Sources of Skepticism in Atomic Theory.
British Journal Philosophy Science, v.10, Knight, *Atoms and Elements*,
e Laudan, The Methodological Foundations of Mach's Opposition to
Atomism. In: Machamer; Turnbull (Eds.), *Space and Time, Matter and
Motion*, analisaram a metodologia dos debates atômicos; Hull, *Darwin
and his Critics*, Ellegard, The Darwinian Theory and 19th-Century
Philosophies of Science, *Journal of the History of Ideas*, v.18, Ghiselin,
The Triumph of the Darwinian Method, e Hodge, Methodological Issues
in the Darwinian Controversy, documentaram o impacto das ideias
metodológicas sobre Darwin e seus críticos.

84   LARRY LAUDAN

uma teoria e a metodologia correspondente constitui um dos modos mais impressionantes pelos quais as teorias podem melhorar sua importância cognitiva. A resolução da "tensão" entre uma metodologia e uma teoria científica muitas vezes é obtida pela modificação da teoria científica, para reconciliá-la com as normas metodológicas. No entanto, tais problemas nem sempre são resolvidos dessa maneira. Em muitos casos, *é a própria metodologia que é alterada*. Observemos, para tomarmos um só exemplo, o desenvolvimento da teoria newtoniana no século XVIII. Na década de 1720, a metodologia dominante, aceita tanto pelos cientistas quanto pelos filósofos, era *indutivista*. Seguindo as teses de Bacon, Locke e do próprio Newton, os pesquisadores estavam convencidos de que as únicas teorias legítimas eram as que podiam ser inferidas indutivamente por simples generalização a partir de dados observáveis. Infelizmente, porém, a direção da teoria física nas décadas de 1740 e 1750 pouco parecia enquadrar-se nessa metodologia indutivista explícita. Na teoria da eletricidade, na do calor, na pneumática, na química e na fisiologia, estavam surgindo questões newtonianas que postulavam a existência de partículas e líquidos imperceptíveis – entidades que não podiam ser "inferidas indutivamente" a partir de dados observados. A incompatibilidade dessas novas teorias com a metodologia explícita da tradição newtoniana de pesquisa produziu problemas conceituais agudos. Alguns tentaram resolvê-los repudiando essas teorias científicas que violavam as normas metodológicas aceitas.[15] Outros newtonianos (por exemplo, LeSage, Hartley

---

[15] Veja Cantor, Henry Brougham and the Scottish Methodological Tradition. *Studies in History and Philosophy of Science*, e Laudan, Thomas Reid and the Newtonian Turn of British Methodological Thought. In: Butts; Davis (Eds.) *The Methodological Heritage of Newton*.

O PROGRESSO E SEUS PROBLEMAS 85

e Lambert) insistiram em que *as próprias normas deviam ser modificadas*, para adequá-las às melhores teorias físicas existentes.[16] Esse último grupo assumiu a tarefa de forjar uma nova metodologia para a ciência que permitisse teorizar sobre entidades não vistas. (Em seus pontos essenciais, a metodologia que produziram foi a metodologia hipotético-dedutiva, que, desde então, é dominante). Essa nova metodologia, proporcionando uma fundamentação para a "microteorização", eliminava o que havia sido uma grande pedra de tropeço para a aceitação de um amplo leque de teorias newtonianas em meados e fins do século XVIII. (Aqui, como anteriormente, os historiadores que se valem de modelos puramente empiristas deixaram escapar a ocorrência, para não falar da significação, desses desenvolvimentos na evolução da tradição newtoniana de pesquisa.)

São inúmeros os outros casos de problemas conceituais induzidos metodologicamente. Boa parte do debate acerca da geologia uniformista, da controvérsia sobre o atomismo, o principal da oposição à psicanálise e ao behaviorismo e muitas das querelas acerca da mecânica quântica concentram-se nos pontos fortes e fracos da metodologia das teorias científicas em questão. Casos desse tipo mostram que o reconhecimento dos problemas conceituais normativos é uma força muito mais poderosa na evolução histórica da ciência do que alguns historiadores da ciência têm admitido.

Mas se os historiadores por vezes subestimaram a importância desses problemas conceituais, sua culpabilidade é insignificante quando comparada ao completo fracasso

---

[16] Veja Laudan, G. L. Le Sage: a Case Study in the Interaction of Physics and Philosophy. In: Suppes et al (Eds.), *Logic, Methodology and Philosophy of Science-IV*, e The Sources of Modern Methodology. In: Butts; Hintikka (Eds.), *Logic, Methodology and Philosophy of Science-V*.

dos filósofos em encontrar alguma função para esse tipo de problema em suas explicações da mudança científica. Mesmo aqueles generosos o suficiente para conceder uma função à metafísica do desenvolvimento científico ignoraram o fato de que a metodologia a que o cientista adere tem, e deve ter, um papel a desempenhar na determinação da avaliação que esse cientista faz dos méritos racionais de teorias científicas concorrentes. Se um cientista tiver boas razões para aceitar certa metodologia e se alguma teoria científica viola as regras dessa metodologia, é completamente racional que ele faça sérias restrições a essa teoria. (É uma das mais cruéis ironias que os epistemólogos não tenham conseguido explicar nem encontrar razão para o papel decisivo desempenhado pela Epistemologia e pela metodologia no desenvolvimento racional das ciências.)

DIFICULDADES RELACIONADAS À VISÃO DO MUNDO. O terceiro tipo de problemas conceituais externos surge quando determinada teoria científica parece ser incompatível com outro tipo de crença aceita, mas *prima facie* não científicas, ou não estabelecer com elas uma relação de mútuo reforço. Em qualquer cultura, há crenças amplamente aceitas que vão além do campo científico. Embora a exata proporção de proposições científicas e não científicas na população total de crenças razoáveis mude com o tempo, nunca houve período da História do pensamento em que as teorias da ciência exauriram o campo da crença racional. O que chamo de dificuldades relacionadas à visão de mundo é como as dificuldades intracientíficas; nesse caso, a incompatibilidade ou a falta de reforço mútuo não está *dentro* do quadro da própria ciência, mas entre a ciência e as nossas "crenças extracientíficas". Tais crenças se relacionam com áreas bastante diversas, como a metafísica, a lógica, a ética e a teologia.

O PROGRESSO E SEUS PROBLEMAS   87

Por exemplo, um dos problemas conceituais centrais que afligia os newtonianos no século XVIII dizia respeito à ontologia das forças. Críticos como Leibniz e Huygens questionaram como os corpos podiam exercer força sobre pontos muito distantes deles mesmos. Que substância transporta a força atrativa do Sol pelos 90 milhões de milhas de espaço vazio, para que a Terra seja puxada na direção dele? Como, em um nível mais prosaico, pode um ímã arrastar em sua direção um pedaço de ferro que está a vários centímetros de distância? Tais fenômenos pareciam desafiar a própria lógica de se falar de substâncias e de propriedades, uma vez que as propriedades (por exemplo, o poder de atração) pareciam capazes de se desprender dos corpos materiais de que eram as propriedades. Como Buchdahl,[17] Heimann e McGuire[18] argumentaram de modo convincente, resolver esse caso tornou-se um dos problemas filosóficos e científicos centrais do Iluminismo. Não satisfeitos com a negação cotesiana de que esse fosse um problema conceitual sério (Cotes estava disposto a dizer que a natureza é, em geral, ininteligível, e que a ininteligibilidade das forças distantes não era motivo de preocupação cognitiva),[19] os filósofos e os cientistas de toda a Europa começaram a reavaliar essas questões tradicionais, como a natureza da substância, as relações entre propriedades e substâncias e, em especial, a natureza de nosso conhecimento da substância. O que resultou dessa reavaliação nas mãos de Kant, Priestley, Hutton e outros foi uma nova

---

[17] Buchdahl, History of Science and Criteria of Choice. In: Stuewer (Ed.), *Historical and Philosophical Perspectives of Science*.

[18] McGuire e Heimann, Newtonian Forces and Lockean Powers. *Hist. Stud. in Phys. Sci.*, v.3.

[19] Veja, sobretudo, o prefácio de Cotes à segunda edição dos *Principia* de Newton.

ontologia, que defendia a prioridade da força sobre a matéria e que transformou os poderes da atividade (e não os poderes passivos, como a massa e a inércia) nos elementos constitutivos básicos do mundo físico. O surgimento dessa nova ontologia, de uma vez, eliminou o problema conceitual mais sério da ciência newtoniana, exibindo a "inteligibilidade" da ação a distância, harmonizou novamente a ontologia da Filosofia e a Ontologia da Física e tornou possível o subsequente surgimento de teorias do campo físico.[20]

Os filósofos "positivistas" e os historiadores da ciência, que veem o progresso da ciência do ponto de vista empírico, não se deram conta da enorme importância desses desenvolvimentos tanto para a ciência quanto para a Filosofia. Convictos de que a metafísica é estranha e até alheia ao desenvolvimento das ideias científicas, escreveram sobre a história do newtonianismo sem perceberem a influência vital dessas controvérsias metafísicas sobre o curso histórico das doutrinas newtonianas.

Tradicionalmente, as dificuldades relacionadas à visão de mundo passaram a surgir mais frequentemente em decorrência de tensões entre a ciência, de um lado, e ou a teologia ou a Filosofia ou a teoria social, do outro.[21] É sabido, por exemplo, que uma das principais dificuldades do programa científico mecanicista dos séculos XVII e XVIII era a discrepância percebida entre uma teoria que reduzia o cosmos a uma máquina automática e certas teologias "ativistas", que

---

[20] O ponto é convincentemente defendido em McGuire e Heimann, op. cit.

[21] Para um estudo sobre o papel das questões epistemológicas e metafísicas na embriologia do século XVIII, veja Roger, *Les sciences de la vie dans la pensée française du XVIIIe siècle*. O tratamento dado por Roger a Buffon fornece um modelo operacional ideal do tipo de análise histórica conceitual para o qual este capítulo procura dar fundamento.

O PROGRESSO E SEUS PROBLEMAS												89

procuravam preservar um papel importante para Deus na manutenção cotidiana do Universo. A famosa *Correspondência Leibniz-Clarke*, um dos principais documentos do primeiro Iluminismo, está recheada de controvérsias que ilustram o que chamo de dificuldades relacionadas à visão de mundo. De modo semelhante, uma importante pedra de tropeço para o surgimento da teoria evolucionista foi a convicção, baseada nas melhores intuições filosóficas disponíveis, de que as espécies deviam ser separadas e distintas.[22] Mais recentemente, um dos mais persistentes conjuntos de problemas conceituais da Física do século XX foi a dissonância entre a mecânica quântica e as nossas crenças "filosóficas" acerca da causalidade, da mudança, da substância e da "realidade".

Não são apenas as incompatibilidades entre a ciência e a Filosofia, ou entre a ciência e a teologia que podem levar a dificuldades relacionadas à visão de mundo. Conflitos com as ideologias sociais ou morais provocam tensões semelhantes. Em nossa época, por exemplo, há diversos casos em que argumentos aparentemente sérios foram lançados contra uma teoria científica por dificuldades morais ou éticas relacionadas à visão de mundo. Na União Soviética, o caso Lysenko é um bom exemplo. Uma vez que a biologia evolucionista, com sua negação da transmissão de características adquiridas, vai de encontro à ideia marxista de que a própria natureza do homem pode ser mudada pelo ambiente, enérgicas restrições foram expressas contra o darwinismo e o mendelismo, e muito apoio foi dado a um esforço de pesquisa científica como o de Lysenko, que procurava encontrar provas científicas para a

---

[22] Um exemplo contemporâneo das dificuldades relacionadas à visão de mundo é encontrado no sugestivo estudo de Culotta, German Biophysics, Objective Knowledge, and Romanticism. *Historical Studies in the Physical Sciences*, v.4, sobre a biofísica do século XIX.

Filosofia marxista do homem. No Ocidente, pesquisadores e teóricos que examinam a possibilidade de diferenças raciais recentemente enfrentaram obstáculos semelhantes. Sugeriu--se que qualquer teoria científica que defendesse a existência de diferenças de capacidade ou inteligência entre as diversas raças deveria ser nociva, pois iria de encontro ao quadro social e político igualitário.

Há um importante grupo de pensadores na ciência e na Filosofia contemporâneas que argumenta que as dificuldades ligadas à visão de mundo não passam de pseudoproblemas.[23] Eles afirmam que as teorias científicas têm autonomia e que qualquer elemento de nossa visão de mundo que não se harmonize com a ciência deva simplesmente ser abandonado. Voltarei a tratar, no próximo capítulo, dessa doutrina positivista; por enquanto farei esclarecimentos a esse respeito, para não julgarem que estou afirmando mais do que realmente estou.

1. *Não* defendo a tese de que as teorias científicas devam ser abandonadas quando se deparam com problemas ligados à visão de mundo; ao afirmar a existência de problemas conceituais desse tipo, apenas afirmo o *fato* de que frequentemente existe uma tensão entre as crenças "científicas" e "não científicas" e que essa tensão coloca um problema para *ambos* os conjuntos de crenças. Como tal tensão deve ser resolvida depende das particularidades do caso.

---

[23] Alguns membros desse grupo negam que a evolução da ciência deva algo ao pano de fundo mais amplo das convicções filosóficas; outros (como Duhem) reconhecem o impacto da filosofia sobre a ciência, mas o deploram.

O PROGRESSO E SEUS PROBLEMAS   91

2. *Não* defendo a tese de que todo problema ligado à visão de mundo constitua razão para restrições acerca das teorias científicas. O grau de seriedade do problema depende de quão arraigada está a crença não científica e de quanta capacidade de solução de problemas perderíamos ao abandoná-la.

O peso relativo dos problemas conceituais

Examinando um pouco mais como são gerados os problemas conceituais, podemos pensar sobre como avaliar a importância relativa deles. É fundamental ressaltar, desde o começo, que um problema conceitual, em geral, será *mais* sério que uma anomalia empírica. Ninguém, por exemplo, propôs abandonar a mecânica newtoniana quando ela não previu com exatidão o movimento da Lua. Mas muitos pensadores (como Leibniz, Huygens e Wolff) estavam seriamente dispostos a rejeitar a Física newtoniana porque sua ontologia era incompatível com a metafísica aceita na época. Essa diferença de peso acontece não porque a ciência é mais racionalista que empírica, mas porque costuma ser mais fácil explicar um resultado experimental anômalo que rejeitar de saída um problema conceitual.[24] (Permitam-me acrescentar que *não* sugiro que todos os problemas conceituais sejam mais importantes que os empíricos. Estou, antes, propondo modestamente que a maioria dos conceituais tem impacto maior que a maioria das anomalias empíricas.)

No terreno dos problemas conceituais, há certas circunstâncias que tendem a aumentar ou reduzir a importância

---

[24] Veja p.52-6.

inicial desse tipo de problema. Há pelo menos quatro situações que devem ser distinguidas aqui:

1. Como já vimos, a natureza da relação lógica entre duas teorias que apresentam um problema conceitual pode variar, desde a incompatibilidade (em sua forma mais aguda) até o apoio mútuo. *Ceteris paribus*, quanto maior a tensão entre duas teorias, maior o peso do problema.

2. Quando aparece um problema conceitual em decorrência de um conflito entre duas teorias, T_1 e T_2, a gravidade desse problema para T_1 depende do grau de confiança que temos sobre a aceitabilidade de T_2. Se T_2 tiver demonstrado ser efetiva em resolver problemas empíricos e seu abandono criar muitas anomalias, a situação será difícil para os defensores de T_1. Se, porém, o histórico de soluções de problemas de T_2 for modesto, a incompatibilidade de T_2 com T_1 provavelmente não será considerada um problema conceitual importante para T_1.

3. Outro caso em que se torna significativo falar na gradação dos problemas conceituais em escala de importância ocorre quando – dentro de determinado campo científico – temos duas teorias *adversárias* (em oposição a complementares), T_1 e T_2. Se tanto T_1 quanto T_2 exibirem os mesmos problemas conceituais, tais problemas não mais contam um contra o outro e ambos se tornam relativamente insignificantes no contexto da avaliação comparativa de teorias. Se, porém, T_1 gerar problemas conceituais que T_2 *não* gera, tais problemas se tornam significativos na avaliação dos méritos relativos de T_1 e T_2.

O PROGRESSO E SEUS PROBLEMAS 93

4. Um determinante da importância de um problema (ou das anomalias) está ligado à "idade" desse problema. Se só tiver sido descoberto recentemente que uma teoria coloca certo problema conceitual (por exemplo, uma incoerência interna), há razões para se esperar que, com modificações mínimas na teoria, possamos endireitá-la e, com isso, eliminar o problema. A ameaça que o problema representa para a teoria é, em geral, compensada pelo otimismo de que ele possa ser resolvido – otimismo muitas vezes justificado. Se, por outro lado, constar durante certo tempo que determinada teoria tem um problema conceitual particular, tendo os partidários dessa teoria tentado, repetida e inutilmente, torná-la coerente ou reconciliá-la com nossas normas e nossas crenças admitidas, tal problema assume com o tempo importância e significação maiores nos debates acerca da aceitabilidade da teoria (ou teorias) que o gera(m).

Resumo e visão geral

A tese deste capítulo é, simplesmente, que *nenhuma* Filosofia contemporânea da ciência dá conta do importante papel desempenhado pelos problemas conceituais na História da ciência. Mesmo os filósofos que afirmam levar a sério a evolução real da ciência (por exemplo, Lakatos, Kuhn, Feyerabend e Hanson) não fizeram concessões às dimensões não empíricas do debate científico. Hoje sabemos o bastante acerca da importância desses fatores não empíricos na evolução da ciência para dizermos com confiança que *qualquer teoria acerca da natureza da ciência que não atribua papel aos problemas conceituais perde o direito de se dizer uma teoria sobre como a ciência realmente evoluiu.* Embora o instrumental analítico desenvolvido até agora ainda seja insuficiente para construir um modelo geral do progresso e do crescimento científicos, possuímos peças suficientes do quebra-cabeças para falar de modo aproximado acerca de como deve ser um modelo de progresso baseado na solução de problemas. São simples as suposições centrais de um modelo: (1) *o problema resolvido* – empírico ou conceitual – *é a unidade básica do progresso científico*; e (2) *o objetivo da ciência é ampliar ao máximo o alcance dos problemas empíricos resolvidos, ao mesmo tempo em que reduz ao mínimo o alcance dos problemas anômalos e conceituais.*

Quanto mais numerosos e importantes os problemas que uma teoria consegue resolver adequadamente, melhor. Se uma teoria consegue resolver mais problemas significativos que outra, é preferível. Em certo nível, essa é uma tese incontroversa. Se interpretarmos os problemas exclusivamente no sentido do que chamamos de "problemas empíricos resolvidos", muitos filósofos da ciência aceitariam que o progresso se resume na solução de tais problemas. Mas, como vimos, *há na ciência problemas além dos empíricos resolvidos, a saber, os anômalos e conceituais.* A minha definição de progresso torna-se mais controversa (e potencialmente mais interessante) quando a interpretamos como aplicando tanto aos primeiros como aos segundos. As minhas razões para ampliar assim a base devem estar claras. Se conta pontos a favor da teoria que ela acumule os problemas empíricos resolvidos (como a visão convencional admite), também deve contar pontos *contra* a teoria se esta gerar problemas anômalos e conceituais. *De fato, a efetividade das teorias no que se refere à solução de problemas depende de como ela equilibra seus problemas resolvidos e não resolvidos.* Como isso funciona, exatamente?

Comecemos com um modelo rústico de evolução científica. Imaginemos algum campo do saber em que se observa certo fenômeno desconcertante, *p*. O fenômeno *p* constitui um problema não resolvido para o cientista que queira desenvolver uma teoria, T_1, com vistas especificamente a resolver *p*. Uma vez anunciada T_1, é provável que diversas coisas aconteçam ao mesmo tempo. Um cientista pode observar que T_1 prevê outros fenômenos naquele campo além de *p*. Tais predições serão testadas e, frequentemente, algumas não serão corroboradas em nossa observação. Assim, a observação desses resultados discrepantes constituirá uma ou mais anomalias para T_1. Ao mesmo tempo, pode-se mostrar que T_1 faz suposições acerca dos processos naturais que vão de encontro às teorias de mais ampla aceitação ou que ela é incompatível com as normas metodológicas. Isso constituirá um ou mais problemas conceituais para a teoria T_1.

Até agora, nesta cronologia imaginária, não temos certeza se houve progresso. É verdade que T_1 resolveu seu problema empírico inicial *p*, e, até aí, podemos dizer que ocorreu "progresso". Infelizmente, porém, a mesma teoria T_1 que esclareceu aquele problema gerou diversos outros; nesse caso, anomalias e problemas conceituais. É possível que tenham sido gerados mais problemas do que os resolvidos pela invenção de T_1. Mas prolonguemos o exemplo. Suponhamos que apareça um segundo teórico, convencido de que pode melhorar T_1. Que significa melhorar T_1? Grosso modo, tal melhoria equivaleria a mostrar que uma nova teoria, T_2, pode explicar o problema empírico inicial de T_1. Se T_2 tiver o mesmo sucesso no nível dos problemas empíricos quanto T_1, sem as dificuldades empíricas e conceituais, podemos convir que seria mais razoável aceitar T_2; que, de fato, a aceitação de T_2 seria algo progressivo e continuar a aderir a T_1 seria algo não progressivo ou até regressivo.

Generalizando a partir desse exemplo, definiríamos da seguinte maneira uma *medida de avaliação* para as teorias: *a efetividade total quanto à solução de problemas é determinada por meio da avaliação do número e da importância dos problemas empíricos que ela resolve, deduzindo o número e a importância das anomalias e dos problemas conceituais que ela gera.*

A partir daí, é simples o passo para uma noção rudimentar do progresso científico. Dado que o objetivo da ciência é a solução de problemas (ou, mais precisamente, a estratégia mini-maxi), *pode ocorrer progresso se, e somente se, a sucessão das teorias científicas em qualquer domínio mostrar um grau mais alto de efetividade na solução de problemas.* Restringindo a noção de progresso a situações específicas e não a longos períodos de tempo, podemos dizer que *toda vez que modificamos uma teoria ou a substituímos, tal mudança é progressiva se, e somente se, a versão mais recente solucionar os problemas de modo mais eficaz (no sentido que acabamos de definir) que sua predecessora.*

Há muitas maneiras pelas quais tal progresso ocorre. Ele pode se produzir por uma expansão do domínio dos problemas empíricos resolvidos, permanecendo inalterados todos os outros vetores de avaliação. Nesse caso, a substituição de T_1 por T_2 (que resolve mais problemas empíricos) é claramente progressiva. Também pode resultar de uma modificação da teoria que elimine anomalias incômodas ou resolva problemas conceituais. Quase sempre, porém, o progresso ocorre como resultado de uma evolução sutil de todas as variáveis pertinentes.

Em virtude da ênfase exclusiva dada pela maioria dos filósofos aos problemas empíricos e na solução destes, é importante ressaltar que, com base no modelo aqui esboçado, em (1) pode ocorrer progresso sem expansão da área dos problemas empíricos resolvidos, e é até concebível que

O PROGRESSO E SEUS PROBLEMAS 97

essa área se contraia; em (2) uma mudança teórica pode ser não progressiva ou regressiva, mesmo quando o índice de problemas empíricos resolvidos aumenta, principalmente se a mudança levar a anomalias ou problemas conceituais mais sérios que os apresentados pela teoria anterior. Embora esteja despontando um esboço de teoria do progresso cognitivo, ainda falta uma dimensão crucial. Em tudo o que foi dito sobre a solução de problemas, havia certa confusão sobre que *tipo* de coisas resolvem problemas. Venho usando o termo "teoria" para designar esses complexos cujas capacidades de resolução de problemas devem ser avaliadas; para esclarecer os tipos de problemas presentes na ciência, tive de adiar a discussão acerca do tipo de coisas que podem resolver problemas. Temos de examinar esse lado da equação de solução de problemas antes de refinar o modelo de progresso esboçado, tornando-se uma qualificada ferramenta de análise.

CAPÍTULO 3

DAS TEORIAS ÀS TRADIÇÕES DE PESQUISA

*A função intelectual de um esquema
conceitual estabelecido é determinar
os padrões teóricos, as questões significativas,
as interpretações legítimas [...].*[1]

As teorias estão inevitavelmente envolvidas na solução de problemas; o principal objetivo de se teorizar é oferecer soluções coerentes e adequadas aos problemas empíricos que estimulam a investigação. Além disso, as teorias devem evitar (ou resolver) os vários problemas conceituais ou anômalos gerados pelas suposições antecessoras. Se encararmos a investigação por esse ângulo, se considerarmos as teorias dessa perspectiva, fica claro que *o teste cognitivo central de qualquer teoria envolve avaliar a sua adequação como solução de certos problemas empíricos e conceituais.* Tendo desenvolvido nos capítulos anteriores uma taxonomia para descrever os tipos de problema enfrentados, temos de estabelecer as condições

---

[1] Toulmin, Does the Distinction between Normal and Revolutionary Science Hold Water? In: Lakatos; Musgrave (Eds.), *Criticism and the Growth of Knowledge*, p.40.

de adequação para determinar quando uma teoria fornece uma solução aceitável.

Antes de nos dedicarmos a essa tarefa, devemos esclarecer o que são e como funcionam as teorias, pois o fato de ter deixado de fazer aqui algumas distinções rudimentares prejudicou mais de uma importante Filosofia da Ciência. Livros inteiros foram dedicados à estrutura da teoria científica; não estou tentando nada de tão ambicioso. Pelo contrário, insisto em apenas dois pontos importantes com relação a uma análise das teorias.

Em primeiro lugar, para tornar explícito o que ficou implícito o tempo todo, *a avaliação das teorias é questão de comparação*. O crucial em toda avaliação cognitiva de uma teoria é como ela se sai com relação às concorrentes; as medidas absolutas das credenciais empíricas ou conceituais de uma teoria não são significativas. Boa parte da literatura da Filosofia da Ciência tem se baseado na suposição de que a avaliação teórica ocorre em um vácuo competitivo. Suporei, ao contrário, que as avaliações a respeito de teorias envolvem modalidades comparativas. Perguntamos: esta teoria é melhor que aquela? Esta doutrina é a melhor entre as opções disponíveis?

A segunda maior tese deste capítulo é a de que *é necessário distinguir, dentro da classe do que se costuma chamar de "teorias científicas", dois tipos diferentes de redes proposicionais.*

Na literatura convencional acerca da inferência científica, bem como na prática científica comum, o termo "teoria" refere-se a (pelo menos) dois tipos de coisas. Muitas vezes usamos o termo "teoria" para denotar um conjunto específico de doutrinas relacionadas (comumente chamadas de "hipóteses", "axiomas" ou "princípios") que pode ser usado para se fazerem previsões experimentais específicas e dar explicações pormenorizadas dos fenômenos naturais. Como exemplos

O PROGRESSO E SEUS PROBLEMAS 101

desse tipo de teoria podemos citar a do eletromagnetismo de Maxwell, a da estrutura atômica de Bohr-Kramers-Slater, a do efeito fotoelétrico de Einstein, a do valor-trabalho de Marx, a da deriva continental de Wegener e a freudiana do complexo de Édipo.

Em contrapartida, o termo "teoria" também é usado para designar conjuntos de doutrinas ou suposições mais gerais, mais difíceis de se testar. Por exemplo, fala-se em "teoria atômica", "teoria da evolução" ou "teoria cinética dos gases". Em cada um desses casos, referimo-nos não a uma teoria específica, mas a todo um espectro de teorias individuais. O termo "teoria da evolução", por exemplo, não designa nenhuma teoria em particular, mas todo um conjunto de doutrinas, histórica e conceitualmente relacionadas, que trabalham com a suposição de que as espécies orgânicas compartilham linhas de descendência. Do mesmo modo, o termo "teoria atômica" em geral se refere a um amplo conjunto de doutrinas, todas elaboradas com base na suposição de que a matéria seja descontínua. Um caso especialmente claro de teoria que abrange uma ampla variedade de exemplos concretos é oferecido pela recente "teoria quântica". Desde 1930, esse termo passou a incluir (entre outras coisas) as teorias quânticas de campo, as de grupo, as chamadas teorias da matriz S e as do campo renormalizado – e entre quaisquer duas delas há enormes divergências conceituais.

As diferenças entre os dois tipos de teorias anteriormente esboçadas são grandes: não só há contrastes de generalidade e de especificidade entre elas, mas os modos de avaliação apropriados a cada uma são radicalmente diferentes. A tese central deste capítulo será que *até nos tornarmos conscientes das diferenças cognitivas e avaliativas entre esses dois tipos de teoria, será impossível ter uma teoria do progresso científico historicamente válida ou filosoficamente adequada.*

E não é só a fidelidade à prática e aos costumes científicos que exigem que levemos a sério essas unidades teóricas mais amplas. Boa parte da pesquisa feita pelos historiadores e pelos filósofos da ciência na última década sugere que essas unidades de análise mais gerais apresentam muitas das características epistêmicas que, embora próprias da ciência, escapam ao analista que limita o estudo às teorias no sentido mais estreito. Especificamente, foi sugerido por Kuhn e Lakatos que *as teorias mais gerais*, não as mais específicas, *são a principal ferramenta para se entender e se avaliar o progresso científico.* Em princípio, compartilho de tal convicção, mas acho que as explicações oferecidas sobre o que são essas teorias maiores e como elas evoluem não são plenamente satisfatórias. Considerando que parte deste capítulo será dedicada a esboçar uma nova explicação dessas teorias mais globais (que chamarei de *tradições de pesquisa*), convém que se indique o que parece faltar nos mais conhecidos esforços para lidar com o problema. Das muitas teorias da evolução científica que têm sido desenvolvidas, duas tratam especificamente da questão da natureza dessas teorias mais gerais.

A teoria dos "paradigmas" científicos de Kuhn

Em seu influente livro *A estrutura das revoluções científicas*, Thomas Kuhn apresenta um modelo de progresso científico cujo elemento primário é o "paradigma". Embora se tenha mostrado que a noção kuhniana de paradigma é sistematicamente ambígua[2] (e, assim, difícil de se caracterizar

---

[2] Cf. a crítica de Shapere, The Structure of Scientific Revolutions. *Phil. Rev.* v.73, e Masterman, The Nature of a Paradigm. In: Lakatos; Musgrave (Eds.), *Criticism and the Growth of Knowledge.* A ambiguidade

O PROGRESSO E SEUS PROBLEMAS 103

com exatidão), há certas características identificáveis. Os paradigmas são, para começar, "meios de olhar o mundo"; amplas visões ou premonições quase metafísicas acerca do modo como devem ser explicados os fenômenos de certo campo. Abrigadas sob o guarda-chuva de algum paradigma bem desenvolvido estão muitas teorias específicas, cada uma das quais pressupondo um ou mais elementos do paradigma. Uma vez aceito o paradigma pelos cientistas (e uma das teses mais radicais de Kuhn é a de que nas ciências "maduras",[3] *todos* os cientistas aceitarão o *mesmo* paradigma a maior parte do tempo), eles podem dar início ao processo de "articulação de paradigma", também conhecido como "ciência normal". Em períodos de ciência normal, o paradigma dominante será ele próprio visto como inalterável e imune a críticas. Teorias individuais e específicas (que representam esforços "para articular o paradigma", ou seja, para aplicá-lo a um leque cada vez maior de casos) podem muito bem ser criticadas, falseadas e abandonadas; o paradigma em si é intocável. Ele permanece até que se acumulem "anomalias"[4] suficientes (Kuhn jamais indica como determinar esse ponto) para que os cientistas comecem a se perguntar se o é realmente apropriado. Kuhn chama esse tempo de período de "crise". Durante uma crise, os cientistas começam a examinar seriamente paradigmas

---

da análise de Kuhn foi multiplicada em decorrência de suas posteriores retratações de muitas das ideias básicas da primeira edição de sua *The Structure of Scientific Renditions*. Incapaz de seguir a lógica de suas posteriores mudanças de ideia, fui forçado a caracterizar as ideias de Kuhn em sua forma original.

[3] Para uma crítica da teoria de Kuhn sobre a ciência "madura", veja p.211-3.

[4] Deve-se ressaltar que a noção de "anomalia" em Kuhn é tradicional (anomalia = caso refutante), e não a que esbocei anteriormente, p.38-ss.

alternativos. Se uma dessas alternativas mostrar-se *empiricamente mais bem-sucedida* que o paradigma inicial, ocorre uma revolução científica, um novo paradigma é entronizado e tem início outro período de ciência normal.

Há muita coisa de valor na abordagem de Kuhn. Ele reconhece que as maxiteorias têm funções cognitivas e heurísticas diferentes das miniteorias. Ele foi, provavelmente, o primeiro pensador a ressaltar a tenacidade e a perseverança das teorias globais – mesmo quando desafiadas por sérias anomalias.[5] Rejeitou corretamente o caráter cumulativo da ciência.[6] A despeito de todas estas qualidades, o modelo kuhniano de progresso científico padece de dificuldades conceituais e empíricas sérias. Por exemplo, a explicação dada acerca dos paradigmas e de suas carreiras foi criticada por Shapere, que ressaltou o caráter obscuro e opaco do próprio paradigma, apontando incoerências no uso da noção.[7] Feyerabend[8] e outros sublinharam a incorreção histórica da estipulação kuhniana de que a "ciência normal" seja de algum modo típica ou normal. Praticamente todos os grandes períodos da História da Ciência são caracterizados tanto pela coexistência de numerosos paradigmas concorrentes, com nenhum exercendo a hegemonia sobre o campo, quanto pela maneira persistente e contínua como as suposições fundamentais de

---

[5] "Se alguma ou toda falha em se encaixar [nos fatos] fosse razão para se rejeitar teorias, todas as teorias deveriam ser rejeitadas em todos os tempos" (Kuhn, *The Structure of Scientific Revolutions*, p.145).

[6] Como Kuhn originalmente o exprimia: "há perdas e ganhos nas revoluções científicas" (op. cit., p.66). Ele, porém, não é inteiramente coerente a esse respeito (veja p.205, nota 19).

[7] Shapere, The Structure of Scientific Revolutions. *Phil. Rev.* v.73.

[8] Veja principalmente Feyerabend, Consolations for the Specialist. In: Lakatos; Musgrave (Eds.), *Criticism and the Growth of Knowledge*.

O PROGRESSO E SEUS PROBLEMAS 105

cada paradigma são discutidas na comunidade científica. Muitos críticos notaram a arbitrariedade da teoria da crise de Kuhn: se umas poucas anomalias não produzem uma crise, mas "muitas" o fazem, como o cientista determina o "ponto de crise"? Há ainda outros defeitos sérios. Em minha opinião, os mais significativos são:

1. O fato de Kuhn não conseguir ver *o papel dos problemas conceituais* no debate científico e na avaliação de paradigmas. À medida que aceita a existência de critérios racionais para a escolha de paradigmas ou para se avaliar a "progressividade" deles, tais critérios são positivistas como: a teoria explica mais fatos que sua antecessora? Resolve algumas das anomalias empíricas apresentadas por sua predecessora? A noção inteira de problemas conceituais e sua ligação com o progresso não recebe exemplificação séria na análise de Kuhn.

2. Kuhn jamais resolve a questão crucial da *relação entre o paradigma e suas teorias constituintes*. O paradigma acarreta ou meramente inspira suas teorias constituintes? Uma vez desenvolvidas, essas teorias justificam o paradigma ou é ele que as justifica? Também não fica claro, no caso de Kuhn, se o paradigma precede suas teorias ou surge *nolens volens* depois da formulação delas. Embora essa questão seja complexa, qualquer teoria da ciência adequada terá de lidar com ela mais diretamente que Kuhn.

3. Os paradigmas de Kuhn têm uma rigidez estrutural que os impede de evoluir ao longo do tempo, em resposta às fraquezas e anomalias que geram. Além disso, ao tornar imunes à crítica as suposições centrais do paradigma, *não há relação corretiva entre*

106 Larry Laudan

o paradigma e os dados. Assim, fica difícil adequar a inflexibilidade dos paradigmas kuhnianos ao fato histórico de muitas maxiteorias terem evoluído ao longo do tempo.

4. Os paradigmas de Kuhn, ou "matrizes disciplinares", são sempre implícitos, jamais completamente articulados.[9] Com isso, fica difícil entender as muitas controvérsias teóricas ocorridas no desenvolvimento da ciência, uma vez que presumivelmente os cientistas só debatem acerca de suposições que se tornaram explícitas. Quando, por exemplo, um kuhniano sustenta que os quadros ontológico e metodológico da física cartesiana ou newtoniana, da biologia darwiniana ou da Psicologia behaviorista eram apenas implícitos e nunca receberam formulação aberta, ele confronta o fato histórico de que as suposições centrais de todos esses paradigmas já eram explícitas desde seus primórdios.

5. Pelo fato de os paradigmas serem tão implícitos e só poderem ser identificados apontando-se para seus "exemplares" (fundamentalmente a aplicação arquetípica de uma formulação matemática a um problema experimental), segue-se que toda vez que dois cientistas usam os mesmos exemplares, estão, para Kuhn *ipso facto* vinculados ao mesmo paradigma. Tal abordagem ignora o fato de que diferentes cientistas muitas vezes usam as mesmas leis ou exemplares, mas aderem a visões radicalmente divergentes acerca das mais básicas questões de ontologia e metodologia científicas.

---

[9] Cf. o pós-escrito à segunda edição de Kuhn, *Structure of Scientific Revolutions.*

O PROGRESSO E SEUS PROBLEMAS 107

(Por exemplo, tanto os mecanicistas quanto os energicistas aceitavam as mesmas leis de conservação.) Assim, é improvável que a análise das ciências em termos de paradigmas revele aquela "forte malha de vínculos – conceituais, teóricos, instrumentais e metafísicos"[10] que Kuhn tinha esperança de localizar com sua teoria dos paradigmas.

A teoria dos "Programas de Pesquisa" de Lakatos

Em boa medida como resposta ao ataque perpetrado por Kuhn contra suposições preferidas da Filosofia da ciência tradicional, Imre Lakatos desenvolveu uma teoria alternativa acerca do papel dessas "maxiteorias" na evolução da ciência. Chamando tais teorias gerais de "programas de pesquisa", Lakatos argumenta que os programas de pesquisa têm três elementos: (1) um "núcleo duro" (ou "heurística negativa") de suposições fundamentais que não podem ser abandonadas nem modificadas sem se repudiar o programa de pesquisa;[11] (2) a "heurística positiva", que contém "um conjunto parcialmente articulado de sugestões ou dicas sobre como mudar, [...] modificar, sofisticar [sic]"[12] as teorias específicas toda vez que quisermos melhorá-las; e (3) "uma série de teorias, T_1, T_2, T_3, [...]", em que cada teoria subsequente "resulta da adição de proposições auxiliares à [...]anterior."[13]

---

[10] Kuhn, op. cit., p.42.
[11] Cf. Lakatos, Falsification and the Methodology of Scientific Research Programs. In: Lakatos; Musgrave (Eds.), *Criticism and the Growth of Knowledge*, p.133-4.
[12] Ibid., p.135.
[13] Ibid., p.118.

108 LARRY LAUDAN

Tais teorias são exemplificações específicas do programa geral de pesquisa, que pode ser progressivo ou regressivo – o progresso, muito mais para Lakatos que para Kuhn, é função exclusiva do crescimento *empírico* de uma tradição. É a posse de maior "conteúdo empírico" ou de um mais alto "grau de corroboração empírica" que torna uma teoria superior e mais progressiva que outra.

O modelo de Lakatos é, sob muitos aspectos, uma melhora em relação ao de Kuhn; permite e ressalta a importância histórica da coexistência de diversos programas de pesquisa alternativos ao mesmo tempo, dentro da mesma área do saber. Ao contrário de Kuhn, que muitas vezes defende que os paradigmas são incomensuráveis[14] e, portanto, não estão abertos à comparação racional, Lakatos insiste no fato de que é possível comparar objetivamente o progresso relativo de tradições de pesquisa concorrentes. Mais que Kuhn, tenta enfrentar a espinhosa questão da relação da superteoria com as miniteorias constituintes.

Em compensação, o modelo de programas de pesquisa de Lakatos compartilha muitas das deficiências dos paradigmas de Kuhn, além de introduzir outras:

1. Como no caso de Kuhn, a concepção de progresso de Lakatos é exclusivamente empírica; as únicas modificações progressivas em uma teoria são aquelas que aumentam o alcance de suas teses empíricas.
2. São limitados os tipos de mudança permitidos por Lakatos nas miniteorias que constituem seu programa de pesquisa. Ele, essencialmente, só permite como relação entre uma teoria e sua sucessora dentro de um

---

[14] Veja a seguir, p.195-ss.

O PROGRESSO E SEUS PROBLEMAS 109

programa de pesquisa a adição de uma nova suposição ou uma reinterpretação dos termos da teoria anterior. *Nessa notável visão das coisas, duas teorias só podem estar no mesmo programa de pesquisa se uma acarreta a outra.* Como veremos em breve, na ampla maioria dos casos a sucessão de teorias específicas dentro de uma maxiteoria envolve tanto a *eliminação* quanto a adição de suposições, e raramente há teorias sucessoras que impliquem suas antecessoras.

3. Um defeito fatal da noção lakatosiana de programas de pesquisa é sua dependência das noções de Tarski--Popper de "conteúdo empírico e lógico". *Todas* as medidas de progresso de Lakatos exigem uma comparação do conteúdo de cada membro da série de teorias que constitui um programa de pesquisa.[15] Como Grünbaum e outros mostraram de maneira convincente, a tentativa de especificar medidas de conteúdo para as teorias científicas é problemática, senão impossível.[16] Pelo fato de as comparações de conteúdo serem em geral impossíveis, nem Lakatos nem seus seguidores foram capazes de identificar *um único* caso histórico ao qual se possa dizer que

---

[15] Apesar das universalmente reconhecidas – e, *prima facie*, insolúveis – dificuldades enfrentadas por todo aquele que comparar o conteúdo lógico ou empírico das teorias científicas reais, praticamente todas as discussões recentes sobre o crescimento científico provindas da tradição popperiana – inclusive as do próprio Popper, de Watkins, Lakatos, Musgrave, Zahar e Koertge – supõem que a pedra de toque para o progresso científico é o conteúdo crescente.

[16] Cf. Grünbaum, Can a Theory Answer More Questions than One of Its Rivals? *British Journal of the Philosophy Science*, v.27.

110 LARRY LAUDAN

a definição lakatosiana de progresso se aplique estritamente.[17]

4. Por causa da ideia idiossincrática de Lakatos de que a aceitação de teorias raramente é racional, ele não traduz suas avaliações de progresso em recomendações acerca da ação cognitiva.[18] Embora um programa de pesquisa possa ser mais progressivo do que outro, segundo Lakatos, nada se deduz daí acerca de qual programa de pesquisa deva ser preferido ou aceito. Por conseguinte, nunca há ligação entre uma teoria do progresso e uma da aceitabilidade racional (ou, para usar a linguagem de Lakatos, entre a "avaliação" e o "aconselhamento" metodológicos).

5. A tese de Lakatos de que o acúmulo de anomalias não influi na avaliação dos programas de pesquisa é refutada pela História da Ciência.

6. Os programas de pesquisa de Lakatos, assim como os paradigmas de Kuhn, são rígidos em sua

---

[17] Apesar de muitas justificativas especiais e tergiversações, nem o estudo de Lakatos sobre Bohr, Falsification and the Methodology of Scientific Research Programs. In: Lakatos; Musgrave (Eds.), *Criticism and the Growth of Knowledge*, nem o de Zahar sobre Lorentz, Why did Einstein's Programme Supersede Lorentz's? I, II. *British Journal of the Philosophical Science*, v.24, nem o de Lakatos; Zahar sobre Copérnico, Why did Copernicus' Research Program Supercede Ptolemy's? In: Westman (Ed.), *The Copernican Achievement*, usam a teoria "oficial" do progresso de Lakatos. Em *nenhum* lugar eles mostram as relações de inclusão de conteúdo, cruciais para o progresso (no sentido de Lakatos).

[18] Tampouco Lakatos usa essas avaliações para explicar as ações dos cientistas, uma vez que ele diz que nada, salvo autópsias *retrospectivas* de controvérsias científicas há muito encerradas, produz uma avaliação confiável.

estrutura nuclear e não admitem mudanças fundamentais.[19]

O que deve ficar claro, mesmo com esse brevíssimo panorama de duas das mais importantes teorias da mudança científica, é que há muitas dificuldades analíticas e históricas que atingem as atuais tentativas de entender a natureza e o papel das maxiteorias. Tendo em mente algumas delas, passamos a explorar um modelo alternativo de progresso científico, baseado nos elementos esboçados nos capítulos anteriores. Um teste crucial desse modelo é ver se ele consegue evitar alguns dos problemas que prejudicam seus antecessores. Embora haja \ elementos em comum entre o meu modelo, os de Kuhn e os de Lakatos (e reconheço uma grande dívida com seus trabalhos pioneiros), há um número suficientemente grande de diferenças para que eu tente desenvolver a noção de tradição de pesquisa mais ou menos a partir do zero.

A natureza das tradições de pesquisa

Já mencionamos algumas clássicas tradições de pesquisa: o darwinismo, a teoria quântica, a teoria eletromagnética

---

[19] Talvez seja injusto com Lakatos aqui, pois ele se equivoca quanto a esta questão. Por um lado, insiste no fato de que o núcleo duro não falseável de uma teoria é uma das características centrais dos programas de pesquisa desde o começo. Por outro lado, ele nos diz que "o núcleo duro real de um programa não surge completamente armado... [ele] se desenvolve lentamente" (Falsification and the Methodology of Scientific Research Programs. In: Lakatos; Musgrave (Eds.), *Criticism and the Growth of Knowledge*, p.133, nota). Se, na realidade, o núcleo duro não é identificado durante boa parte da história dos programas de pesquisa, como os cientistas sabem a que se apegar quando enfrentam uma anomalia?

112 LARRY LAUDAN

da luz. Toda disciplina intelectual, científica ou não, tem uma História repleta de tradições de pesquisa: empirismo e nominalismo em Filosofia, voluntarismo e necessitarismo em teologia, behaviorismo e freudismo em Psicologia, utilitarismo e intuicionismo em ética, marxismo e capitalismo em economia, mecanicismo e vitalismo em fisiologia, para citar apenas algumas. Tais tradições de pesquisa têm muitos traços em comum:

1. Têm muitas teorias específicas que a exemplificam e parcialmente a constituem – algumas contemporâneas, algumas sucessoras temporais de outras mais antigas.
2. Apresentam vínculos *metafísicos* e *metodológicos* que, em seu conjunto, a individualizam e a distinguem de outras.
3. Ao contrário das teorias específicas, passam por formulações diferentes e detalhadas (e não raro contraditórias) e, em geral, têm uma longa História que se estende por um significativo período de tempo. (Em contrapartida, as teorias frequentemente têm vida breve.)

Elas não são de modo algum as únicas características importantes das tradições de pesquisa, mas devem servir, por enquanto, para identificar os tipos de objeto cujas propriedades serão exploradas neste texto.

Em suma, as tradições de pesquisa oferecem um conjunto de diretrizes para o desenvolvimento de teorias específicas. Parte dessas diretrizes constitui uma ontologia que especifica, de maneira geral, os tipos de entidades fundamentais que existem nas áreas em que a tradição de pesquisa está integrada. A função das teorias específicas dentro da tradição

O PROGRESSO E SEUS PROBLEMAS 113

de pesquisa é explicar os problemas empíricos da área, "reduzindo-os" à ontologia da tradição de pesquisa. Se a tradição de pesquisa for o behaviorismo, por exemplo, ela nos diz que as únicas entidades legítimas que as teorias behavioristas podem postular são sinais físicos e fisiológicos direta e publicamente observáveis. Se for a física cartesiana, ela especifica que apenas a matéria e as mentes existem e que são inaceitáveis as teorias que tratam de outros tipos de substâncias (ou de mente e matérias "mescladas"). Ademais, a tradição de pesquisa *delineia os diversos modos como essas entidades podem interagir.* Assim, as partículas cartesianas só podem interagir por contato, não por ação a distância. As entidades presentes na tradição de pesquisa marxista só podem interagir em virtude das forças econômicas que as influenciam.

Com frequência, a tradição de pesquisa também especifica certos modos de proceder que constituem os legítimos *métodos de investigação* disponíveis ao pesquisador dentro daquela tradição. Tais princípios metodológicos serão de longo alcance, abrangendo técnicas experimentais, modos teóricos de teste e avaliação etc. Por exemplo, a postura metodológica do cientista numa tradição de pesquisa newtoniana é inevitavelmente indutivista, permitindo a adesão apenas às teorias "indutivamente inferidas" a partir de dados. Os métodos de procedimento traçados para um psicólogo behaviorista são o que se costuma chamar de "operacionalistas". Em palavras simplistas, *uma tradição de pesquisa é, então, um conjunto de afirmações e negações ontológicas e metodológicas.* Tentar o que é proibido pela metafísica e pela ontologia de uma tradição de pesquisa é colocar-se fora dessa tradição e repudiá-la. Se, por exemplo, um físico cartesiano falar de forças que agem a distância, se um behaviorista tratar de pulsões subconscientes, se um marxista especular sobre ideias que não surgem em resposta à infraestrutura econômica, em cada um desses casos,

114   LARRY LAUDAN

a atividade citada faz que o cientista em questão tenha passado dos limites. Rompendo com a ontologia ou a metodologia da tradição de pesquisa dentro da qual trabalhou, ele violou as proibições dessa tradição e dela se divorciou. Não é preciso dizer que isso não é necessariamente ruim. Algumas das mais importantes revoluções ocorridas no pensamento científico vieram de pensadores que tiveram a engenhosidade de romper com as tradições de pesquisa de sua época e de inaugurar outras. O que deve ser preservado, se quisermos entender ou a lógica, ou a História das Ciências Naturais, é a noção da *integridade* das tradições de pesquisa, pois é justamente o que estimula, define e delimita uma solução para muitos dos mais importantes problemas científicos.[20]

Embora seja vital distinguir os componentes ontológicos e metodológicos de uma tradição de pesquisa, os dois costumam estar relacionados por uma razão muito natural: a saber, as ideias que se tem sobre os *métodos* de investigação adequados são em geral compatíveis com as que se tem sobre os *objetos* de investigação. Quando, por exemplo, Charles Lyell definiu a tradição de pesquisa "uniformista" em geologia, sua ontologia restringia-se a causas ativas e sua metodologia ressaltava que devemos "explicar os efeitos passados em termos de causas ativas". Sem uma ontologia "presentista", sua metodologia uniformista teria sido inadequada; sem esta última, a ontologia presentista não teria permitido que

---

[20] Em seu estudo sobre a mecânica do século XVIII, Iltis, The Leibnizian-Newtonian Debates: Natural Philosophy and Social Psychology. *British History of Science*, v.6, parece estranhar que os cientistas que aceitaram a mecânica de Newton ou de Leibniz também tendiam a aceitar a ontologia, a metodologia e até mesmo a teologia associada a essas teorias. A doutrina das tradições de pesquisa torna esse surpreendente fenômeno natural.

O PROGRESSO E SEUS PROBLEMAS 115

Lyell explicasse o passado geológico. Da mesma maneira, a ontologia matemática da tradição de pesquisa cartesiana (que alegava que *todas* as mudanças físicas são apenas mudanças de *quantidade*) estava intimamente ligada à metodologia dedutivista e axiomática (de inspiração matemática) do cartesianismo. Como veremos adiante, nem sempre a ontologia e a metodologia de uma tradição de pesquisa estão tão intimamente entrelaçadas (por exemplo, a metodologia indutivista da tradição de pesquisa newtoniana tinha laços frágeis com a ontologia dessa tradição), mas tais casos são a exceção, e não a regra. Assim, uma definição preliminar e operacional da tradição de pesquisa poderia ser enunciada como *uma tradição de pesquisa é um conjunto de suposições acerca das entidades e dos processos de uma área de estudo e dos métodos adequados a serem utilizados para investigar os problemas e construir as teorias dessa área do saber.*

Teorias e tradições de pesquisa

Toda tradição de pesquisa estará associada a uma série de teorias específicas, designadas para particularizar a ontologia da tradição de pesquisa e para ilustrar ou satisfazer sua metodologia. A tradição de pesquisa mecanicista da óptica do século XVII, por exemplo, inclui várias das teorias de Descartes, bem como as teorias ópticas de Hooke, Rohault, Hobbes, Régis e Huygens.[21] A tradição flogística da química do século XVIII recebeu mais de uma dúzia de formulações

---

[21] Para uma proveitosa descrição da óptica do século XVII, veja Sabra, *Theories of Light from Descartes to Newton.*

teóricas específicas.[22] *Muitas das teorias de uma tradição de pesquisa em evolução serão incompatíveis*, justamente porque algumas representam tentativas, dentro do quadro da tradição, de melhorar e corrigir suas antecessoras.

Cada uma das teorias que constituem a tradição em geral serão empiricamente testáveis, pois implicarão (com outras teorias específicas) algumas predições acerca do comportamento dos objetos dessa área do saber. Em contrapartida, *as tradições de pesquisa não são explicativas, preditivas nem diretamente testáveis*. Sua própria generalidade, bem como seus elementos normativos, as impede de levar a explicações pormenorizadas de processos naturais específicos.

Salvo no nível abstrato da especificação do que o mundo é feito e de como ele deve ser estudado, as tradições de pesquisa não fornecem respostas minuciosas a questões específicas. Uma tradição de pesquisa não vai dizer o que acontece com a luz quando ela se refrata em uma interface entre a água e o ar; não dirá o que acontece quando colocamos um camundongo fêmea de oito meses em um labirinto; não dirá porque o chumbo derrete a uma temperatura mais baixa que o cobre. No entanto, seria errado concluir do fato de as tradições de pesquisa não oferecerem solução para problemas específicos que elas estejam fora do processo de solução de problemas. Ao contrário, toda a função das tradições de pesquisa consiste em oferecer as ferramentas cruciais de que precisamos para resolver problemas, tanto empíricos quanto conceituais. (Como veremos adiante, a tradição de pesquisa chega ao ponto de definir parcialmente o que são os problemas e que importância deve ser atribuída a eles.) É exatamente por essa razão que a avaliação objetiva de

---

[22] McKie; Partington, Historical Studies on the Phlogiston Theory, I-IV. *Annals of Science*, v.2.

O PROGRESSO E SEUS PROBLEMAS 117

qualquer tradição de pesquisa está ligada ao processo de solução de problemas. Pode parecer paradoxal a ideia de que uma entidade como a tradição de pesquisa – que não faz previsões, que não resolve problemas específicos, que é fundamentalmente normativa e metafísica – possa ser avaliada objetivamente. Nada poderia estar mais longe da verdade, pois podemos dizer simplesmente que *a tradição de pesquisa bem-sucedida é aquela que leva, por meio das teorias que a compõem, à solução adequada de um número cada vez maior de problemas empíricos e conceituais.* Determinar se uma tradição é bem-sucedida nesse sentido não significa que a tradição tenha sido "confirmada" nem "refutada". Tampouco pode tal avaliação dizer alguma coisa sobre a *verdade* ou a *falsidade* da tradição.[23] Uma tradição de pesquisa pode ser enormemente bem-sucedida em gerar teorias fecundas e, no entanto, ser falha em sua ontologia ou metodologia. De igual modo, podemos conceber que uma tradição seja verdadeira e, no entanto, (talvez por causa da falta de imaginação de seus defensores) mal-sucedida em gerar teorias que solucionem eficazmente os problemas. Assim, abandonar ou rejeitar determinada tradição de pesquisa não é (ou não deveria ser) julgar falsa tal tradição. Tampouco, ao rejeitarmos uma tradição de pesquisa como momentaneamente fracassada, estaremos relegando-a ao esquecimento permanente; ao contrário, podemos estipular condições que, se satisfeitas, a revivificariam e a ressuscitariam. Assim, quando rejeitamos uma tradição de pesquisa, estamos tomando uma decisão tentativa de não utilizá-la no momento, porque há uma alternativa que se tem mostrado mais bem-sucedida na solução de problemas.

---

[23] Para uma discussão sobre o que está envolvido em abandonar a verdade e a falsidade como características das tradições de pesquisa, veja p.174-ss.

Assim como a sorte das tradições de pesquisa está ligada à efetividade de suas teorias constituintes quanto à solução de problemas, a determinação da adequação de uma teoria específica está inextricavelmente vinculada a uma avaliação da efetividade quanto à solução de problemas do conjunto inteiro de teorias geradas pela tradição de pesquisa de que a teoria é parte.[24] Se uma teoria estiver relacionada a uma tradição de pesquisa fracassada, sejam quais forem os méritos

---

[24] Os historiadores que se concentram em teorias específicas, em vez de nas tradições mais amplas de que são parte, muitas vezes se veem perplexos com a recepção de tais teorias e incapazes de explicá-la. Tal perplexidade costuma dissipar-se se forem vistas em um contexto mais amplo. Por exemplo, o excelente estudo de Alan Shapiro sobre a óptica ondulatória do século XVII, Kinematic Optics: A Study of the Wave Theory of Light in the 17th Century. *Archive for History of Exact Sciences*, v.11, encerra-se com um "paradoxo"; a teoria da luz de Huygens, como afirma com razão Shapiro, era a única teoria disponível na época que pudesse explicar a dupla refração no espato da Islândia. Por que, então, pergunta Shapiro, a abordagem de Huygens foi tão ignorada no século seguinte e por que os cientistas permaneceram presos a uma abordagem newtoniana (que não fazia justiça aos problemas colocados pela dupla refração)? Shapiro não dá resposta. Certamente parte da resposta deve encontrar-se no fato de que a teoria de Huygens – embora lidasse com o espato da Islândia – era tida como insuficiente porque não oferecia soluções para a maioria dos problemas importantes da óptica de fins do século XVII. (Por exemplo, em nada contribuía para resolver os problemas das cores ou dos anéis de Newton.) Também se acreditava que padecesse de sérias anomalias (por exemplo, sua incapacidade de explicar as linhas marcadas ao redor das sombras). Se somarmos a isso o fato de que o trabalho óptico de Huygens estava associado a uma mais ampla tradição cartesiana na óptica – tradição menos progressiva que a de Newton –, não é de surpreender que o *Traité de la lumière* [Tratado da luz] de Huygens tenha "rapidamente caído no esquecimento" (Shapiro, op. cit., p.252). Poder-se-ia chegar a dizer que a teoria de Huygens não foi levada a sério porque, dadas as falhas mencionadas, *não merecia*.

O PROGRESSO E SEUS PROBLEMAS 119

dessa teoria em particular quanto à solução de problemas –
é provável que ela seja considerada altamente suspeita. Por
exemplo, as teorias do Conde Rumford acerca da condução
e da convecção do calor eram superiores a qualquer teoria
alternativa do fluxo térmico em fluidos disponível no período
de 1800 a 1815. Poucos cientistas, no entanto, levaram as
teorias de Rumford a sério, porque (tal como era vista por
eles) a tradição de pesquisa em que trabalhava (derivada de
Boerhaave) fora desacreditada pelo surgimento de tradições
de pesquisa rivais na química (sobretudo a de Joseph Black)
que sugeriam que o calor era uma substância, e não, como
imaginava Rumford, movimento aleatório de partículas. As
teorias específicas de Rumford só ficaram na moda nas décadas de 1840 e 1850, porque nessa época o equilíbrio entre
as várias tradições de pesquisa mudou o bastante para que
muitos cientistas estivessem mais dispostos a levar a sério as
teorias específicas (como a de Rumford) concebidas dentro
de uma tradição de pesquisa cinética.

Ao contrário, uma teoria, mesmo inadequada, terá
fortes argumentos em seu favor se estiver vinculada a uma
tradição de pesquisa bem-sucedida. Assim, as teorias da fisiologia mecanicista de fins do século XVII (como as de Borelli
e Pitcairn) eram bem vistas em muitos círculos nos quais a
tradição de pesquisa mecanicista era florescente, ainda que,
se julgadas apenas por seus méritos, fossem inferiores a certas
teorias pertencentes a outras tradições de pesquisa menos
bem-sucedidas.[25]

Até agora, fui deliberadamente vago ao descrever o tipo
de relação existente entre uma teoria e sua tradição de pesquisa
"mãe". Falei de tradições de pesquisa que "inspiram", "contêm"

---

[25] Cf. Brown, *The Mechanical Philosophy and the Animal Oeconomy*.

ou "geram" teorias e de teorias que "pressupõem", "constituem" e até "definem" tradições de pesquisa. Essa é uma questão complexa; a ambiguidade das metáforas que invoquei para caracterizar a ligação entre a teoria e a tradição de pesquisa é um sintoma da dificuldade de se enfrentar este problema. Essa tarefa não pode mais ser adiada. Começarei dizendo o que a relação entre as teorias e as tradições de pesquisa *não* é. Não é, por exemplo, uma relação de *implicação*. As tradições de pesquisa não implicam suas teorias componentes; nem essas teorias, tomadas individual ou coletivamente, implicam as tradições de pesquisa que as geraram. Era de se desejar que não fosse assim, pois então seria mais simples determinar que teorias pertenciam a dada tradição de pesquisa ou as tradições de pesquisa ocultas por trás de uma teoria. Mas ver a ligação entre a teoria e a tradição de pesquisa em termos tão formais é enganar-se completamente acerca das diferenças de tipo entre as duas. Uma tradição de pesquisa, no melhor dos casos, especifica uma ontologia *geral* acerca da natureza e um método *geral* de se resolver problemas naturais de determinada área natural. Uma teoria, por outro lado, articula uma ontologia e certo número de leis específicas e testáveis sobre a natureza. Dizer, como a tradição de pesquisa newtoniana diz, que devemos tratar os movimentos não retilíneos como casos de forças centralmente direcionadas não implica *nenhuma* teoria específica acerca de como explicar, digamos, o movimento de uma agulha de bússola nas proximidades de um fio pelo qual passe uma corrente. Para desenvolver uma teoria "newtoniana" para esse fenômeno particular, devemos (como Ampère) ir muito além das consequências dedutivas da tradição de pesquisa newtoniana. Dizer, como a tradição de pesquisa "mecânica" do século XIX diz, que o calor é simplesmente uma forma de movimento não nos leva à versão de Boltzmann da teoria cinética dos gases ou à termodinâmica estatística.

O PROGRESSO E SEUS PROBLEMAS 121

Considerações semelhantes aplicam-se à relação inversa entre as teorias e as tradições de pesquisa. Por exemplo, dada a teoria do impacto tal como desenvolvida por Huygens, não podemos deduzir as suposições de base da tradição de pesquisa dentro da qual Huygens trabalhava. (Podemos, é claro, deduzir que Huygens trabalhava em uma tradição de pesquisa em que os fenômenos de colisão constituíam um importante problema não resolvido, senão, por que Huygens teria se dado ao trabalho de formular uma teoria da colisão?) No entanto, nunca é possível deduzir uma tradição de pesquisa a partir de uma nem mesmo de todas as teorias a ela aliadas.

É simples a razão pela qual a implicação não é útil aqui: *há muitas teorias incompatíveis que podem reivindicar pertencer à mesma tradição de pesquisa, e há muitas tradições de pesquisa diferentes que podem, em princípio, fornecer a base de pressuposição para qualquer teoria.*

Exemplos de ambos os fenômenos abundam: muitos cientistas pertencentes à tradição óptica cartesiana afirmaram que a luz viajava mais rápido em meios opticamente mais densos; outros teóricos, da *mesma* tradição, afirmaram o contrário. Ainda na história da óptica, há muitos exemplos de tradições de pesquisa diferentes que afirmavam justificar a mesma teoria. Por exemplo, a teoria de Newton de que a luz tem certas propriedades periódicas era igualmente aceita por cientistas das tradições ondulatória e corpuscular. Se a relação entre as tradições de pesquisa e as teorias fosse de implicação, seria impossível que tais situações acontecessem. Uma vez que a relação que estamos tentando explorar não é de implicação, que podemos dizer de positivo a seu respeito?

Há pelo menos dois modos específicos pelos quais as teorias e as tradições de pesquisa se relacionam: um é *histórico* e o outro, *conceitual*. É uma questão histórica de fato que a maioria das principais teorias da ciência, senão todas, surgiram quando o cientista que as inventou trabalhava em uma ou outra tradição específica de pesquisa. A teoria dos gases de Boyle desenvolveu-se dentro do quadro da Filosofia Mecânica. As teorias embriológicas de Buffon foram desenvolvidas em um esforço de aplicação da tradição de pesquisa newtoniana aos fenômenos biológicos. As teorias da sensação de Hartley foram desenvolvidas dentro da tradição de pesquisa da Psicologia Associacionista. As teorias elétricas de Hertz estavam ligadas de maneira significativa à tradição de pesquisa maxwelliana.

Uma teoria específica, abstraída de seu contexto histórico, pode não dar pistas inequívocas quanto à tradição de pesquisa (ou tradições) a que está associada. Foi exatamente este fato que levou muitos cientistas e filósofos a imaginar que as teorias costumam ser apreciadas e avaliadas independentemente das tradições de pesquisa de que fazem parte. Mas não devemos deixar nos enganar pelo fato de que uma teoria, tomada abstratamente, não revela em todas as suas partes a marca da sua tradição de pesquisa "mãe". A pesquisa histórica sempre pode (pelo menos em princípio) identificar as tradições de pesquisa a que uma teoria em particular estava associada. Nesse sentido, a ligação entre uma teoria e uma tradição de pesquisa é tão real quanto qualquer fato do passado e tão importante quanto os mais importantes fatos do passado. Para vermos a relevância dessas ligações, precisamos considerar os meios pelos quais as teorias e as tradições de pesquisa interagem.

Os mais importantes meios de interação são, em geral, influências da tradição de pesquisa sobre as teorias constituintes. Tais influências assumem várias formas:

O papel das tradições de pesquisa na determinação dos problemas. Mesmo antes de teorias específicas serem formuladas

O PROGRESSO E SEUS PROBLEMAS 123

dentro de uma tradição, e continuamente depois disso, uma tradição de pesquisa muitas vezes influenciará (embora não determine *completamente*) a extensão e o peso dos problemas empíricos que suas teorias componentes devem enfrentar. De igual modo, as tradições de pesquisa exercem uma influência decisiva sobre o que pode ser tido como a extensão de problemas conceituais possíveis que as teorias dessa tradição podem gerar. Esses dois processos são importantes e devem ser discutidos com detalhes.

1. Entre os outros papéis das tradições de pesquisa, elas devem delimitar, pelo menos parcialmente e em esboço, o *domínio de aplicação* de suas teorias constituintes. Elas fazem isso indicando que convém discutir certas classes de problemas empíricos em dado campo, enquanto outras pertencem a outros campos ou são "pseudoproblemas" que podem ser ignorados. Tanto a ontologia quanto a metodologia da tradição de pesquisa pode influenciar o que deve ser tido como problemas legítimos para suas teorias constituintes. Se, por exemplo, a *metodologia* de uma tradição de pesquisa especificar – como costuma ser o caso – certas técnicas experimentais que são os únicos modos legítimos investigativos para determinar os dados a ser explicados, só os "fenômenos" que podem ser explorados por esse meio podem, em princípio, ser tidos como problemas empíricos legítimos para as teorias dessa tradição. Um exemplo clássico desse processo é oferecido pela química fenomenológica do século XIX. Os cientistas dessa tradição afirmavam que os únicos problemas legítimos a ser resolvidos pelos químicos eram os que se referiam a reações *observáveis* de reagentes químicos. Assim, perguntar como este ácido e esta base reagem para formar este sal é colocar um problema autêntico. Mas perguntar como os átomos se combinam para formar moléculas diatômicas não é considerado um problema empírico, pois a metodologia da

124 Larry Laudan

tradição de pesquisa nega a possibilidade do conhecimento empírico de entidades do tamanho de átomos e moléculas. Para outras tradições de pesquisa da química do século XIX, questões acerca das propriedades combinatórias de certas entidades não diretamente observáveis constituíam autênticos problemas para a pesquisa empírica.[26] (A Psicologia behaviorista contemporânea e a mecânica quântica têm igualmente metodologias que proíbem energicamente o exame de "fenômenos" que outras tradições de pesquisa incentivam.)

Do mesmo modo, a *ontologia* de uma tradição de pesquisa exclui ou inclui situações do domínio apropriado. Assim, a ascensão da tradição de pesquisa mecanicista cartesiana no século XVII transformou o domínio dos problemas aceitos das teorias ópticas. Fez isso alegando, ou simplesmente postulando, que os problemas de percepção e de visão – que haviam sido considerados problemas empíricos legítimos para qualquer teoria óptica – deviam ser relegados à Psicologia e à Fisiologia, campos fora do domínio da óptica, de modo que podiam ser ignorados pelo teórico mecanicista da óptica.

Um exemplo diferente é dado pela física do século XIX, em que a tradição do fluido sutil (de Faraday, Maxwell, Hertz e outros) aceitava como problemas empíricos legítimos investigações sobre as propriedades do éter eletromagnético. De fato, as clássicas experiências de Michelson-Morley foram originalmente efetuadas para determinar o coeficiente de arrasto dos corpos que se movem por tal éter. Com o surgimento da teoria da relatividade especial, porém, uma nova tradição de pesquisa e sua ontologia associada excluíram do

---

[26] Como já foi indicado, a metodologia da tradição uniformista na geologia (tal como desenvolvida por Hutton, Playfair e Lyell) decretou que os geólogos não teriam mais de resolver *todos* os problemas da cosmogonia – que antes haviam sido considerados problemas geológicos.

O PROGRESSO E SEUS PROBLEMAS 125

domínio dos problemas empíricos da física todas as questões sobre a elasticidade, a densidade e a velocidade do éter – questões que haviam sido problemas *empíricos* centrais entre 1850 e 1900.[27] Esses poucos exemplos devem deixar claro que as tradições de pesquisa desempenham papel decisivo na especificação de coisas tidas como problemas empíricos potencialmente solúveis para suas teorias constituintes.

2. Igualmente importante é o modo como as tradições de pesquisa geram problemas conceituais para suas teorias constituintes. De fato, a maior parte dos problemas conceituais que qualquer teoria pode enfrentar surge por causa de tensões entre a teoria e a tradição de pesquisa de que ela faz parte. É comum acontecer de a articulação pormenorizada de uma teoria leve à adoção de suposições que vão de encontro às que são permitidas pela tradição de pesquisa dessa teoria. Em uma situação dessas, é comum que os críticos da teoria apontem essa tensão como um problema conceitual importante. Quando, por exemplo, Huygens desenvolveu uma teoria geral do movimento, descobriu que as únicas teorias empiricamente satisfatórias eram as que supunham a existência do vácuo na natureza. Infelizmente, Huygens estava trabalhando completamente dentro da tradição de pesquisa cartesiana, que identificava o espaço e a matéria e, assim, proibia os espaços vazios. Como Leibniz e outros apontaram a Huygens, suas teorias estavam indo de encontro à tradição de pesquisa que afirmavam exemplificar. Esse era um problema

---

[27] Para uma interessante descrição da sorte das teorias do éter no fim do século XIX, veja Schaffner, Outlines of a Logic of Comparative Theory Evaluation. In: Stuewer (Ed.), *Historical and Philosophical Perspectives of Science*. Para uma discussão dos problemas empíricos que "desaparecem", veja Grünbaum, Can a Theory Answer More Questions than One of Its Rivals? *British Journal of the Philosophy Science*, v.27.

conceitual de primeira grandeza, como o próprio Huygens às vezes reconhecia. Da mesma maneira, quando Thomas Young – trabalhando dentro da tradição de pesquisa óptica newtoniana – se viu oferecendo explicações para a interferência óptica que pressupunham uma interpretação teórica ondulatória da luz, foi punido por não reconhecer o quanto sua teoria violava certos cânones da tradição de pesquisa a que aparentemente se filiava.[28] Também nesse caso, podemos ver como a dissonância entre uma tradição de pesquisa e suas teorias componentes gera sérios problemas conceituais.

O PAPEL VINCULANTE DAS TRADIÇÕES DE PESQUISA. Como já dissemos, a primeira função das tradições de pesquisa é estabelecer uma ontologia e uma metodologia gerais para lidar com todos os problemas de uma dada área do saber ou de um conjunto dessas áreas. Enquanto tais, elas agem negativamente como *vínculos* em relação aos tipos de teorias a ser desenvolvidos naquela área. Se a ontologia da tradição de pesquisa negar a existência de forças que agem a distância, ela exclui qualquer teoria específica que se baseie em ações sem contato. Foi exatamente por essa razão que "cartesianos" como Huygens e Leibniz (comprometidos com uma ontologia de puxa e empurra) acharam a teoria de mecânica celeste de Newton tão ociosa. A teoria da equivalência da matéria e da energia de Einstein exclui a consideração de qualquer teoria específica que postule a conservação absoluta da massa. A tradição mecanicista na teoria do calor (com seu corolário de que o calor pode ser transformado em trabalho) proíbe o desenvolvimento de teorias que suponham a materialidade ou a conservação do calor.

---

[28] Veja Cantor, The Changing Role of Young's Ether. *The British Journal of History Science*, v.5.

O PROGRESSO E SEUS PROBLEMAS 127

Há também muitas ocasiões em que a *metodologia* de uma tradição de pesquisa exclui certas teorias. Por exemplo, toda tradição de pesquisa que tenha uma metodologia muito indutivista ou observacionalista considerará inadmissíveis as teorias "específicas" que postulem entidades que não podem ser observadas. Boa parte da oposição às teorias do fluido sutil no século XVIII e às teorias atômicas no século XIX se deve ao fato de que a metodologia dominante do período negava os fundamentos epistêmicos e científicos de teorias que lidavam com "entidades não observáveis".[29]

Em todos esses casos, a tradição de pesquisa em que o cientista trabalha proíbe-o de adotar teorias específicas que são *incompatíveis* com a metafísica ou a metodologia da tradição.

Até aqui, dirigimos a atenção principalmente à maneira negativa como as tradições de pesquisa excluem certos problemas e teorias. Elas têm, contudo, duas funções positivas.

O PAPEL HEURÍSTICO DAS TRADIÇÕES DE PESQUISA. Justamente por postular certos tipos de entidades e de métodos para investigar as propriedades delas, as tradições de pesquisa desempenham um papel heurístico vital na construção de teorias científicas específicas. Não porque as teorias sejam de alguma maneira deduzidas das tradições de pesquisa, mas porque as tradições de pesquisa dão sugestões vitais para a construção de teorias. Consideremos o caso de Benjamin Franklin e seus esforços

---

[29] Cf. Laudan, Thomas Reid and the Newtonian Turn of British Methodological Thought. In: Butts; Davis (Eds.) *The Methodological Heritage of Newton*; Id., G. L. Le Sage: a Case Study in the Interaction of Physics and Philosophy. In: Suppes et al. (Eds.), *Logic, Methodology and Philosophy of Science-IV*; Id., The Sources of Modern Methodology. In: Butts; Hintikka (Eds.), *Logic, Methodology and Philosophy of Science-V*.

para articular princípios da eletricidade estática. Franklin conhecia certos fenômenos (particularmente, a eletrificação por fricção, eletroscópios e a garrafa de Leyden). Trabalhando em uma tradição de pesquisa que postulava a existência de matéria elétrica, precisava de uma teoria que explicasse como o atrito eletrifica os corpos, como os corpos elétricos atraem e repelem, como a eletricidade é armazenada em um condensador e por que certos corpos são condutores e outros são isolantes. Nas primeiras fases do desenvolvimento de sua teoria, Franklin chegou à ideia de que toda eletrificação positiva consistia no acúmulo de uma quantidade excessiva desse fluido elétrico dentro dos corpos, ao passo que a eletrificação negativa era causada pela carência desse fluido. Se essas suposições teóricas específicas fossem articuladas com a ontologia de sua tradição de pesquisa, uma ontologia que postulava que a eletricidade era uma forma de matéria e, portanto, se conservava da mesma maneira que a matéria comum; passava a ser natural supor que a carga elétrica devia ser conservada. Essa importante intuição teórica, posteriormente confirmada nas experiências de Franklin, surgiu quase como resultado inevitável da reflexão de Franklin acerca das relações entre a sua teoria nascente e a sua tradição de pesquisa. Ela não se segue logicamente da própria teoria inicial nem da tradição de pesquisa. Foi a justaposição das duas que possibilitou essa extensão teórica vital.

Um tipo diferente de papel heurístico é ilustrado pelos primeiros tempos da história da termodinâmica. Quando Sadi Carnot decidiu desenvolver uma teoria dos motores a vapor, procurou trabalhar na tradição de pesquisa da doutrina calórica do calor, na qual o calor era entendido como substância material, conservada, capaz de mover-se entre as partes constituintes dos corpos macroscópicos. Carnot, familiarizado com o trabalho executado por sistemas mecânicos tão simples

O PROGRESSO E SEUS PROBLEMAS 129

como uma roda-d'água, tentou conceber o fluxo de calor em analogia com a queda-d'água, com o gradiente de temperatura entre a entrada e a saída correspondendo às alturas superior e inferior da queda-d'água. Foi segundo essa analogia que Carnot desenvolveu a "prova" de sua teoria. É claro que, se não tivesse concebido o calor como substância conservada capaz de fluir de um ponto a outro sem perder quantidade, ele quase certamente não teria enunciado a teoria. Mas essa maneira de conceber o calor era resultado da tradição de pesquisa na qual Carnot trabalhava.

Um último exemplo esclarece ainda mais a questão. Quando Descartes tentou desenvolver uma teoria da luz e das cores, já havia definido sua tradição de pesquisa geral. Em suma, ela se reduzia à asserção de que as únicas propriedades que os corpos têm são o tamanho, a forma, a posição e o movimento. A tradição de pesquisa não especificava, nem o podia, com precisão que tamanhos, formas, posições e movimentos os corpos particulares apresentavam. Mas deixava claro que qualquer teoria física específica, na óptica ou em qualquer outro campo, teria de lidar exclusivamente com esses quatro parâmetros. Assim, Descartes sabia – quando começou a trabalhar na explicação da refração, das cores do arco-íris e do caminho da luz através de lentes e prismas – que suas teorias ópticas teriam de ser construídas segundo essas linhas. Desse modo, tentou explicar as cores em termos da forma e da velocidade de rotação de certas partículas; explicou a refração em termos de velocidades diferenciais de tais partículas em diferentes meios. Além disso, uma vez que sua tradição geral de pesquisa tornava claro que as partículas de luz são exatamente como outros corpos materiais, ele reconhecia poder aplicar os teoremas gerais da mecânica (como as leis do impacto e o princípio da conservação do movimento) à análise teórica da luz. Mais uma vez, nenhuma dessas teorias se seguia logicamente da sua tradição de pesquisa; mas, como indicado, tal tradição dirigia a construção das teorias cartesianas de sutis maneiras.

Em todos os casos mencionados até aqui, a tradição de pesquisa funciona heuristicamente sugerindo uma teoria *inicial* para alguma área do saber. Um segundo importante papel para a tradição de pesquisa, como ressaltou Lakatos, surge quando uma de suas teorias constituintes exige modificação (por causa de sua falta de capacidade de solucionar problemas). *Toda boa tradição de pesquisa contém diretrizes significativas acerca da maneira como suas teorias podem ser modificadas e transformadas, para incrementar sua capacidade de resolver problemas.*

Por exemplo, quando as primeiras versões da teoria cinética dos gases toparam com alguns sérios fracassos de predição, havia uma enorme "flexibilidade" da tradição de pesquisa que apontava o caminho para as modificações naturais que podiam ser introduzidas. Se eram necessários mais graus de liberdade para acomodar aparentes perdas de energia, o cineticista introduzia uma rotação molecular ou alterar as suposições acerca das elasticidades moleculares. Se os gases não se condensavam de acordo com as previsões teóricas, a adição de atrações intermoleculares fracas podia resolver o problema. Esses e muitos outros "artifícios"surgem da ideia de que a matéria possui uma composição molecular e mecânica.[30]

---

[30] Lakatos foi induzido por essa característica das tradições de pesquisa a pensar erroneamente que as anomalias não têm importância para o desenvolvimento da ciência. A verdade é o exato oposto, por pelo menos duas razões:
  a. Acontece às vezes de a capacidade heurística de uma tradição de pesquisa ser pequena para acomodar certas anomalias, e sua

O PAPEL JUSTIFICATIVO DAS TRADIÇÕES DE PESQUISA. Uma das funções importantes das tradições de pesquisa é a de *racionalizar* ou *justificar* teorias. As teorias específicas fazem muitas suposições acerca da natureza, suposições estas que em geral não são justificadas dentro da teoria nem pelos dados que a confirmam. Estas costumam ser suposições acerca de entidades e processos causais básicos, cuja existência e operação as teorias específicas tomam como "dadas". Quando, por exemplo, Sadi Carnot desenvolveu sua teoria do motor a vapor, a articulação dessa teoria pressupunha que não havia perda de calor ao se executar o trabalho de mover um pistão. (O que mais tarde se revelou inaceitável, é claro; mas é uma suposição absolutamente crucial para a "prova" dada por Carnot à teoria.) Carnot não apresentou fundamento para tal suposição e, muito corretamente, não sentiu necessidade de fazê-lo; a tradição de pesquisa caloricista na qual ele trabalhava estabelecia como postulado primário que o calor sempre se conservava. Assim, ele podia pressupor, no desenvolvimento, certas coisas sobre a natureza que a teoria não podia estabelecer por si mesma, nem sequer em princípio.

Um século antes, quando Stephen Hales desenvolvera sua teoria acerca da natureza do "ar" (isto é, dos gases), ele podia tomar como dado que os gases fossem compostos de

---

incapacidade de lidar com elas pesa bastante contra ela, de maneira convincente.

b. Mesmo quando uma tradição de pesquisa é fértil o bastante para oferecer diretrizes para transformar um problema anômalo em um problema resolvido, a existência da anomalia é historicamente crucial se quisermos entender por que as teorias pertencentes à tradição de pesquisa apresentam caráter *sequencial*. Ao contrário do apriorismo de Lakatos, a ordem das teorias que constituem uma tradição de pesquisa espelhará, pelo menos em parte, a ordem em que surgiram as diversas anomalias.

132 LARRY LAUDAN

partículas mutuamente repelentes e usar essa repulsão para explicar fenômenos como a elasticidade e a mistura gasosa. Se Hales tivesse trabalhado em tradições de pesquisa diferentes da newtoniana, tal suposição teria sido inconcebível ou, pelo menos, carente de uma justificação elaborada. (No mínimo, sua teoria teria tentado justificar tal suposição.) Mas, como newtoniano, Hales podia pressupor, quase sem argumentos, que era correto e legítimo conceber os gases como enxames de partículas reciprocamente repelentes. Sancionando de antemão certas suposições, a tradição de pesquisa livra o cientista de ter de justificar todas as suas suposições e lhe dá tempo para trabalhar nos problemas específicos de interesse. Embora os críticos de fora da tradição de pesquisa possam criticar um cientista por edificar teorias baseadas em tais pressupostos, o cientista sabe que seu *público principal* – os colegas que fazem pesquisa na mesma tradição – não vão achar problemáticas suas suposições.

Assim, as tradições de pesquisa identificam para o cientista três classes de suposições: aquelas problemáticas, porque são justificadas pela tradição de pesquisa; aquelas proibidas pela tradição de pesquisa; e, é claro, aquelas que, embora não proibidas pela tradição de pesquisa, exigem uma fundamentação na teoria (pois a mesma tradição de pesquisa não oferece fundamentação para elas). Entre os cientistas que trabalham em qualquer tradição de pesquisa, haverá consenso sobre a qual dos três escaninhos pertence qualquer dada proposição.

Resumindo a discussão desenvolvida até aqui, vimos que tais tradições de pesquisa justificam muitas das suposições feitas por suas teorias; podem servir para marcar certas teorias como inadmissíveis por ser incompatíveis com a tradição de pesquisa; podem influenciar o reconhecimento e a ponderação dos problemas empíricos e conceituais de suas teorias componentes; e podem oferecer diretrizes heurísticas para a geração ou a modificação de teorias específicas.

A separabilidade entre teorias e tradições de pesquisa

Até agora, ressaltei que praticamente toda atividade teórica ocorre no contexto de uma tradição de pesquisa, que tais tradições vinculam, inspiram e servem para justificar as teorias que subsumem. Sem negar nada disso, é igualmente importante reconhecer que há circunstâncias em que as teorias se afastam das tradições de pesquisa que inicialmente as inspiraram ou justificaram. A teoria da queda de Galileu, por exemplo, tem sido (desde a década de 1650) tratada separadamente da tradição de pesquisa galileana; coisas semelhantes poderiam ser ditas acerca da teoria das doenças de Pasteur, da teoria do eletromagnetismo de Maxwell, da teoria da oxidação de Lavoisier e da teoria da radiação de corpo negro de Planck – para citar só alguns casos. De fato, é a possibilidade eventual de separar uma teoria de dada tradição de pesquisa que dá a enganosa impressão de que as teorias existem independentemente das tradições de pesquisa e nada devem a ela.

Esse processo de separação das teorias é fascinante e merece ser estudado com minúcia. Vou limitar minhas observações a ressaltar que a *separação entre uma teoria e sua tradição mãe de pesquisa em geral só ocorre quando essa teoria pode ser assumida*, integralmente ou por modificações paulatinas, *por uma tradição de pesquisa alternativa*. As teorias raramente existem sozinhas e, mesmo quando existem, é apenas por breves espaços de tempo. São claras as razões para isso: as teorias nunca autenticam a si mesmas; elas invariavelmente fazem suposições sobre o mundo, para as quais não fornecem fundamento. Uma vez que uma das funções das tradições de pesquisa é exatamente a de oferecer tal fundamentação às teorias, só acontece de uma teoria separar-se de uma tradição de pesquisa se for absorvida (ou seja, justificada) em outra e mais bem-sucedida tradição de pesquisa.

As doutrinas dos primeiros tempos da termodinâmica, a que já me referi, são um bom exemplo. Originalmente desenvolvidas em uma tradição de pesquisa caloricista (baseada em teorias substanciais, não cinéticas, do calor) por Carnot e Clapeyron, a teoria da termodinâmica revelou-se um incômodo no final da década de 1840 e durante a década de 1850, época em que a tradição de pesquisa que a inspirava fora desacreditada. Havia um amplo consenso de que valia a pena preservar a teoria da termodinâmica, mas não (segundo muitos) ao preço de endossar a tradição de pesquisa que a gerara. Ao mesmo tempo, a tradição de pesquisa cinética e anticalórica fazia grandes avanços em outras áreas, mas era considerada fraca, uma vez que não fora capaz de alcançar, no campo da termodinâmica, os sucessos de sua concorrente, a tradição calórica. Foi Rudolf Clausius, escrevendo na década de 1850, que conseguiu mostrar que a teoria da termodinâmica podia ser desenvolvida e racionalizada dentro da tradição cinética, independentemente do pressuposto caloricista da conservação do calor. Com isso, Clausius mostrou que a teoria da termodinâmica não estava inexoravelmente vinculada à tradição de pesquisa caloricista e podia ser absorvida pela cineticista. Assim, Clausius conseguiu de uma só vez reforçar a posição tanto da termodinâmica como do cineticismo, removendo o que havia sido um problema sério para ambos. De modo semelhante, Newton (como veemente opositor da tradição de pesquisa cartesiana) mostrou que a sua própria tradição de pesquisa absorvia a teoria huygensiana do impacto – teoria que fora originalmente desenvolvida dentro da tradição cartesiana.

A grande quantidade de casos desse processo que poderíamos citar não é motivo para subestimar sua dificuldade. Justamente porque as tradições de pesquisa desempenham um papel importante para as suas teorias constituintes, qualquer

O PROGRESSO E SEUS PROBLEMAS 135

tradição de pesquisa que queira desempenhar o mesmo papel deve ser conceitualmente rica o bastante, e seus partidários imaginativos o bastante, para permiti-la justificar e racionalizar teorias que *prima facie* se relacionam mais naturalmente com tradições metafísicas e metodológicas diferentes. (O processo de "apropriação de teorias" será retomado adiante, pois é um dos modos mais importantes de as *novas* tradições de pesquisa estabelecerem suas credenciais científicas.)

A evolução das tradições de pesquisa

As tradições de pesquisa, como vimos, são *históricas*. São criadas e articuladas dentro de determinado ambiente intelectual, ajudam na geração de teorias específicas e – como todas as instituições históricas – envelhecem e desaparecem. Tão certamente como nascem e crescem, as tradições de pesquisa também morrem e deixam de ser consideradas instrumentos para fomentar o progresso da ciência. Examinarei a seguir como as tradições de pesquisa são substituídas por outras, pois a etiologia da "decadência" e da "putrefação" das tradições de pesquisa é crucial para os processos que devem ser compreendidos. Por enquanto, porém, quero tratar do modo como podem ocorrer mudanças importantes e substantivas *dentro* de uma tradição de pesquisa vigente. Tais mudanças assumem duas formas diferentes.

A maneira mais óbvia de como uma tradição muda é pela *modificação de algumas de suas teorias específicas subordinadas*. As tradições de pesquisa estão continuamente sofrendo mudanças desse tipo. Os pesquisadores que trabalham nessa tradição descobrem que há, no quadro da tradição, uma teoria mais efetiva para lidar com alguns dos fenômenos daquele campo que a que haviam imaginado.

Pequenas alterações nas teorias anteriores, mudanças nas condições de limite, revisões das constantes de proporcionalidade, pequenos refinamentos de terminologia, expansão da malha classificatória de uma teoria para abranger processos e entidades recentemente descobertos; essas são só algumas das muitas maneiras por meio das quais o cientista busca o êxito na solução de problemas das teorias pertencentes a uma tradição de pesquisa. Toda vez que ele descobre uma teoria que seja um avanço significativo em relação à predecessora, abre mão imediatamente desta última. Justamente porque a lealdade cognitiva do cientista se baseia na tradição de pesquisa, e não em uma de suas teorias específicas, ele em geral não tem interesse de aparência racional em se prender a essas teorias individuais. (É por essa razão que a maioria das teorias individuais duram pouco – em muitos casos, poucos meses e até de semanas.) Por mudar as teorias tão rápido, a História de qualquer tradição de pesquisa florescente exibe uma *longa sucessão* de teorias específicas.

Há outro modo importante de as tradições evoluírem; esta segunda classe de mudanças envolve, não as teorias específicas dentro da tradição de pesquisa, mas *a mudança de alguns de seus mais básicos elementos essenciais*. Esse tipo de transformação deve ser discutido com certa minúcia, pois muitos filósofos negaram que as tradições de pesquisa sejam capazes de qualquer modificação interna significativa. Tanto Kuhn quanto Lakatos, por exemplo, costumam sugerir que entidades como as tradições de pesquisa têm um conjunto rígido e imutável de doutrinas que as identifica e define. Todas as mudanças nessas doutrinas, sugerem eles, produzem uma tradição de pesquisa *diferente*. Como argumenta Lakatos, ao definirmos uma tradição de pesquisa ou um programa de pesquisa em termos de suas doutrinas centrais (que, segundo Lakatos, tornamos verdadeiras por *fiat*, ou

O PROGRESSO E SEUS PROBLEMAS 137

convenção), qualquer mudança nesses princípios é *de facto* o abandono da tradição de pesquisa definida como o conjunto desses princípios.[31] Por mais sedutora que seja essa abordagem (pois, se verdadeira, tornaria o processo de *identificação* das tradições de pesquisa relativamente simples), direi que devemos rejeitá-la, pois ela só confunde nosso esforço por compreender os processos históricos da ciência.

Se considerarmos as grandes tradições de pesquisa da história do pensamento científico – aristotelismo, cartesianismo, darwinismo, newtonianismo, Química stahliana, Biologia mecanicista ou Psicologia freudiana, para citar algumas – vemos de imediato que raramente há um conjunto interessante de doutrinas que caracterize alguma dessas tradições de pesquisa ao longo de *toda* a História. Alguns aristotélicos, por vezes, abandonavam a doutrina de que o movimento no vácuo é impossível. Alguns cartesianos, por vezes, repudiavam a identificação da matéria e da extensão. Alguns newtonianos, por vezes, abandonavam a exigência de que toda matéria tem massa inercial. Mas se segue necessariamente daí que esses aparentes "renegados" já não trabalhavam na tradição de pesquisa que afirmavam endossar? Deixa

---

[31] Há inequívocas ambiguidades no tratamento dado por Lakatos a esta questão. Por um lado, ele caracteriza os programas de pesquisa em termos de seu chamado núcleo duro, isto é, doutrinas tão cruciais para o programa que nenhum cientista as abandonará. Por outro lado, Lakatos insiste no fato de que "o núcleo duro real de um programa não surge completamente armado... ele se desenvolve, por meio de um longo processo preliminar de tentativa e erro" (op. cit., p.133, nota). Esta última abordagem sugere que os programas de pesquisa não têm "núcleo duro" em suas primeiras fases; se isso é verdade, como Lakatos identifica os programas de pesquisa em sua infância, uma vez que depende da especificação dos conteúdos do núcleo duro? (Cf. nota 19 anteriormente.)

Tomás de Aquino de ser aristotélico porque rejeita partes da análise do movimento de Aristóteles? Torna-se Huygens não cartesiano por admitir a possibilidade de espaços vazios? Surgirão certas vantagens se pudermos responder negativamente a essas perguntas de maneira plausível. Mostrar que isso é possível é a tarefa que temos pela frente.

Uma tradição de pesquisa, como dissemos, é um conjunto de suposições acerca dos tipos básicos de entidades presentes no mundo, acerca do modo como essas entidades interagem, acerca dos métodos adequados para construir e testar teorias sobre essas entidades. Ao longo de seu desenvolvimento, as tradições de pesquisa e as teorias que elas patrocinam vão de encontro a muitos problemas: descobrem-se anomalias; surgem problemas conceituais básicos. Em alguns casos, os defensores de uma tradição de pesquisa se veem na impossibilidade, modificando teorias *específicas* dessa tradição, de eliminar esses problemas anômalos e conceituais. Nessas circunstâncias, é comum que os partidários de uma tradição de pesquisa explorem que tipo de mudanças (mínimas) podem ser feitas na metodologia ou na ontologia profundas dessa tradição de pesquisa para eliminar as anomalias e problemas conceituais enfrentados por suas teorias constituintes. Às vezes, os cientistas descobrem que nem com grande quantidade de remendos em uma ou outra suposição da tradição de pesquisa se podem eliminar suas anomalias e seus problemas conceituais. Isso se transforma em uma forte razão para abandonar a tradição de pesquisa (contanto que haja alguma alternativa em vista). Mas, talvez com maior frequência, os cientistas descubram que, introduzindo uma ou duas modificações nas suposições fundamentais da tradição de pesquisa, eles tanto resolvam os importantes problemas conceituais e as anomalias *quanto* mantenham intacta a parte principal das suposições da tradição de pesquisa.

O PROGRESSO E SEUS PROBLEMAS 139

Nesse último caso, é claramente equivocado falar da criação de uma "nova" tradição de pesquisa, pois tal expressão esconde a descendência conceitual e a semelhança que tais casos apresentam. Deveríamos falar, ao contrário, de *uma evolução natural na tradição de pesquisa*: uma evolução que representa uma mudança que está longe de repudiar uma tradição de pesquisa para criar outra.[32] Há continuidade na evolução de uma tradição de pesquisa. *De uma fase à seguinte*, preserva-se a maioria das suposições. A maioria das técnicas e dos arquétipos de solução de problemas será preservada ao longo da evolução. A importância relativa dos problemas empíricos que a tradição de pesquisa resolve permanecerá mais ou menos a mesma. Aqui, a ênfase deve ser dada à continuidade *relativa* entre fases *sucessivas* do processo evolutivo. Se uma tradição de pesquisa tiver passado por numerosas evoluções ao longo do tempo, provavelmente haverá muitas discrepâncias entre a metodologia e a ontologia de suas *primeiras* formulações e as das *mais recentes*. Assim, o cartesianismo de Bernoulli, que escrevia um século depois da morte de Descartes, é muito diferente do cartesianismo anterior. A tradição de pesquisa newtoniana nas mãos de Michael Faraday está longe da dos primeiros seguidores de Newton. Uma análise mais minuciosa da evolução histórica dessas tradições de pesquisa mostrará que houve descendência intelectual contínua de Descartes a Bernoulli e de Newton a Faraday e que as tradições de pesquisa cartesiana e newtoniana, por mais diferentes que pareçam as fases finais

---

[32] Para uma análise da maneira como as suposições essenciais de uma tradição de pesquisa sofre transformações radicais, veja o estudo de Brown, op. cit., sobre as teorias da corrente elétrica no começo do século XIX.

140 Larry Laudan

de seus primórdios, apresentavam continuidade no caráter de suas transformações.[33]

Mas tal abordagem se expõe ao óbvio desafio: se uma tradição de pesquisa sofre transformações profundas e ainda permanece em certo sentido a "mesma" tradição, como distinguir a mudança *dentro* de uma tradição de pesquisa da substituição de uma tradição de pesquisa por outra?

Uma resposta parcial à pergunta consiste em reconhecer que, *em cada momento*, alguns elementos de uma tradição de pesquisa são mais centrais ou mais arraigados na tradição de pesquisa que outros. Esses elementos são tidos, nesse período, como os mais característicos da tradição de pesquisa. Abandoná-los significa, de fato, sair da tradição de pesquisa, ao passo que os princípios menos centrais podem ser modificados sem se repudiar a tradição de pesquisa. Como Lakatos, portanto, quero sugerir que certos elementos de uma tradição de pesquisa são sacrossantos e, assim, não podem ser rejeitados sem se repudiar a própria tradição de pesquisa. Mas, ao contrário de Lakatos, quero ressaltar que *o conjunto de elementos que pertencem a essa classe (não rejeitável) muda com o tempo.* O que se considerava constituir o núcleo não rejeitável da tradição newtoniana na mecânica do século XVIII (por exemplo, o espaço e o tempo absolutos) já não era considerado como tal pelos newtonianos de meados do século XIX. O que constituía a essência da tradição de pesquisa marxista em fins do século XIX era substancialmente diferente da "essência" do marxismo meio século depois. Lakatos e Kuhn

---

[33] Como Hull argumentou, "nenhum grau de semelhança entre as fases anteriores e posteriores" do desenvolvimento de um "objeto" histórico como tradição de pesquisa é necessário para que ela "continue sendo a mesma entidade". Hull, Central Subjects and Historical Narratives. *History and Theory*, v.14, p.256.

O PROGRESSO E SEUS PROBLEMAS 141

estavam certos em pensar que um programa de pesquisa ou um paradigma sempre têm elementos não rejeitáveis associados a ele; mas estavam errados ao não ver que os elementos que constituem essa classe mudam com o tempo. Relativizando a "essência" de uma tradição de pesquisa em relação ao tempo, podemos chegar mais perto da compreensão da maneira como cientistas e historiadores da ciência realmente usam o conceito de uma tradição.

Isto, é claro, não responde a como os cientistas decidem em cada momento que elementos de uma maxiteoria ou tradição de pesquisa devem ser tratados como "não rejeitáveis" (problema também sem resposta da parte de Kuhn e de Lakatos). Não respondo de maneira totalmente satisfatória a essa pergunta, mas certas pistas merecem ser exploradas. Tanto Kuhn quanto Lakatos parecem crer que seja arbitrária a decisão acerca de quais elementos de uma maxiteoria pertencem a essa classe privilegiada e não governada por considerações racionais: segundo eles, isso simplesmente "acontece".[34] Não sou capaz de dar uma especificação completa de todos os fatores que influenciam a seleção do núcleo de uma tradição de pesquisa, mas há algumas dimensões da escolha que são racionais. Por exemplo, um dos principais fatores que influenciam o enraizamento de qualquer elemento de uma tradição de pesquisa é a *boa fundamentação conceitual*. As suposições fundamentais de qualquer tradição de pesquisa estão continuamente sujeitas à vigilância conceitual. Algumas dessas suposições serão, em determinado momento, consideradas sólidas e não problemáticas. Outras serão tidas como

---

[34] Apesar do desprezo de Lakatos pelo método de tentativa e erro, sua única explicação para o surgimento do núcleo de uma tradição de pesquisa é que ele resulte de "um longo processo preliminar de tentativa e erro" (op. cit., p.133n).

menos claras e menos bem fundamentadas. À medida que aparecem novos argumentos que reforçam ou lançam dúvidas sobre diversos elementos da tradição de pesquisa, muda o grau relativo de enraizamento dos diferentes elementos. Durante a evolução de toda tradição ativa de pesquisa, os cientistas aprendem mais sobre a dependência e a autonomia conceituais de seus diversos elementos; ao se mostrar que certos elementos, antes considerados essenciais para todo o empreendimento, podem ser dispensados sem comprometer a capacidade de solução de problemas da tradição, esses elementos deixam de fazer parte do "núcleo não rejeitável" da tradição de pesquisa. (Por exemplo, depois de Mach e Frege argumentarem que nenhum dos outros elementos da tradição newtoniana exigia espaço e tempo absolutos, essas noções passaram para a periferia da tradição de pesquisa newtoniana.)

Tradições de pesquisa e mudanças na visão de mundo

Ressaltamos, tanto neste quanto no capítulo anterior, como as tradições de pesquisa e as teorias se deparam com sérias dificuldades cognitivas se forem incompatíveis com certos sistemas mais amplos de crença em dada cultura. Tais incompatibilidades constituem problemas conceituais que desafiam a aceitabilidade da teoria. Mas também pode acontecer de *uma tradição de pesquisa muito bem-sucedida levar ao abandono daquela visão de mundo que é incompatível com ela e à elaboração de uma nova.* De fato, é dessa maneira que muitos sistemas científicos novos acabam sendo "canonizados" como "senso comum". Nos séculos XVII e XVIII, por exemplo, as novas tradições científicas de Descartes e Newton chocaram-se com muitas das crenças favoritas da

O PROGRESSO E SEUS PROBLEMAS 143

época, em questões como o "lugar do homem na Natureza", a História e a extensão do cosmos e, de modo mais geral, a natureza dos processos físicos. Todos, na época, reconheciam a existência desses problemas conceituais. Eles foram mais tarde resolvidos, não pela modificação das tradições de pesquisa para alinhá-las às visões de mundo mais tradicionais, mas, ao contrário, forjando uma nova visão de mundo que se reconciliasse com as tradições de pesquisa científica. Um processo parecido de reajuste ocorreu em resposta às tradições de pesquisa darwinista e marxista em fins do século XIX; em cada um desses casos, as crenças fundamentais, "não científicas" acabaram sendo modificadas para se alinhar a sistemas científicos de grande sucesso.

Seria, porém, equivocado supor que as visões de mundo sempre se esboroam diante das novas tradições de pesquisa científica que as desafiam. Ao contrário, elas muitas vezes mostram uma notável flexibilidade, que desmente a tendência (positivista) de rejeitá-las como frágeis. A história da ciência, tanto recente quanto remota, está repleta de casos em que as visões de mundo não se evaporaram diante das teorias científicas que as desafiaram. Em nossa própria época, por exemplo, nem a mecânica quântica nem a Psicologia behaviorista modificaram as crenças das pessoas acerca do mundo e de si mesmas. Em oposição à mecânica quântica, a maioria das pessoas entende o mundo como repleto de objetos substanciais, com propriedades fixas e precisas; em oposição ao behaviorismo, a maioria das pessoas acha válido falar de estados internos, mentais, de si mesmas e dos outros.

Diante desse tipo de exemplo, diz-se que essas tradições de pesquisa ainda são novas e que as visões de mundo mais antigas só predominam porque as perspectivas mais novas ainda não penetraram na consciência geral. Tal afirmação pode revelar-se correta, mas, antes de a aceitarmos de maneira não crítica, há certos casos históricos impressionantes que precisam ser mencionados. Desde o século XVII, as tradições de pesquisa dominantes nas ciências físicas têm pressuposto que todas as mudanças físicas estão sujeitas a leis naturais invariáveis (estatísticas ou não). Dadas algumas condições iniciais, inevitavelmente se seguiriam certas consequências. Estritamente falando, essa afirmação deveria ser tão verdadeira dos homens e dos outros animais, quanto das estrelas, dos planetas e das moléculas. Mesmo assim, tanto em nossa própria época, como no século XVII, poucas pessoas estão dispostas a abandonar a convicção de que os seres humanos (e alguns dos animais superiores) têm um grau de indeterminação em suas ações e em seus pensamentos. Praticamente todas as instituições sociais, a maior parte de nossa teoria social ou política e a principal parte de nossa filosofia moral ainda se baseiam em uma visão de mundo aparentemente incompatível com um universo governado por leis. Apesar dos esforços nos últimos três séculos de se resolver esse problema conceitual, vale dizer que esta é uma importante área em que a visão de mundo tradicional fez muito poucas concessões às "implicações mais amplas" de algumas tradições científicas muito bem-sucedidas.[35]

Há muito está na moda imaginar que a visão de mundo ou *"Zeitgeist"* de uma época sempre desempenha papel *conservador*, suprimindo a inovação intelectual e encorajando a manutenção do *statu quo* científico. Exponentes do progresso

---

[35] Na verdade, se Forman, Weimar Culture, Causality, and Quantum Theory, 1918-27: Adaptation by German Physicists and Mathematicians to a Hostile Intellectual Environment. *Historical Studies in the Physical Sciences*, v.3, estiver certo, o abandono do determinismo estrito na mecânica quântica moderna foi motivado pela irreconciliabilidade da física clássica com a visão geral de mundo.

O PROGRESSO E SEUS PROBLEMAS 145

científico com frequência lamentaram o uso de considerações relativas à "visão de mundo", que invariavelmente sufocariam o surgimento de novas ideias científicas. E. G. Boring falava por muitos cientistas e filósofos ao ressaltar que: "Inevitavelmente, por definição, o *Zeitgeist* favorece o convencional [...] [e] se opõe à originalidade."[36] Isso é má filosofia e falsa história. É filosoficamente fraco, à medida que ignora o fato de não haver em princípio razões para que uma visão de mundo arraigada não forneça fundamento mais convincente a um desenvolvimento teórico inovador que a uma teoria tradicional. A tese de Boring de que o *Zeitgeist* automaticamente favorece as teorias tradicionais carece, pois, de fundamento cognitivo. Historicamente a ideia é tão equivocada quanto. É notório, por exemplo, que o *Zeitgeist* na Inglaterra do final do século XVII contribuiu para acelerar a substituição da velha filosofia mecânica pela ciência mais nova de Newton, justamente porque a tradição de sua pesquisa podia ser justificada com maior facilidade naquele contexto que a ciência mecanicista de Descartes. Mais recentemente, o surgimento da "nova" mecânica quântica no final da década de 1920 encontrou uma rápida e pronta aceitação por parte de intelectuais que já estavam convencidos de que as rígidas categorias causais da ciência clássica não eram confiáveis.

A integração das tradições de pesquisa

Até este ponto tratei como se as tradições de pesquisa estivessem invariavelmente em competição umas com as

---

[36] Boring, The Dual Role of the *Zeitgeist* in Scientifica Creativity. In: Frank (Ed.), *The Validation of Scientific Theories*, p.191.

outras, sugerindo, ademais, que a solução de tal conflito acontece quando só uma das tradições concorrentes impera e suas rivais são efetivamente derrotadas. Isso, de fato, acontece muitas vezes. Mas seria grave supor que o cientista não trabalha coerentemente em mais de uma tradição de pesquisa. Se as tradições são incompatíveis em seus fundamentos, o cientista que aceita ambas tem sua capacidade de pensar com clareza questionada. Mas há ocasiões em que duas ou mais tradições de pesquisa, longe de se combater uma à outra, amalgamam-se, produzindo uma síntese progressiva com relação a ambas as tradições de pesquisa iniciais. É a dinâmica dessas situações que quero examinar brevemente.

Há basicamente duas maneiras por meio das quais diferentes tradições de pesquisa integram-se. Em alguns casos, uma tradições de pesquisa pode ser enxertada na outra, sem modificação maior nos pressupostos de nenhuma das duas. Assim, na Filosofia Natural do século XVIII, muitos cientistas eram ao mesmo tempo newtonianos e teóricos do fluido sutil. Sua adesão à tradição de pesquisa dos fluidos sutis (que era tão cartesiana quanto newtoniana) levou-os a postular fluidos etéreos imperceptíveis, para explicar os fenômenos da eletricidade, do magnetismo, do calor, da percepção e muitos outros problemas empíricos. O newtonianismo, por outro lado, levou-os a supor que as partículas constitutivas de tais fluidos interagissem não por contato, como os cartesianos tentavam sugerir, mas por meio de fortes forças de atração e de repulsão, que agiam à distância pelo espaço vazio. A fusão dessas duas tradições de pesquisa devia constituir por si só uma grande tradição de pesquisa, que Schofield rotulou "materialismo".[37] Ao mesmo

---

[37] Schofield, *Mechanism and Materialism*.

O PROGRESSO E SEUS PROBLEMAS   147

tempo em que não contradizia os pressupostos de nenhuma de suas antecessoras, o amálgama sugeriu novas e importantes linhas de pesquisa e colocou os cientistas em condições de lidar com problemas empíricos e conceituais que nenhuma das tradições antepassadas resolvia sozinha. Em outros casos, porém, o amálgama das duas ou mais tradições de pesquisa exige o repúdio de alguns dos elementos fundamentais de cada uma das tradições que se combinam. Nesses casos, a nova tradição de pesquisa, se bem-sucedida, exige o abandono de suas predecessoras. (É, aliás, dessa maneira que a maioria das chamadas revoluções científicas acontece; não pela articulação de uma tradição de pesquisa cujos *ingredientes* são revolucionários e novos, mas pelo desenvolvimento de uma tradição de pesquisa cuja novidade consiste em como os velhos ingredientes se *combinam*.) Há muitos exemplos desse processo na história de qualquer disciplina, científica ou não. Para considerarmos primeiro alguns casos científicos, a Filosofia Natural dos séculos XVIII e XIX está repleta de tais integrações. Roger Boscovich, por exemplo, deliberadamente desenvolveu um novo "sistema da natureza", escolhendo entre as suposições de duas tradições de pesquisa incompatíveis, o newtonianismo e o leibnizianismo. Maupertuis tentou algo parecido. O trabalho do contemporâneo deles, Daniel Bernoulli, ilustra uma tentativa análoga de estabelecer um compromisso entre as tradições de pesquisa da física cartesiana e newtoniana. Nos séculos XVIII e XIX, os seguidores de Hutton na geologia articularam uma nova tradição que tomasse elementos das teorias caloricistas do calor e da geologia vulcanista. Essas tradições de pesquisa não podiam permanecer intactas e, por conseguinte, os huttonianos tiveram de elaborar uma tradição de pesquisa "revolucionária", que incorporava elementos de tradições antes incompatíveis. Na economia, Karl Marx

Tradições de pesquisa "não convencionais"

Seria desonesto deixar o tema das tradições de pesquisa sem acrescentar uma advertência, embora sua importância ainda esteja por determinar. Até agora, caracterizamos as tradições de pesquisa como entidades um tanto ambiciosas e grandiosas, repletas de ontologias e metodologias. Para mim, não há dúvida de que muitas das mais conhecidas tradições da ciência possuem essas duas características. Mas parece também haver na ciência tradições e escolas que, embora não apresentem uma ou outra dessas características (em alguns casos, ambas), tiveram uma coerência intelectual genuína. Por exemplo, a tradição da psicometria no começo do século XX parece ter ganhado coesão pela convicção de que os fenômenos mentais pudessem ser representados matematicamente. Da mesma maneira, no século XVIII, a tradição da mecânica racional parece ter passado por todas as tradições metafísicas e metodológicas concebíveis e ter reunido um grupo de pensadores interessados na análise matemática do movimento e do repouso. A importante tradição da "física analítica" do início do século XIX na França (que incluía Biot, Fourier, Ampère e Poisson) parece não ter tido ontologia comum, embora seus partidários sem dúvida compartilhassem a mesma metodologia. Em nossa própria época, a cibernética e a teoria da informação parecem ser "escolas" sem ontologias bem definidas. Se, para uma investigação mais aprofundada, se revelará que essas tradições de pesquisa "não convencionais" têm elementos ontológicos e metodológicos ou se, na ausência

O PROGRESSO E SEUS PROBLEMAS   149

deles, se comportarão de modo diferente das tradições de pesquisa "mais ricas", são perguntas ainda sem resposta. É necessária muita pesquisa acerca dessas unidades estreitas para ser tradições de pesquisa desenvolvidas, mas também globais demais para ser meras teorias.

A avaliação das tradições de pesquisa

Até aqui nos concentramos na dinâmica temporal das tradições de pesquisa. Aprendemos como evoluem tais tradições, como interagem com suas teorias constitutivas e com elementos mais amplos da visão de mundo e a situação do problema.

Nada foi dito, porém, sobre como é possível, se é que o é, que os cientistas façam escolhas sensatas entre tradições de pesquisa alternativas nem sobre como uma tradição particular é avaliada em relação a sua aceitabilidade. Essa é uma questão crucial e, a menos que a articulemos critérios operacionais para a escolha entre as mais amplas unidades que chamo tradições de pesquisa, não teremos teoria da racionalidade científica, tampouco uma teoria do crescimento cognitivo progressivo.

Nas próximas páginas, critérios para a avaliação das tradições de pesquisa serão definidos e alguns dos diversos contextos de avaliações cognitivas, discutidos.

Adequação e progresso

Embora as tradições de pesquisa por si só *não* impliquem consequências observáveis, há maneiras diferentes pelas quais elas podem ser avaliadas e comparadas. Dois

150 LARRY LAUDAN

dos principais modos de apreciação são os mais comuns e os mais decisivos. Um é sincrônico e o outro, diacrônico e evolucionário.

Para começar, podemos perguntar sobre a (momentânea) *adequação* da tradição de pesquisa. Aqui estamos perguntando essencialmente quão efetivas são as *mais recentes* teorias da tradição de pesquisa quanto à solução de problemas. Isso, por sua vez, exige que determinemos a efetividade quanto à solução de problemas daquelas teorias que no momento constituem a tradição de pesquisa (ignorando as antecessoras). Uma vez que já discutimos como avaliar a efetividade quanto à solução de problemas das teorias tomadas individualmente,[38] precisamos combinar essas avaliações para descobrir a adequação da tradição de pesquisa mais ampla.

Por outro lado, podemos perguntar sobre a *progressividade* da tradição de pesquisa. Aqui, a principal preocupação é determinar se a tradição de pesquisa, ao longo do tempo, aumentou ou reduziu a solução de problemas de seus componentes e, assim, a sua própria (momentânea) adequação. Trata-se de uma questão *temporal*; sem certo conhecimento da história da tradição de pesquisa, nada podemos dizer sobre sua progressividade. Sob essa rubrica geral, há duas medidas subordinadas que são particularmente importantes:

1. *o progresso geral de uma tradição de pesquisa –* determinado pela comparação da adequação dos conjuntos de teorias que constituem a tradição mais antiga com as que constituem as versões mais recentes da tradição de pesquisa;

---

[38] Veja p.93-7.

O PROGRESSO E SEUS PROBLEMAS 151

2. *a taxa de progresso da tradição de pesquisa* – nesse caso, são identificadas as mudanças na adequação momentânea da tradição de pesquisa durante determinado espaço de tempo.

É importante notar que o progresso geral e o índice de progresso da tradição de pesquisa podem ser discrepantes. Por exemplo, uma tradição de pesquisa pode mostrar um alto grau de progresso geral e, no entanto, uma baixa *taxa* de progresso, sobretudo em seu passado recente. Em contrapartida, uma tradição de pesquisa pode ter uma alta taxa de progresso em seu passado recente e exibir um progresso geral limitado.

Além disso, e o que é ainda mais importante, as avaliações de uma tradição de pesquisa baseada em sua progressividade (geral ou temporal) podem ser muito diferentes das baseadas em sua momentânea adequação. Podemos imaginar casos, por exemplo, em que a adequação de uma tradição de pesquisa seja relativamente alta e, no entanto, não mostrar progresso geral ou até exibir taxa de progresso negativa. (Muitas tradições de pesquisa reais apresentam essa característica.) Em contrapartida, há casos (por exemplo, a Psicologia behaviorista e a primeira teoria quântica) em que o progresso geral e a taxa de progresso de uma tradição de pesquisa são altos, mas a adequação momentânea das tradições é bastante baixa.

Escusado é dizer que nem sempre as estimativas apontaram para direções diferentes, mas o simples fato de isso acontecer (como de fato aconteceu algumas vezes) ressalta a necessidade de prestar muita atenção aos *contextos* em que são feitas as avaliações cognitivas das tradições de pesquisa. É essa questão que será abordada em seguida.

As modalidades de avaliação: aceitação e adoção

Quase todos os textos convencionais sobre a avaliação científica, se buscarmos discussões filosóficas ou históricas sobre a ciência, têm duas características em comum: pressupõem que haja só *um* contexto cognitivamente legítimo em que as teorias sejam avaliadas e supõem que esse contexto esteja ligado às determinações da boa fundamentação empírica das teorias científicas. Provavelmente, ambas as suposições devem ser abandonadas – a primeira por ser falsa e a segunda por ser limitada.

Um exame atento da prática científica revela que há em geral *dois* contextos completamente diferentes em que as teorias e as tradições de pesquisa são avaliadas.[39] Em cada um deles, tipos diferentes de questões são levantados acerca das credenciais cognitivas de uma teoria e boa parte da atividade científica que parece irracional – se insistirmos em uma análise unicontextual – passa a ser considerada muito racional se levarmos em conta os objetivos divergentes dos seguintes contextos:

O CONTEXTO DE ACEITAÇÃO. Para começarmos pelo mais conhecido dos dois, é claro que os cientistas muitas vezes optam por *aceitar* uma de um grupo de teorias e tradições de pesquisa concorrentes, ou seja, *tratá-la como se fosse verdadeira*. Em particular nos casos em que são consideradas certas experiências ou ações práticas, esta é a modalidade operativa. Quando, por exemplo, um imunologista deve prescrever uma medicação para um voluntário em uma experiência, quando um físico decide qual instrumento de medição utilizar para

---

[39] Esta minha análise deve muito a discussões com Adolf Grünbaum.

O PROGRESSO E SEUS PROBLEMAS   153

estudar um problema, quando um químico busca sintetizar um composto com determinadas propriedades; em todos esses casos, o cientista tem de se comprometer, ainda que como tentativa, a aceitar um grupo de teorias e de tradições de pesquisa e rejeitar as demais. Como tomar uma decisão coerente? Há um amplo leque de respostas possíveis. Os indutivistas dirão "escolha a teoria com o maior grau de confirmação" ou "escolha a teoria de maior utilidade"; os falsificacionistas – se derem algum conselho – dirão "escolha a teoria com o maior grau de falseabilidade". Outros ainda, como Kuhn, insistiriam em que não pode ser feita *nenhuma* escolha racional.[40] Já indiquei por que nenhuma dessas respostas é satisfatória. Minha própria resposta a essa pergunta seria: "*escolha a teoria (ou tradição de pesquisa) com a maior adequação na solução de problemas*".

Nessa perspectiva, o critério para aceitar ou rejeitar uma teoria baseia-se fundamentalmente, pois, na ideia de *progresso* na solução de programas. Se uma tradição de pesquisa tiver resolvido problemas mais importantes que

---

[40] Acho difícil determinar quais são as ideias de Kuhn sobre esta questão. Consideremos, por exemplo, a seguinte observação: "Embora o historiador sempre encontre homens – Priestley, por exemplo – que não eram razoáveis em resistir [a um novo paradigma] por tanto tempo, não descobrirá um ponto em que a resistência se torna ilógica e não científica" (Kuhn, *The Structure of Scientific Revolutions*, p.158). A primeira metade do trecho sugere que há critérios para determinar se a aceitação ou a rejeição de um paradigma é racional; ao passo que a oração final nega que haja um ponto em que tal aceitação se torne racional (supondo, como acredito que estamos autorizados a fazer, que Kuhn esteja usando "não razoável", "ilógico" e "não científico" mais ou menos como sinônimos). Mas se não há ponto em que a aceitação (ou rejeição) do paradigma se torne razoável, como decidir que Priestley "não era razoável" ao rejeitar o paradigma de Lavoisier?

154   Larry Laudan

suas rivais, é racional aceitarmos essa tradição exatamente à medida que visamos ao "progresso", ou seja, a aumentar ao máximo o domínio de problemas resolvidos. Em outras palavras, *a escolha de uma tradição em detrimento de suas rivais será progressiva (e, portanto, racional) na exata medida em que a tradição escolhida for um melhor solucionador de problemas que as concorrentes.* Essa maneira de avaliar as tradições de pesquisa apresenta três vantagens distintas em relação aos modelos anteriores de avaliação: (1) é *factível*: ao contrário dos modelos indutivista e falsificacionista, as medidas básicas de avaliação parecem (pelo menos em princípio) apresentar poucas dificuldades; (2) oferece ao mesmo tempo uma explicação da *aceitação* racional e do *progresso* científico que mostra que as duas estão vinculadas de maneira não explicada pelos modelos anteriores; e (3) chega mais perto de ser aplicável à história real da ciência que os outros modelos.

O CONTEXTO DA BUSCA. Mesmo se tivéssemos explicação adequada para a escolha de teorias no contexto de aceitação, estaríamos longe de dispor de uma explicação completa da avaliação racional. A razão disso é que há muitas situações importantes em que os cientistas avaliam as teorias concorrentes por critérios que nada têm a ver com a aceitabilidade ou "assertividade garantida"[41] das teorias em questão.

A ocorrência real desse tipo de situação já foi observada muitas vezes. Paul Feyerabend, em particular, identificou casos históricos em que os cientistas investigaram e exploraram teorias ou tradições de pesquisa que eram claramente menos

---

[41] "*Warranted assertibility*", expressão cunhada por Dewey para designar a garantia de validade que uma proposição adquire ao longo do processo de investigação. (N.T.)

O PROGRESSO E SEUS PROBLEMAS 155

aceitáveis, menos dignas de crédito que as anteriores. De fato, *o surgimento de praticamente toda nova tradição de pesquisa ocorre sob tais circunstâncias.* Se considerarmos o copernicanismo, as primeiras fases da Filosofia Mecanicista, a teoria atômica na primeira metade do século XIX, os primórdios da teoria psicanalítica, os esforços preliminares na abordagem da estrutura molecular à luz da mecânica quântica, veremos o mesmo padrão: os cientistas começam a trabalhar em uma nova tradição de pesquisa e a explorá-la muito antes que seu sucesso quanto à solução de problemas (seu apoio indutivo, seu grau de falseabilidade ou suas novas predições) a qualifique em detrimento das mais antigas e mais bem-sucedidas.

Por outro lado, há o fato de que *o cientista pode trabalhar em duas tradições de pesquisa diferentes e até mutuamente incompatíveis.* Em particular durante os períodos de "revolução científica", acontece de o cientista gastar parte de seu tempo com a tradição de pesquisa dominante e outra parte com uma ou mais de uma de suas concorrentes menos bem-sucedidas, menos plenamente desenvolvidas. Se aceitarmos a ideia de que só é racional trabalhar com e explorar as teorias que aceitamos (e seu corolário de que não se deve aceitar ou crer em teorias incompatíveis), não é possível compreender esse fenômeno comum.

Assim, nem o uso de teorias mutuamente incompatíveis nem a investigação de teorias menos bem-sucedidas – ambos fenômenos históricos comprovados – são explicados se insistirmos no fato de que o contexto de aceitação esgota a racionalidade científica. Diante de casos assim, concluiríamos, com Feyerabend e Kuhn,[42] que a História da Ciência é

---

[42] Como Feyerabend, Kuhn reconhece que há um contexto de exploração e nega que haja razões para explorar uma nova teoria ainda não bem confirmada: "o homem que adota um novo paradigma em uma fase

156 LARRY LAUDAN

amplamente irracional. Por outro lado, se percebermos que os *cientistas têm boas razões para trabalhar com teorias que não aceitariam*, esse frequente fenômeno pode tornar-se mais compreensível. Para compreendermos o que é tido como "boa razão", devemos voltar a algumas discussões precedentes. Por vezes, foi sugerido neste ensaio que a solução de um número máximo de problemas empíricos e a geração de um mínimo de problemas conceituais e anomalias é o objetivo central da ciência. Vimos que essa ideia implica em aceitar as teorias ou tradições de pesquisa que se revelaram mais bem-sucedidas na solução de problemas. E, assim, é necessário que a *aceitação* de determinada tradição de pesquisa nos proíba de explorar e investigar alternativas incompatíveis com ela? Sob certas circunstâncias, a resposta a essa pergunta é negativa. Para saber por que, basta considerar o seguinte tipo geral de caso: suponhamos ter duas tradições de pesquisa concorrentes, *TP* e *TP'*; suponhamos também que a adequação momentânea de *TP* seja muito mais alta que a de *TP'*, mas que a *taxa* de progresso de *TP'* seja maior que o valor correspondente de *TP*. *No que se refere à aceitação, TP* é claramente a única aceitável das duas. Podemos, porém, trabalhar com os méritos de *TP'* em relação à solução de problemas e, em seguida, articulá-los e explorá-los, justamente porque recentemente ela se revelou capaz de gerar novas soluções para certos problemas com velocidade impressionante. Isso é adequado se *TP'* for uma tradição de pesquisa relativamente nova. É notório que a maior parte das novas tradições de pesquisa fornece técnicas analíticas e conceituais para se lidar com a solução

---

precoce deve muitas vezes fazer isso a despeito das evidências fornecidas pelo [sucesso em] resolver problemas... *Uma decisão desse tipo só pode ser tomada com base na fé*" (Kuhn, op. cit., p.157; grifos do autor).

O PROGRESSO E SEUS PROBLEMAS   157

de problemas. Essas novas técnicas constituem, segundo o clichê, "abordagens originais" que, sobretudo no curto prazo, provavelmente renderão dividendos em termos de solução de problemas. *Aceitar* uma tradição de pesquisa nascente porque ela tem uma alta taxa de progresso seria erro; mas teria sido igualmente equivocado recusar-se a trabalhar nela se ela tivesse exibido uma capacidade de resolver problemas (empíricos *ou* conceituais) que as concorrentes mais velhas e em geral mais aceitáveis não conseguiram.

De modo mais geral, *é sempre racional explorar uma tradição de pesquisa que tenha uma taxa de progresso mais alta que as outras* (mesmo se tiver efetividade mais baixa na solução de problemas). Podem ser diversos os motivos específicos para explorarmos essa tradição de pesquisa: podemos ter o pressentimento de que, com maior desenvolvimento, *TP'* torne-se mais bem-sucedida que *TP*; podemos ter dúvidas sobre se *TP'* algum dia tornar-se-á bem-sucedida, mas sentir que alguns dos seus elementos mais progressivos podem eventualmente ser incorporados na *TP*. Sejam quais forem as extravagâncias dos casos individuais, se o objetivo geral for aumentar o número de problemas a se resolver, não seremos acusados de incoerência ou de irracionalidade ao explorar (sem aceitar) alguma tradição de pesquisa progressiva, não obstante sua inadequação momentânea (no sentido definido anteriormente).

Ao alegar que a racionalidade de exploração se baseia no progresso relativo e não no sucesso em geral, torno explícito o que foi descrito no uso científico como "promessa" ou "fecundidade". Há muitos casos na História da Ciência que ilustram o papel que uma avaliação sobre o caráter promissor ou sobre a progressividade desempenha na respeitabilidade de uma tradição de pesquisa.

A tradição de pesquisa galileana, por exemplo, em seus primeiros anos não enfrentava sua principal concorrente, o aristotelismo. A tradição de pesquisa aristotélica podia resolver problemas empíricos muito mais importantes que a de Galileu. Da mesma maneira, apesar de todas as dificuldades conceituais do aristotelismo, ele na realidade levantava menos problemas conceituais que a primeira versão do copernicanismo físico de Galileu – fato que se tende a perder de vista na euforia geral acerca da revolução científica. Mas o que a astronomia e a física galileanas tinham a seu favor era sua capacidade de explicar com sucesso alguns fenômenos bastante conhecidos que constituíam anomalias empíricas para a tradição cosmológica de Aristóteles e de Ptolomeu. Galileu conseguia explicar, por exemplo, por que os corpos mais pesados não caíam mais rápido que os mais leves. Conseguia explicar as irregularidades na superfície da Lua, as luas de Júpiter, as fases de Vênus e as manchas solares. Embora os cientistas aristotélicos conseguissem em última instância encontrar soluções para esses fenômenos (depois que Galileu chamou atenção para eles), as explicações por eles dadas tinham um ar artificial e factício. Galileu era levado a sério pelos cientistas posteriores do século XVII não porque seu sistema como um todo explicasse mais que seus antecessores medievais e renascentistas (pois isso ele claramente *não* fazia), mas porque se mostrava promissor, sendo capaz, em um curto espaço de tempo, de oferecer soluções a problemas que constituíam anomalias para as outras tradições de pesquisa na área.

Do mesmo modo, o atomismo daltoniano gerou tanto interesse nos primeiros anos do século XIX em boa parte por causa de seu caráter científico promissor, mais que por seus resultados concretos. No tempo de Dalton, a tradição de pesquisa dominante na química concentrava-se nas afinidades eletivas. Evitando toda tentativa de teorizar acerca dos microconstituintes da matéria, os químicos ligados às afinidades eletivas procuravam explicar a mudança química em termos

O PROGRESSO E SEUS PROBLEMAS 159

das tendências diferenciais de certos elementos químicos a se unir com outros. Essa tradição química fora bem-sucedida em correlacionar e predizer como se combinam diversas substâncias químicas. A primeira doutrina atômica de Dalton não reivindicava nada parecido com o grande sucesso na solução de problemas da química das afinidades eletivas (o que não é de surpreender, pois aquela tradição já tinha um século de idade quando o *Novo sistema de filosofia química* de Dalton foi lançado); e o que é pior, o sistema de Dalton enfrentava muitas e sérias anomalias.[43] O que ele conseguia fazer, porém, foi prever – como nenhum outro sistema químico conseguira antes – que as substâncias químicas se combinavam em proporções definidas e seus múltiplos, fosse qual fosse a quantidade de reagentes presente. Esse fenômeno, sintetizado no que hoje chamamos de leis das proporções definidas e múltiplas, provocou de imediato um reboliço em toda a ciência europeia uma década depois da promulgação do programa atômico de Dalton. Embora a maioria dos cientistas se recusasse a aceitar a abordagem daltoniana, muitos estavam dispostos a levá-la a sério, afirmando que os achados do sistema daltoniano o tornavam pelo menos promissor para merecer novos desenvolvimentos e refinamentos.

---

[43] Em um famoso artigo publicado em 1813, o químico sueco Berzelius discutiu muitas das anomalias do atomismo daltoniano. Porém, justamente porque "seria temerário concluir que [atomistas] não conseguiremos no futuro explicar essas aparentes anomalias de maneira satisfatória" (Essay on the Cause of Chemical Proportions. *Ann. Phil*, v.2, p.450), Berzelius não instou para que a teoria não fosse explorada, ainda que, no contexto de aceitação, "a hipótese dos átomos não seja adotada nem considerada verdadeira" (Ibid.). Cf. também Berzelius, An Address to those Chemists Who Wish to Examine the Laws of Chemical Proportions. *Ann. Phil.* v.5.

160 LARRY LAUDAN

É duvidoso se a abordagem aqui adotada do problema da "exploração racional" prevalecerá, pois estamos apenas começando a investigar alguns dos complexos problemas da área; o que eu reivindicaria é que o vínculo entre o progresso e a exploração anteriormente esboçado oferece um saudável terreno intermediário entre a insistência de Kuhn e dos indutivistas de que a exploração de alternativas ao paradigma dominante *nunca é racional* (salvo em tempos de crise) e a tese anarquista de Feyerabend e Lakatos de que a exploração de *qualquer* tradição de pesquisa – por mais regressiva que seja – *sempre pode ser racional*.

A adhocidade e a evolução das tradições de pesquisa

Nenhuma análise dos diversos vetores de avaliação utilizados na ciência estaria completa sem a noção de adhocidade (questão muitas vezes discutida na seção "testabilidade independente"). Pelo menos desde o século XVII, mas particularmente em nossa própria época, estratagemas e hipóteses *ad hoc* têm recebido muita atenção de cientistas e filósofos.[44]

---

[44] Veja, por exemplo, Grünbaum, *Philosophical Problems of Space and Time*, p.715-25, 837-39; Lakatos, Falsification and the Methodology of Scientific Research Programs. In: Lakatos; Musgrave (Eds.) *Criticism and the Growth of Knowledge*; Zahar, Why did Einstein's Programme Supersede Lorentz's? I, II. *British Journal of the Philosophical Science*, v.24 sobretudo p.100-ss; Schaffner, Einstein vs. Lorentz. *British Journal of Philosophical Science*, v.25, sobretudo p.78-9; e Leplin, The Concept of an *Ad Hoc* Hypothesis. *Stud. Hist. Phil. Sci.* v.5. Uma análise histórica completa da evolução da noção de adhocidade mostraria que a ideia teve origem em um tempo em que cientistas e filósofos acreditavam: (1) que as partes constituintes de uma teoria podiam ser testadas isoladamente; e (2) que só entidades *diretamente observáveis*

O PROGRESSO E SEUS PROBLEMAS 161

A determinação de que uma teoria ou modificação teórica é *ad hoc* dá razões para rejeitá-la, considerá-la ilegítima e não científica. Se aceitarmos o que filósofos como Popper, Grünbaum e Lakatos[45] às vezes afirmam, é irracional ou não científico aceitar uma teoria que seja *ad hoc*. O que é essa adhocidade e por que é considerada defeito – se é que o é – nas teorias que a apresentam?

A questão da adhocidade é levantada frequentemente com relação à evolução das teorias e da maneira como lidam com as anomalias. Normalmente nos pedem para imaginarmos uma situação em que uma teoria T_1 se depara com um caso de refutação A. Em resposta a A, é feita uma modificação em T_1, produzindo T_2. A sabedoria convencional ressalta que T_2 é *ad hoc* se puder resolver A e os outros problemas conhecidos que T_1 resolvia, mas T_2 não tem implicação testável não trivial além das de T_1 e A. Na linguagem aqui utilizada, uma teoria T_2 é *ad hoc* se conseguir resolver apenas os problemas empíricos resolvidos por sua predecessora T_1 e aqueles que são casos de refutação para T_1.

Há diversas dificuldades com essa abordagem da adhocidade. Em primeiro lugar, em geral não temos como saber se uma nova teoria T_2 conseguirá no futuro resolver novos problemas. Fazer tal julgamento de maneira sensata exigiria

---

eram legitimamente postuladas em uma teoria. A maioria dos filósofos e cientistas abandonou hoje tanto (1) quanto (2), embora continue a crer que a exigência de testabilidade independente ainda seja legítima. Se a duradoura demanda pelo segundo faz sentido, dado o repúdio da simplista filosofia da ciência que originalmente o motivou, é questão em aberto. O artigo de Grünbaum foi publicado tarde demais para ser discutido aqui (*Ad Hoc* Auxiliary, Hypotheses and Falsificationism. *British Journal of the Philosophy Science*, v.27).

[45] Veja os textos de Lakatos e Grünbaum citados, bem como as seções relevantes de Popper, *The Logic of Scientific Discovery* e *Conjectures and Refutations*.

clarividência sobre-humana a respeito de quais problemas empíricos e quais teorias auxiliares (que, quando unidas à teoria, podem levar à solução de novos problemas) surgirão no futuro. Podemos, porém, seguindo os passos de Adolf Grünbaum, relativizar a definição anterior para situações de crença e dizer que T_2 é *ad hoc* se for possível *acreditar* que ela resolva apenas os problemas empíricos resolvidos por T_1 ou seus casos de refutação.[46] No entanto, ainda persistem dificuldades. Como ensinou Duhem, em geral as teorias individuais *isoladamente* não resolvem problemas. São, ao contrário, os complexos de teorias que estão envolvidos na solução de problemas.[47] Assim, temos de modificar mais uma vez a caracterização tradicional, apresentando a seguinte definição: *a teoria é* ad hoc *caso se acredite que apareça essencialmente na solução de todos os problemas empíricos – e apenas neles – resolvidos por uma teoria anterior ou que eram casos de refutação dela.*

Desajeitada como é, essa caracterização da adhocidade parece fazer justiça a algumas das mais sofisticadas explicações desenvolvidas na última década. Supondo que a adhocidade seja entendida dessa maneira, estamos autorizados a perguntar: *o que há de censurável nisso?* Se uma teoria T_2 resolveu mais problemas empíricos que sua predecessora – *mesmo que tenha sido só um a mais* – T_2 é claramente preferível a T_1 e, *ceteris paribus*, representa um progresso cognitivo em relação a T_1. Podemos, porém, ir além e afirmar que o recurso a estratagemas *ad hoc*, como definidos nas linhas anteriores, é perfeitamente coerente com o objetivo geral de aumentar a

---

[46] Cf. Grünbaum, *Philosophical Problems of Space and Time*, p.718. (Embora esse útil esclarecimento se deva a Grünbaum, ele não representa sua abordagem do problema.)
[47] Cf. p.56-62.

O PROGRESSO E SEUS PROBLEMAS   163

capacidade de resolver problemas. As modificações *ad hoc*, por sua própria definição, são empiricamente progressivas. Tal resultado não deveria ser surpreendente. De fato, muito do que entendemos por clichê, como "aprender da experiência" e "a autocorreção da ciência" é representado por situações em que, quando uma teoria se depara com uma anomalia, alteramos a teoria para transformar a anomalia em problema resolvido. Embora fosse melhor que toda modificação teórica resolvesse de imediato alguns novos problemas além dos antigos, não resolvidos, insistir nessa exigência (como Popper, Lakatos e Zahar) é repudiar a ideia de que as teorias que resolvem mais problemas acerca do mundo são preferíveis.

Ao sublinhar que a adhocidade (assim definida) é uma virtude cognitiva e não um vício, é claro que não estou dizendo que as teorias *ad hoc* sejam sempre melhores. Minha tese é que as teorias *ad hoc* são preferíveis às antecessoras (que topava com anomalias conhecidas). Pensar o contrário é negar um aspecto vital do caráter de solução de problemas da investigação científica.[48]

Mas se pode alegar que não entendi corretamente os críticos da adhocidade. Eles podem dizer:

Sim, é claro, T_2 é melhor que a antecessora *refutada* T_1; mas a comparação relevante é entre a T_2 *ad hoc* e outra teoria T_n que não é *ad hoc* e que, mesmo assim, resolva tantos problemas quanto T_2.

A teoria da relatividade restrita de Einstein exemplificava T_n, ao passo que a teoria do éter modificada por Lorentz

---

[48] Um tratamento mais completo deste problema está em Laudan, Two Dogmas of Methodology. *Philosophy of Science*, v.43.

era T_2.[49] A resposta óbvia a essa crítica é perguntar por que o caráter *ad hoc* da contração de Lorentz constitui uma deficiência decisiva contra ela, em comparação com a relatividade restrita. Se as capacidades de solucionar problemas empíricos das duas teorias são equivalentes, então elas estão (empiricamente) no mesmo nível; os defensores da ideia de que a adhocidade de T_2 a torna claramente inferior a T_n devem explicar por que, em tais casos, as capacidades comparáveis de solucionar problemas e os graus equivalentes de suporte empírico são descartados estipulando-se que as teorias *ad hoc* são ociosas.

O que parece estar por trás de muitas discussões sobre a adhocidade é uma convicção –presente, mas raramente defendida – de que há algo suspeito em qualquer mudança em uma teoria motivada pelo desejo de se remover uma anomalia. A presunção é que não podemos realmente confiar em uma cirurgia cosmética como essa, porque, depois de saber qual é a anomalia, passa a ser uma brincadeira produzir na teoria alguma mudança coonestadora que transforme a anomalia num caso positivo. Duvido que, quando se trata da ciência "real", essa tarefa seja fácil. Devemos nos lembrar de que, tal como a adhocidade foi definida, qualquer mudança *ad hoc* deve *aumentar* a capacidade de solucionar problemas da teoria em questão. A maioria dos modos óbvios e triviais de eliminar anomalias – por exemplo, restringindo arbitrariamente as condições de limite, eliminando os postulados da teoria que a acarretavam (supondo-se que possam ser localizados!), redefinindo termos ou regras de correspondência – geralmente *reduziria* a efetividade da teoria. Assim, essas manobras – que

---

[49] Esse sentido de *ad hoc* dependente do contexto – e de comparação – é examinado em Grünbaum, op. cit.

O PROGRESSO E SEUS PROBLEMAS 165

estamos dispostos a criticar —[50] não se caracterizam como *ad hoc*. Os detratores da adhocidade ainda têm de mostrar que o conserto de uma teoria para preservar sua capacidade de resolver problemas e salvá-la de uma anomalia exija menos imaginação teórica ou achados que a construção de uma nova teoria. À medida que esses mesmos detratores concedem um prêmio epistêmico às teorias que funcionam já de primeira, sem malabarismos ou ajustes *ad hoc*, temos o direito de perguntar pelo fundamento dessa preferência. A essa dificuldade filosófica, devemos somar uma histórica. A maioria das grandes teorias da ciência – inclusive a mecânica newtoniana, a evolução darwiniana, a teoria maxwelliana do eletromagnetismo e o atomismo daltoniano – eram todas *ad hoc* no sentido anteriormente definido. Esses filósofos e cientistas modernos que desejam transformar a adhocidade em deficiência debilitante para qualquer teoria que a apresente devem explicar por que as mais "bem-sucedidas" teorias do passado eram também *ad hoc*.

Há um pouco de verdade, porém, nas preocupações de muitos cientistas e filósofos com a adhocidade. Para localizá-lo, temos de voltar a atenção para longe do empírico e na direção do *conceitual*. Em muitos dos episódios clássicos em que foram feitas as acusações de adhocidade (por exemplo, astronomia ptolomaica, física cartesiana, frenologia e a contração de Lorentz-FitzGerald), as características cognitivas da situação podem ser assim representadas: uma teoria T_1 topou com uma anomalia A. T_1 foi substituída por T_2, que resolve A e os problemas que T_1 já resolvia, mas não consta que resolva qualquer outro problema empírico. Ao mesmo tempo, T_2 gerou problemas conceituais mais agudos que os

---

[50] Usando o instrumental indicado anteriormente, p.93-7.

apresentados por T_1 (talvez por fazer suposições contrárias à ontologia da tradição de pesquisa de T_1 ou por ir de encontro a outras teorias aceitáveis). Nesses casos, os ganhos empíricos obtidos por T_2 podem ser mais que compensados por suas perdas conceituais, o que provoca redução de sua efetividade na solução de problemas. Nesse caso, estaríamos certos ao recusar T_2. Visto sob esse prisma, *o único sentido legitimamente pejorativo de "adhocidade" reduz-se à situação em que a efetividade geral de uma teoria quanto à solução de problemas diminui*, em virtude de suas dificuldades conceituais cada vez maiores. Esse tipo de adhocidade é comum na ciência e é uma razão citada com frequência para a rejeição de teorias. E é importante frisar que o próprio conceito de adhocidade, assim entendido, nada acrescenta ao instrumental analítico de avaliação de teorias, uma vez que ele próprio é apenas um caso especial de geração de problemas conceituais.

Não sou, longe disso, o primeiro a sugerir uma interpretação conceitual da adhocidade; Lakatos, Zahar e Schaffner recentemente desenvolveram interpretações parecidas.[51] Em todas as análises, porém, a adhocidade conceitual continua

---

[51] Zahar, por exemplo, diz que é *ad hoc* uma teoria "caso se origine de sua predecessora por meio de uma modificação das hipóteses auxiliares que não *estão de acordo com o espírito* da heurística do programa [de pesquisa]" (op. cit., p.101; grifos nossos). Em outra ocasião, ele sugere que uma teoria é *ad hoc*, nesse sentido "se ela destrói a unidade orgânica do nexo inteiro" (Ibid., p.105). Zahar talvez tenha critérios claros para esses processos, mas jamais revela o que significaria estar "de acordo" com "o espírito da heurística de um programa" ou destruir sua "unidade orgânica". Schaffner é um pouco mais específico, sugerindo que as teorias deparam-se com dificuldades "transempíricas", como "complexidade" ou "divergência teórica"; mas até que essas noções sejam desenvolvidas, não teremos certeza de se Schaffner tem em mente o mesmo tipo de análise.

O PROGRESSO E SEUS PROBLEMAS 167

sendo apenas um dos muitos sentidos de adhocidade, e não
o único legítimo. Pior ainda, nenhum desses autores indicou
como a adhocidade deve ser avaliada conceitualmente e nem
o que ela representa. Da mesma maneira, nenhum ilumina
a gravidade – se é que há alguma – de uma teoria ser *ad hoc*.
Parece que a virtude da abordagem aqui proposta é que ela
separa dos legítimos os sentidos espúrios do *ad hoc* e fornece um
instrumental para avaliar os graus de ameaça cognitiva representados pela adhocidade para as teorias que a apresentam.

Reexame das anomalias

O primeiro capítulo apresenta a tese paradoxal de que
os casos refutantes de uma teoria não são necessariamente
problemas anômalos, com a nota promissória de esclarecer
essa tese assim que estivesse disponível o instrumental para
tanto. Os métodos de avaliação aqui esboçados permitem-
-nos retornar a essa questão. Foi dito anteriormente que um
problema só era anômalo (ou seja, cognitivamente ameaça-
dor) para uma teoria T se não fosse por ela resolvido, mas
sim por alguma das concorrentes. Claramente, alguns casos
satisfarão essa definição, mas muitos outros não. Acontece de
alguma predição não corresponder aos dados, mas também
há casos em que nenhuma outra teoria dá conta desses dados.
Nessa última situação, por que os dados não devem ser tidos
como uma anomalia ameaçadora para T?

Em suma, toda vez que uma teoria se depara com um
caso refutante, é possível modificar as regras interpretativas
associadas a ela para desarmar os dados "refutantes". Se, por
exemplo, tivermos uma teoria T que diga que "todos os planetas se movem em elipses" e então descobrirmos um satélite do
Sol, S, que se mova em círculo, poderemos modificar as regras

de interpretação que governam o termo "planeta", excluindo *S*, conservando intacta a teoria e eliminado toda aparência de refutação. Se não houver outra teoria existente que explique o movimento de *S*, a exclusão de *S* do domínio de *T* é razoável e progressiva – pois não perdemos êxito na solução de problemas. Em contrapartida, se alguma alternativa a *T* resolver *S*, sua exclusão do domínio de *T* será um passo *para trás*, exposto à crítica racional justamente porque o abandono de *S* por parte de *T* como problema legítimo implica o sacrifício de parte da capacidade de solução de problemas.

Isso quer dizer que a modificação arbitrária de uma teoria para eliminar um caso refutante só está exposta à crítica se levar a uma perda de eficiência na solução de problemas. Só se pode mostrar que isso acontece se o caso for resolvido por alguma teoria na área. Assim, um caso refutante só é tido como uma anomalia quando tiver sido resolvido por uma ou outra teoria.

Resumo: caracterização da mudança científica

Juntando as várias partes do argumento desenvolvido neste capítulo, podemos concluir que:

1. A *adequação* ou a *efetividade* das teorias tomadas individualmente é função da quantidade de problemas empíricos significativos por elas resolvidos e de anomalias e problemas conceituais importantes por elas gerados. A aceitabilidade de tais teorias está relacionada tanto a sua efetividade quanto à aceitabilidade da tradição de pesquisa a elas associada.
2. A *aceitabilidade* de uma tradição de pesquisa é determinada pela efetividade na solução de problemas de suas teorias mais recentes.

O PROGRESSO E SEUS PROBLEMAS 169

3. A promessa ou *explorabilidade racional* de uma tradição de pesquisa é determinada pelo *progresso* (ou taxa de progresso) por ela apresentado.
4. Aceitação, rejeição, exploração e não exploração constituem as principais posturas que os cientistas assumem com relação às tradições de pesquisa (e suas teorias constitutivas). As determinações de verdade e de falsidade são *irrelevantes* para a aceitabilidade ou a possibilidade de exploração das teorias e das tradições de pesquisa.
5. Todas as avaliações das tradições de pesquisa e das teorias devem ser feitas *em contexto comparativo*. O que importa não é, em sentido absoluto, quão efetiva ou progressiva seja a tradição ou a teoria, mas como essa efetividade ou progressividade se sai em comparação com as concorrentes.

Podemos, assim, discutir as implicações desse modelo de progresso científico para a compreensão de algumas das questões históricas e filosóficas centrais acerca do crescimento cognitivo da ciência.

CAPÍTULO 4

PROGRESSO E REVOLUÇÃO

> *O revolucionário só pode ver*
> *sua revolução como um progresso à medida*
> *que é também um historiador.*[1]

O instrumental analítico desenvolvido nos capítulos anteriores levanta questões significativas acerca da evolução histórica e do estatuto cognitivo das ciências. A função deste capítulo é examinar como uma abordagem baseada na solução de problemas da investigação científica ilumina uma série de problemas históricos e filosóficos centrais relativos à ciência e mostrar como o progresso científico, a racionalidade científica e a natureza das revoluções científicas são discutidos de maneira proveitosa em termos do modelo orientado para problemas anteriormente delineados.

Progresso e racionalidade científica

Uma das mais espinhosas questões da Filosofia do século XX diz respeito à natureza da racionalidade. Alguns

---

1 Collingwood, *The Idea of History*, p.326.

filósofos sugerem que a racionalidade consiste em agir para aumentar ao máximo as vantagens pessoais; outros sugerem que consiste apenas em agir com base nas proposições que temos boas razões para crer sejam verdadeiras (pelo menos mais provavelmente verdadeiras do que não); outros aventam que a racionalidade é uma função da análise de custo e benefício; outros ainda afirmam que a racionalidade nada mais representa que formular juízos que possam ser refutados. Muito se escreveu sobre essas e outras noções da crença e da ação racional. Mas, deixando de lado o fato de não se ter mostrado que essas explicações da racionalidade estejam livres de dificuldades lógicas e filosóficas, *nunca* se mostrou que alguma delas seja rica o bastante para ajustar-se às intuições acerca da racionalidade inerente a boa parte da história do pensamento científico. Ao contrário, é relativamente fácil mostrar que há muitos casos na História da Ciência – em que quase todos intuitivamente concordariam ter ocorrido uma análise racional – que vão de encontro a cada um dos modelos de racionalidade anteriormente mencionados.

A teoria das tradições de pesquisa e do progresso esboçada nos capítulos anteriores constitui uma melhora significativa nas teorias da racionalidade em voga entre os filósofos (se por melhora entendermos oferecer uma explicação mais exata dos fatores cognitivos presentes em casos reais da tomada de decisão científica).

Como mostrou a discussão anterior, houve importantes casos históricos em que: (1) os cientistas invocaram o que chamei de problemas anômalos "não refutantes" como fortes objeções às teorias; (2) dedicaram-se ao esclarecimento de conceitos e à redução de outros tipos de problemas conceituais; (3) exploraram e investigaram teorias promissoras (isto é, muito progressivas), mesmo quando eram menos adequadas

O PROGRESSO E SEUS PROBLEMAS 173

que as anteriores; (4) valeram-se de argumentos metafísicos e metodológicos contra e a favor de teorias e tradições de pesquisa científicas; (5) aceitaram teorias que apresentam numerosas anomalias; (6) a importância de um problema, e mesmo os seus estatutos como problema, apresentou amplas flutuações; (7) aceitaram teorias que *não* resolviam todos os problemas empíricos das antecessoras.

Embora casos que mostrem de (1) a (7) nem sempre tenham tido bons fundamentos, racional e cognitivamente, o modelo que desenvolvi permite especificar circunstâncias sob as quais *qualquer um desses cenários seria racionalmente justificado*. A mesma afirmação não pode ser feita, creio, a respeito de nenhum outro modelo existente de crescimento e progresso científico.

Mas também se pode ir contra esse modelo, afirmando que é puramente descritivo, sem força racional ou normativa; que oferece, na melhor das hipóteses, uma taxonomia para identificar variáveis nas controvérsias científicas, mas não mostra por que alguma dessas variáveis *deva* desempenhar papel na avaliação das teorias. Poder-se-ia indicar que não foi mostrado como a capacidade que uma teoria tem de resolver problemas se relaciona com a verdade ou a probabilidade da teoria em questão. Poder-se-ia mostrar que não foi estabelecido que a capacidade de resolver problemas oferece razões para a crença racional.

Algumas dessas críticas estão corretas; nem sequer creio, para não falar em provar, que a capacidade de solucionar problemas tenha ligação direta com a verdade ou as probabilidades. Mas nego que o fato de contornar essas questões epistêmicas tire a força explicativa e normativa do modelo; nego, ademais, que um modelo de avaliação das teorias racionais deva concluir-se com juízos de verdade, falsidade, probabilidade, confirmação ou corroboração.

Para tornar plausíveis essas negações, devo enfrentar diretamente a questão (até o ponto evitada neste ensaio) das ligações entre racionalidade e verdade.

Em sua essência, a racionalidade – quer falemos da ação racional, quer da crença racional – consiste em fazer (ou crer em) coisas por se ter boas razões para isso. O que não resolve o problema, é claro, apenas o reafirma. A reafirmação, porém, é útil e torna claro que, se quisermos determinar se dada ação ou crença é racional, devemos perguntar se há boas razões. É vital que fique claro desde o começo que o que seria tido como boa razão *fora* da ciência pode não constituir uma boa razão *dentro* dela. Para citar um exemplo trivial, é possível dizer que "2 + 2 = 5" caso seja necessário. Da mesma maneira, posso ter uma boa razão pessoal para tentar ressuscitar a teoria ptolomaica (se, por exemplo, eu for pobre e um instituto de pesquisa do Vaticano começar a conceder bolsas para tais projetos). Mas uma boa razão pessoal para fazer alguma coisa não é necessariamente uma boa razão *científica* para fazê-la. O que vale, então, como boa razão na ciência? Para responder a essa pergunta, devemos examinar os objetivos. Pois, ao mostrar que fazer determinada ação e não outra conduziria aos objetivos do empreendimento científico, teríamos mostrado a racionalidade de fazer uma coisa e a irracionalidade de fazer a outra, dentro do contexto científico.

Tentei mostrar que o único objetivo cognitivo mais geral da ciência é resolver problemas. Afirmei que somar o máximo de problemas empíricos que podemos explicar e reduzir ao mínimo os problemas anômalos e conceituais que geramos no processo são a *raison d'être* da ciência como atividade cognitiva. Afirmei que toda tradição de pesquisa que exemplifique esse processo ao longo do tempo é progressiva. Segue-se daí que *a principal maneira de ser cientificamente razoável ou racional é fazer tudo o que pudermos para incrementar o progresso das tradições de pesquisa científica.* Do mesmo modo, essa linha de ataque sugere que a racionalidade consiste em aceitar as melhores tradições de pesquisa disponíveis. Há, porém, outros componentes de racionalidade que seguem esse modo de encarar a questão. O modelo que esbocei sugere, por exemplo, que o debate científico é racional, à medida que envolve uma discussão dos problemas empíricos e conceituais gerados pelas teorias e pelas tradições de pesquisa. Assim, ao contrário do que se costuma crer, pode ser racional levantar objeções filosóficas e religiosas contra determinada teoria ou tradição de pesquisa, se ela for de encontro a uma parte estabelecida de nosso *Weltbild* – mesmo se esse *Weltbild* não for "científico" (no sentido habitual da palavra). O modelo sugere que a avaliação racional de uma teoria ou uma tradição de pesquisa envolve necessariamente uma análise dos problemas empíricos que ela resolve e dos problemas conceituais e anômalos por ela gerados. O modelo, por fim, sustenta que toda avaliação da racionalidade de se aceitar determinada teoria ou tradição de pesquisa é triplamente relativa: é relativa a seus concorrentes atuais, às teorias predominantes de avaliação e às teorias anteriores dentro da tradição de pesquisa.

Ao defender essa abordagem da ciência, estou contrapondo diversas questões que até aqui têm sido entrelaçadas. De um modo específico, costuma-se afirmar que toda avaliação da racionalidade ou do progresso científico está vinculada à questão da *verdade* das teorias científicas. Sempre se alega que a racionalidade significa aceitar essas asserções acerca do mundo que acreditamos ser verdadeiras. O progresso, por sua vez, costuma ser visto como a obtenção sucessiva da verdade por um processo de aproximação e de autocorreção. Quero mudar a ideia habitual, tornando a racionalidade parasitária em relação à progressividade. *Fazer escolhas racionais é, desse ponto de vista, fazer escolhas progressivas* (isto é, que aumentem a efetividade na solução de problemas das teorias que aceitamos). Ligando assim a racionalidade à progressividade, sugiro que tenhamos uma teoria da racionalidade *sem pressupor nada sobre a veracidade ou a verossimilhança das teorias* que julgamos ser racionais ou irracionais.

Se essa tentativa de falar do estatuto cognitivo do conhecimento científico sem relacioná-lo com as reivindicações de verdade dele parece esquisita, basta considerar as circunstâncias que motivaram essa maneira de lidar com o problema. Desde a época de Parmênides e Platão, filósofos e cientistas tentam justificar a ciência como busca da verdade. Sem exceção, essas tentativas fracassaram, porque ninguém garantiu que a ciência, com os métodos que ela tem à disposição, alcance a "verdade", no longo ou no curto prazo. *Se a racionalidade consiste em crer apenas no que presumimos ser verdade e se definirmos "verdade" em seu sentido clássico e não pragmático, a ciência é (e permanecerá) irracional.* Percebendo esse dilema, alguns filósofos (em especial Peirce, Popper e Reichenbach) procuraram vincular a racionalidade científica e a verdade de um modo diferente, sugerindo que, embora as atuais teorias não sejam verdadeiras nem prováveis, elas são *melhores aproximações da verdade* que as antecessoras. Tal abordagem pouco consolo oferece, pois ninguém conseguiu dizer o que significaria estar "mais perto da verdade", para não falar de apresentar critérios para determinar como avaliar essa proximidade.[2] Assim, se o progresso científico consiste em uma série de teorias que representam uma aproximação maior

---

[2] Para uma discussão de algumas das fraquezas das teorias clássicas da autocorreção e da aproximação da verdade, veja Laudan, C.S. Peirce and the Trivialization of the Self-Corrective Thesis. In: Giere; Bloomington, *Foundations of Scientific Method in the 19th Century.* Um crítico devastadora de teoria da verossimilhança de Popper é Grünbaum.

O PROGRESSO E SEUS PROBLEMAS 177

da verdade, então não se prova que a ciência seja progressiva. Se, por outro lado, aceitarmos a proposta desenvolvida neste ensaio e adotarmos a ideia de que a ciência é um sistema investigativo para a solução de problemas, a ideia de que o progresso científico consiste na solução de um número cada vez maior de problemas importantes, se aceitarmos a proposta de que a racionalidade consiste em fazer escolhas que incrementarão ao máximo o progresso da ciência, mostraremos, se for o caso, até que ponto a ciência em geral e as ciências específicas constituem um sistema racional e progressivo.

O preço a pagar por essa abordagem é considerado demasiado alto por alguns, pois implica que nos vejamos na situação de endossar como progressivas e racionais teorias que, em última instância, se revelem falsas (supondo, é claro, que possamos estabelecer definitivamente que alguma teoria seja falsa). Mas não há razão para desanimarmos com essa conclusão. Já se suspeita que a maioria das teorias da ciência do passado sejam falsas; há, provavelmente, mil razões para supor que as atuais terão o mesmo destino. Mas a presunção de falsidade das teorias e das tradições de pesquisa científicas não torna a ciência irracional nem não progressiva.

O modelo em discussão oferece um meio de mostrar como, mesmo aceitando o fato de que toda teoria da ciência possa ser falsa, a ciência revelar-se um empreendimento válido e intelectualmente significativo. Haverá quem critique tal abordagem por ser instrumentalista e implicar que a ciência seja um amontoado vazio de símbolos e sons, sem relação com o "mundo real" ou com a "verdade". Tal interpretação erra o alvo. Nada há nesse modelo que exclua a possibilidade de, pelo que sabemos, as teorias científicas serem verdadeiras; também não exclui a possibilidade de que o conhecimento científico tenha, ao longo do tempo, se aproximado cada vez mais da verdade. De fato, nada foi dito que exclua uma interpretação vigorosa e "realista" do empreendimento científico. O que se está sugerindo é que não há nenhum modo de saber se a ciência é verdadeira, provável ou que está se aproximando da verdade. Esses objetivos são *utópicos* no sentido de que nunca sabemos se estão sendo atingidos. Fixá-los como metas da investigação científica é nobre e edificante para aqueles que se satisfazem com aspirar ao que não poderão atingir nem saber se atingirão, mas não é muito útil se o objetivo for explicar como as teorias científicas são (ou deveriam ser) avaliadas.[3]

A operacionalidade do modelo baseado na solução de problemas é sua maior virtude. Em princípio, podemos resolver ou não determinado problema. Em princípio, é possível determinar se nossas teorias resolvem problemas mais importantes que as de uma geração ou um século atrás. Embora tenhamos enfraquecido as noções de racionalidade e de progresso para alcançar esse objetivo, estamos em condições de *decidir* se a ciência é racional e progressiva – necessidade crucial que é negada se conservarmos os clássicos vínculos entre progresso, racionalidade e verdade.

Como tomar essa decisão? Ela inevitavelmente envolve a avaliação de casos específicos tirados da História da Ciência; se a ciência como um todo é racional e progressiva, depende, é claro, de se o conjunto de escolhas individuais das teorias

---

[3] Maxwell tentou defender a ideia de que é racional perseguir um objetivo (como a verdade) "embora não haja garantia racional de que o objetivo venha a ser alcançado com sucesso" (A Critique of Popper's Views on Scientific Method. *Phil. Sci.*, v.39). Um argumento desse tipo está por trás de crenças na imortalidade, na pedra filosofal e em El Dorado. Ele afirma que as buscas quixotescas são racionais, a menos que se prove o contrário. Por certo o ônus da prova foi invertido; caçar o *snark* (criaturas absurdas criadas por Lewis Carroll em seu poema *The Hunting of the Snark* [1874]. [N.T.]) não se torna racional só porque ainda não provamos sua inexistência!

O PROGRESSO E SEUS PROBLEMAS 179

e tradições de pesquisa mostrou progresso e racionalidade. Assim, podemos perguntar se a reação da comunidade científica ao artigo de Einstein sobre o efeito fotoelétrico levou a uma modificação progressiva nas teorias da Física. Em outro nível, podemos perguntar se foi progressivo o triunfo da tradição de pesquisa newtoniana sobre as tradições cartesiana e leibniziana no século XVIII. Ao responder a essas perguntas, temos de prestar atenção aos *parâmetros de debate e controvérsia científica da época*, pois é exatamente lá que o historiador descobre quais eram os problemas empíricos e conceituais reconhecidos; é lá que obtém-se uma ideia do peso ou da importância desses problemas. Com uma análise sutil do caso real (e não do que chamam uma reconstrução racional dele), o historiador – ou o cientista contemporâneo – pode normalmente determinar até que ponto as tradições de pesquisa concorrentes ou as teorias concorrentes na mesma tradição de pesquisa, foram progressivas em suas modificações.

O crucial é que lancemos nossa rede avaliativa de modo a cobrir um espaço amplo para incluir *todos* os fatores relevantes que estavam *presentes* na situação histórica. Não devemos pressupor, como alguns historiadores da ciência, que os únicos parâmetros importantes fossem experimentais ou "científicos". Pelo fato de as teorias e as tradições de pesquisa terem de se acomodar dentro de uma rede mais ampla de crenças e preconcepções, toda avaliação cuidadosa de um episódio deve prestar atenção às correntes intelectuais filosóficas, teológicas e outras que se relacionavam com o caso em questão. O fato de um cientista do século XX não reconhecer a força de uma objeção feita a uma teoria com bases filosóficas ou religiosas *não* significa que se obtenha uma compreensão da racionalidade da ciência mais antiga ignorando-se tais fatores. Se uma cultura em certa época tem um conjunto arraigado de doutrinas religiosas ou filosóficas para o entendimento da natureza, é perfeitamente racional avaliar as novas teorias ou tradições de pesquisa científicas à luz de sua capacidade de se acomodar dentro desse sistema anterior de crenças e pressupostos.

Sem dúvida haverá quem diga que essa abordagem relativiza tanto os padrões de racionalidade que justifica qualquer conjunto de crenças. Se tal crítica fosse verdadeira, a noção de racionalidade defendida aqui enfrentaria problemas. Mas isso está longe de ser verdade. Sugerir que "tudo vale", que qualquer combinação de crenças apareceria como racional e progressiva com base neste modelo, é *equivocar-se acerca dos altos padrões de comportamento racional que ele exige*. Tampouco nosso modelo implica a rendição completa de nossos padrões de racionalidade às exigências de tempos e lugares passados.

Vale a pena discutir esse ponto mais detalhadamente, pois ele está relacionado com muitos dos dilemas centrais da Historiografia e da Sociologia da ciência. Muito filósofos procuraram definir padrões de racionalidade válidos para todos os tempos e lugares. Veem a tarefa do historiador-filósofo da ciência como a de avaliar os episódios históricos em relação às teorias *modernas* de aceitação e avaliação racional.

Em alguns casos, os defensores de tal abordagem chegaram ao ponto de dizer que todos os padrões reais de avaliação racional *permaneceram constantes ao longo do tempo*. Israel Scheffler, por exemplo, resume essa ideia da seguinte maneira:

> Por sob as mudanças históricas de teoria [...] [é] uma constância de lógica e de método que unifica cada época científica com a que a precedeu. Tal constância abrange não simplesmente os cânones de dedução formal, mas também aqueles critérios por meio dos quais as hipóteses são

O PROGRESSO E SEUS PROBLEMAS 181

confrontadas com o teste da experiência e sujeitas à avaliação comparativa.[4]

Não precisamos perder muito tempo com essa abordagem. Praticamente toda a literatura erudita sobre a história da metodologia mostra inequivocamente que esses componentes de avaliação racional sofreram enormes transformações, como os critérios de explicação, as ideias sobre os testes científicos e as crenças acerca dos métodos de inferência indutiva.

Um segundo grupo, representado por Popper e Lakatos, reconhece que os padrões científicos de racionalidade evoluíram, mas insistem no fato de que devemos avaliar os episódios históricos usando os *nossos* padrões, ignorando as avaliações feitas pelos cientistas em questão acerca da racionalidade do que estavam fazendo. Segundo essa abordagem, não devemos levar em conta se uma experiência era vista como confiável, se uma teoria era considerada inteligível ou se um argumento era visto como convincente.[5] O que importa, ao

---

[4] Scheffler, *Science and Subjectivity*, p.9-10.

[5] Evidentemente em temor e tremor de que a incorporação desses padrões em evolução num modelo de racionalidade não o despoje de seu estatuto supratemporal (de "terceiro mundo"), eles repudiaram o uso de tais noções, refugiando-se no que imaginam ser "propriedade(s) não dependente(s) do tempo" (Zahar, Why did Einstein's Programme Supersede Lorentz's? I, II. *British Journal of the Philosophical Science*, v.24, p.242n; veja também Lakatos, Falsification and the Methodology of Scientific Research Programs. In: Lakatos; Musgrave (Eds.) *Criticism and the Growth of Knowledge*, p.137) como a "coesão matemática". Deixando de lado a duvidosa alegação de que as mesmas concepções de coesão matemática não tenham evoluído, imaginamos de que vale sustentar que todas as significativas caracterizações de metanível da ciência tenham sido estáticas desde o jardim do Éden.

contrário, é se, *de acordo com os nossos conhecimentos*, determinada teoria estava bem fundamentada.

É compreensível que os historiadores não se tenham entusiasmado com ambas as abordagens. De que serve, perguntam, analisar a racionalidade da ciência passada a menos que se levem em conta as ideias dos agentes históricos acerca da racionalidade do que faziam? Não dispondo das modernas noções, os cientistas do passado tinham de tomar decisões sobre a aceitabilidade das teorias com base em *seus* próprios critérios, e não nos *nossos*. Podemos ter a *hybris* de imaginar que nossas teorias da racionalidade são melhores que as deles (e podem muito bem ser), mas de que serve para a compreensão *histórica* avaliar a força das teorias passadas valendo-nos de medidas avaliativas que sabemos que *não* eram operativas (nem sequer de maneira aproximada) no caso em pauta?

E o historiador tem de enfrentar o outro lado do dilema. Se ele toma ao pé da letra todas as avaliações reais que os cientistas do passado fizeram de uma crença, ele nunca vai julgar se eram bem fundamentadas, mesmo pelos padrões da época. Obviamente, o fato de que algum agente histórico diga que "a teoria A é melhor que a B" não necessariamente faz que ela o seja. Se o historiador quiser explicar por que certas teorias triunfam e outras perecem, ele tem de (a menos que adote a ideia de que as escolhas teóricas sejam sempre irracionais) mostrar que algumas teorias – pelos melhores padrões racionais da época – eram superiores a outras.

Assim, o problema central parece ser o seguinte: como continuar a falar normativamente acerca da racionalidade (e da irracionalidade) das escolhas teóricas no passado, evitando, ao mesmo tempo, enxertar critérios anacrônicos de racionalidade nesses episódios?

O modelo que esbocei resolve parte dessa dificuldade, explorando perspectivas de nosso próprio tempo sobre a

O PROGRESSO E SEUS PROBLEMAS 183

natureza *geral* da racionalidade, ao mesmo tempo em que faz concessões pelo fato de que muitos dos parâmetros *específicos* que constituem a racionalidade são vinculados ao tempo e à cultura. Ele transcende as particularidades do passado, sustentando que, para todos os tempos e todas as culturas, contanto que essas tenham uma tradição de discussão crítica (sem a qual nenhuma cultura pode reivindicar a racionalidade), a racionalidade consiste em aceitar as tradições de pesquisa mais efetivas na solução de problemas. Ressalta ainda que, para os cientistas de qualquer cultura, adotar uma tradição de pesquisa ou uma teoria menos adequada que outras presentes *dentro* dessa cultura é comportar-se de maneira irracional. Sob esses aspectos, o modelo afirma haver certas características gerais de uma teoria da racionalidade que são *transtemporais* e *transculturais*, igualmente aplicáveis ao pensamento pré-socrático ou ao desenvolvimento das ideias na Idade Média e à ciência mais moderna. Por outro lado, o modelo também frisa que o que é racional no passado é em parte função do tempo, do espaço e do contexto. Os tipos de coisa que contam como problemas empíricos, os tipos de objeção que são reconhecidas como problemas conceituais, os critérios de inteligibilidade, os padrões para o controle experimental, a importância ou o peso atribuídos aos problemas, tudo isso é função das crenças metodológico-normativas de determinados pensadores. O modelo aqui em discussão tem a vantagem de permitir integrar as normas históricas específicas de uma época anterior e as características mais gerais, independentes do tempo, da tomada de decisão racional.[6]

---

[6] Este modelo também permite o melhor de dois mundos; reconhecemos que os padrões específicos de racionalidade evoluíram, sem abrir mão de nossa capacidade de fazer juízos normativos acerca do passado. Não é incomum encontrar na literatura sociológica distinção (parecida com a

Ignorar os parâmetros específicos da escolha é colocar o historiador ou o filósofo na posição de acusar de irracionais algumas das maiores façanhas da história das ideias. Aristóteles não fora irracional ao afirmar, no século IV a.c., que a ciência da Física deve subordinar-se à metafísica e ser por ela legitimada – mesmo se essa mesma doutrina, em outros tempos e lugares, fosse muito bem ser caracterizada como irracional. Tomás de Aquino ou Robert Grosseteste não foram estúpidos ou preconceituosos ao acreditar que a ciência devia ser compatível com as crenças religiosas.

Nós, no século XX, podemos discordar veementemente dessas ideias, julgando-as obscurantistas e nocivas ao desenvolvimento da ciência. E, ao discordarmos, creio que estamos certos. Uma das coisas que o tempo mostrou é que as teorias e as tradições de pesquisa às vezes (embora nem sempre) florescem mais quando não estão subordinadas a doutrinas teológicas e metafísicas dominantes fora da comunidade científica. Mas foi com a vantagem do olhar retrospectivo que chegamos a essa conclusão. Na ausência da experiência dos últimos três séculos, seria absurdo julgar irracional que a ciência, a teologia e a metafísica se apoiem umas nas outras. *A ideia de que a ciência é quase independente de tais disciplinas é ela própria uma tradição de pesquisa*, de origem relativamente recente. É uma espécie de tradição de pesquisa que gerou, a

---

que esbocei) entre a racionalidade *dentro* de um dado contexto de crença e o que com frequência é chamado de "racionalidade transcendente" (veja, por exemplo, Winch, Understanding a Primitive Society. *Amer. Phil. Quart.*, v.1 e Lukes, Some Problems about Rationality. *Archives Européennes de Sociologie*, v.8). O que não foi sugerido antes é que há um terceiro sentido, híbrido, de racionalidade, que permite emitir juízos transcendentes sobre a racionalidade das crenças sem ignorar as particularidades cruciais do contexto.

O PROGRESSO E SEUS PROBLEMAS 185

sua maneira, um nível considerável de progresso. E, por isso, pode ser racional no século XX aceitá-la. Mas o fato de uma crença ser racional atualmente, ou em qualquer época, aliás, não implica que fosse irracional em outros tempos e lugares. O contrário acontece com maior frequência. Deveria ter ficado claro a esta altura que, ao afirmar que as exigências e pressões culturais exercidas sobre a ciência devem ser levadas em conta, não estou abandonando a possibilidade da avaliação racional nem sustentando que fatores não científicos estejam presentes em todos os casos de escolha científica. Estou sugerindo a necessidade de uma noção mais ampla da racionalidade, que mostre como a "intrusão" de fatores aparentemente "não científicos" na tomada de decisão científica é, ou pode ser, um processo racional. Longe de ver a introdução de questões filosóficas, religiosas e morais na ciência como o triunfo do preconceito, da superstição e da irracionalidade, esse modelo afirma que a presença desses elementos pode ser inteiramente racional; mais que isso, que a supressão de tais elementos pode ser irracional e preconceituosa.

É claro que a questão de se é racional usar argumentos teológicos, morais ou filosóficos a favor (ou contra) uma nova teoria ou tradição de pesquisa científica é contingente e depende de quão racionais e progressivas são as tradições de pesquisa que fornecem tais argumentos. Argumentar contra as modernas teorias da combustão química alegando que são incompatíveis com o mito de Vulcano é obviamente absurdo, pois os mitos gregos não se firmaram como dogmas racionais e progressivos. Argumentar contra a economia marxista alegando que é contrária à moral cristã é, mais uma vez, usar uma tradição não progressista para criticar uma tradição "científica" relativamente progressista. A racionalidade ou a irracionalidade de qualquer episódio em que fatores "não

186   LARRY LAUDAN

científicos", mas intelectuais, devem ser avaliadas caso a caso.

Aqui, os princípios deveriam ser: (1) no caso de tradições de pesquisa científica rivais, se uma for compatível com a "visão de mundo" mais progressista e a outra não, há fortes razões para preferir a primeira; (2) se ambas as tradições forem legitimadas com relação à mesma visão de mundo, a decisão racional pode ser tomada com bases inteiramente "científicas"; (3) se nenhuma tradição for compatível com uma visão de mundo progressista, seus defensores devem articular uma nova visão de mundo progressista que as justifique ou desenvolver uma nova tradição de pesquisa compatível com a visão de mundo mais progressista.

Revoluções científicas

Por mais de um século, foi lugar-comum concentrar--se nas "revoluções científicas" como um dos conceitos fundamentais para a narração e a exegese histórica. Nas duas últimas décadas, a ideia de revolução foi canonizada na clássica obra de Thomas Kuhn, *A estrutura das revoluções científicas*. Embora não fosse sua intenção (pois Kuhn estava interessado em chamar atenção para a "ciência normal", não revolucionária), seu livro levou cientistas, filósofos e historiadores a compartimentar a evolução da ciência em períodos espaçados de atividade revolucionária e imaginar que a revolução científica (com sua "mudança de paradigma" associada) fosse a categoria básica para discutir a evolução da ciência.

Embora as revoluções científicas sejam fenômenos históricos importantes, não possuem a importância nem o caráter cognitivo muitas vezes associado a elas. Assumiram essa posição privilegiada sobretudo porque sua estrutura foi mal descrita, fazendo-as parecer radicalmente diferentes

O PROGRESSO E SEUS PROBLEMAS 187

da ciência em seu estado habitual; o exagero da diferença entre ciência "normal" e "revolucionária", por sua vez, levou alguns escritores a dar maior ênfase aos "períodos de atividade revolucionária" do que provavelmente eles merecem. Examinemos, por exemplo, a explicação dada por Kuhn às revoluções científicas. Para ele, as revoluções assinalam-se pelo surgimento de um novo "paradigma" teórico, que, em pouco tempo, desacredita o paradigma mais velho e atrai a adesão de todos os membros da comunidade científica. Nessa perspectiva, as revoluções são precedidas por breves períodos de atividade teórica frenética, durante os quais muitos pontos de vista alternativos competem pela adesão da comunidade científica. Os antes sacrossantos elementos do paradigma anterior de repente se tornam objeto de intensos debates e controvérsias. Um leque de pontos de vista é explorado até que, por fim (normalmente em menos de uma geração), uma dessas novas perspectivas supera as outras e se estabelece como novo paradigma, que exige a adesão incondicional dos cientistas daquela área do saber. Kuhn, de fato, chega ao ponto de dizer que uma disciplina é *não científica* se a discussão de problemas críticos e fundamentais permanecer inalterada.[7] Se as revoluções tivessem essa característica, se realmente fossem tão diferente da "ciência normal", seriam, é claro, fenômenos históricos interessantes (tanto do ponto de vista conceitual *quanto* do sociológico).

Há muitos fatos que sugerem, contudo, que as revoluções científicas não são tão revolucionárias e que a ciência

---

[7] "É justamente o abandono do discurso crítico que assinala a transição para a ciência... A partir daí, o discurso crítico reaparece apenas em momentos de crise, quando as bases do campo do saber estão de novo em perigo." Kuhn, Logic of Discovery or Psychology of Research? In: Lakatos; Musgrave (Eds.). *Criticism and the Growth of Knowledge*, p.6-7.

188 LARRY LAUDAN

normal não é tão normal como supunha a análise de Kuhn. Como já observamos, o debate acerca dos fundamentos conceituais de qualquer paradigma ou tradição de pesquisa é historicamente contínuo. A colocação e a resolução de problemas conceituais – fenômeno relegado por Kuhn a breves períodos de crise – permanece constante ao longo de toda tradição de pesquisa ativa. Como diversos críticos notaram, Kuhn e seus seguidores não foram capazes de apontar nenhum longo período na História de algum paradigma importante em que seus partidários ignoraram os problemas conceituais gerados pelo paradigma. Uma importante razão pela qual essas questões fundamentais raramente desaparecem vem de outra característica da ciência que Kuhn ignorou; a saber, a raridade com que qualquer paradigma consegue essa hegemonia em seu campo, que Kuhn exige para a "ciência normal". Quer consideremos a química do século XIX, a mecânica do século XVIII ou a mecânica quântica do século XX; quer examinemos a teoria da evolução na biologia, a mineralogia na geologia, a teoria da ressonância na química ou a teoria das provas na matemática, vemos uma situação bem diferente do que a análise de Kuhn permite. Tem sido regra haver duas (ou mais) tradições de pesquisa em cada uma dessas áreas. É difícil encontrar um longo período de tempo (mesmo à escala de uma década) em que só uma tradição de pesquisa ou paradigma se mantenha solitária em algum setor da ciência.

Vale selecionar alguns dos exemplos do próprio Kuhn para ver como sua análise estava mal fundamentada.

A REVOLUÇÃO NEWTONIANA NA MECÂNICA. Assim como para muitos outros estudiosos, para Kuhn, o exemplo arquetípico de revolução científica é o desenvolvimento da mecânica newtoniana de 1700 a meados do século XIX; isso não é de

O PROGRESSO E SEUS PROBLEMAS   189

surpreender, pois houve poucos paradigmas ou tradições de pesquisa de maior sucesso. Mas a mecânica do século XVIII poucos consolos oferece à teoria kuhniana das revoluções. Desde a sua primeira recepção por parte de Huygens e Leibniz, suas suposições fundamentais estiveram sob contínua vigilância crítica, mesmo por parte de muitos físicos dispostos a louvar seu virtuosismo matemático e seus triunfos empíricos.[8] George Berkeley, vários dos velhos Bernoullis, Maupertuis, os hutchinsonianos, Boscovich, o jovem Kant e até mesmo Euler levantaram um sem-número de problemas acerca dos fundamentos *ontológicos* da mecânica newtoniana. Ao mesmo tempo, muitos outros cientistas (por exemplo, Hartley, LeSage, Lambert) discordavam dos pressupostos *metodológicos* da tradição newtoniana.[9] Embora não haja dúvida de que tal tradição teve um tremendo impacto sobre a mecânica racional do século XVIII, ela não apresentou unanimidade de adesão nem suspensão do juízo crítico que, segundo Kuhn, são resultado típico das revoluções científicas.

---

[8] Truesdell, *Essays in the History of Mechanics*, o famoso historiador da mecânica do século XVIII, esforça-se ao máximo para diminuir a importância de muitas destas questões, em especial as que não são de caráter matemático. Costabel, *Leibniz and Dynamics: the Texts of 1692*, e Aiton, *The Vortex Theory of Planetary Motions*, fornecem descrições mais sensatas de algumas das questões filosóficas em jogo na mecânica do Iluminismo.

[9] Acerca da ontologia, cf. McGuire; Heimann, Newtonian Forces and Lockean Powers. *Hist. Stud. in Phys* e Schofield, *Mechanism and Materialism*. Sobre a metodologia, Laudan, G. L. Le Sage: a Case Study in the Interaction of Physics and Philosophy. In: Suppes et al. (Ed.), *Logic, Methodology and Philosophy of Science-IV*; e Id., The Methodological Foundations of Mach's Opposition to Atomism. In: Machamer; Turnbull (Eds.), *Space and Time, Matter and Motion*. Veja também p.81-6.

190 LARRY LAUDAN

A REVOLUÇÃO LYELLIANA NA GEOLOGIA. Segundo Kuhn, foi a publicação dos *Princípios de geologia*, de Charles Lyell (1830-33), que estabeleceu a primeira tradição científica importante na área.[10] Em outras palavras, os *Princípios* de Lyell forneceram um paradigma ("uniformismo") e alguns modelos operacionais, que coletivamente constituíram uma revolução científica. Mesmo na mais caridosa interpretação dos fatos históricos, a evolução lyelliana não corrobora a historiografia de Kuhn. Em primeiro lugar, nada tinha de global. Restrito à Inglaterra e à América, o trabalho de Lyell não era levado a sério na Alemanha e na França, e praticamente nenhum geólogo do continente se tornou "lyelliano". Mesmo no mundo de língua inglesa, as ideias de Lyell – embora amplamente citadas – foram criticadas e raras vezes aceitas sem correções. De fato, os traços mais característicos do sistema geológico dele (a saber, seu "uniformismo gradual", sua teoria do clima e suas teorias vulcânicas) foram aceitos por muito poucos geólogos. Da mesma maneira, não houve essa *trégua do debate acerca dos fundamentos* associado com o fim de uma revolução kuhniana. Nas duas gerações seguintes à obra de Lyell, a maioria dos geólogos, cosmogonistas, geógrafos e biogeólogos (em especial Charles Darwin) julgaram necessário abandonar muitos dos pressupostos mais fundamentais do paradigma lyelliano (por exemplo, a convicção de que o espectro completo de animais e plantas esteja representado em cada época geológica). Mesmo antes de a teoria da evolução desacreditar a geologia lyelliana, muitas vozes críticas haviam se levantado contra praticamente todos os seus pressupostos. O que vale para ele pode também ser aplicado a toda a geologia do início do século XIX: não havia paradigma

---

[10] Cf. Kuhn, *The Structure of Scientific Revolutions*, p.10.

O PROGRESSO E SEUS PROBLEMAS 191

geológico que fosse universalmente aceito ou aceito de modo não crítico. A multiplicidade dos quadros alternativos era a regra, não a exceção.

É essa *perene coexistência de tradições de pesquisa conflitantes* que torna tão enganosa a ênfase dada às épocas revolucionárias. Essas tradições estão em constante evolução, suas sortes relativas mudam com o tempo, velhas tradições são substituídas, em boa medida, por outras, mas em geral não tem utilidade concentrar a atenção em certas fases desse processo como revolucionárias e em outras como evolucionárias. O exame dos fundamentos, a exploração de quadros alternativos, a substituição de perspectivas mais antigas por outras mais novas e mais progressistas acontece constantemente na ciência – e, aliás, em todas as outras disciplinas intelectuais. Isso não significa, é claro, que todo cientista esteja (como julgava Popper) sempre criticando o quadro ou a tradição em que trabalha. Muitos cientistas, em qualquer época, considerarão "dada" a tradição e empenhar-se-ão de modo construtivo em aplicá-la a uma gama mais ampla de problemas empíricos não resolvidos (o que Kuhn chama de "resolver quebra-cabeças"). Mas imaginar que todos os cientistas façam isso o tempo todo – salvo em raros períodos de crise – é tomar grandes liberdades com a evolução real das ciências.

Sem dúvida, se quisermos que a noção de revolução científica seja historicamente fértil, precisaremos definir as revoluções científicas de maneira tal que seu aparecimento permita uma permanente desarmonia entre os cientistas acerca dos fundamentos básicos de sua disciplina.

Aqui, parece que uma abordagem natural envolveria uma discussão sobre números. Poderíamos sugerir, por exemplo, que seja uma revolução científica se um número bastante grande de cientistas influentes em alguma disciplina abandonarem uma tradição de pesquisa e aderirem a outra.

Mas o que constitui um "número bastante grande"? Não se trata de contar cabeças ou de se falar em revolução assim que mais da metade da comunidade científica adota determinada tradição de pesquisa. *As revoluções podem ser feitas por uma proporção relativamente pequena de cientistas de determinado campo.* Assim, falamos da revolução darwiniana na biologia do século XIX, ainda que seja quase certo que apenas uma pequena parcela dos biólogos em atividade na segunda metade do século XIX fosse de tal linha. Falamos de revolução newtoniana na Física do começo do século XVIII, embora a maioria dos filósofos naturais da época não fosse newtoniana. Como vimos, é comum tratar Lyell como o autor de uma revolução na geologia, embora a maior parte de seus colegas cientistas da época mostrasse reservas acerca da tradição de pesquisa a que ele aderiu.

Exemplos como esse sugerem que ocorre uma revolução científica, não necessariamente quando toda a comunidade científica, ou mesmo a maioria, aceita uma nova tradição de pesquisa, mas quando aparece uma nova tradição de pesquisa que gere interesse suficiente (talvez por uma alta taxa inicial de progresso) para que os cientistas dessa área do saber sintam, sejam quais forem seus próprios compromissos com uma tradição de pesquisa, que devem entrar em acordo com a tradição de pesquisa nascente. Newton causou rebuliço porque, uma vez publicados *Principia* e *Óptica*, praticamente todos os físicos em atividade perceberam que tinham de lidar com a visão newtoniana do mundo. Para muitos, o objetivo era encontrar argumentos convincentes *contra* o sistema newtoniano. Mas aquilo em que quase todos concordavam era que Newton havia desenvolvido um modo de abordar os fenômenos naturais que não podia ser ignorado. Do mesmo modo, os biólogos do final do século XIX, fossem darwinianos fervorosos ou antievolucionistas ferrenhos, se viram na

O PROGRESSO E SEUS PROBLEMAS   193

obrigação de debater os méritos do darwinismo. De modo mais geral, sustento que *ocorre uma revolução científica quando uma tradição de pesquisa, até então desconhecida ou ignorada pelos cientistas de determinado campo, chega a um ponto de desenvolvimento em que os cientistas daquele campo se sentem obrigados a considerá-la uma concorrente para a adesão deles mesmos ou de seus colegas.* Vale notar que as revoluções foram aqui definidas sem pressupor nada acerca de sua racionalidade ou sua progressividade. As revoluções científicas ocorrem mesmo quando são considerações irracionais ou não racionais que chamam a atenção de todos para uma nova tradição de pesquisa. Em princípio, uma revolução envolveria o abandono de tradições mais progressivas em favor de outras menos. Em suma, uma revolução científica ser racional e progressista é uma questão *contingente*. Em contraste acentuado com Kuhn, que afirma que as revoluções científicas sejam *ipso facto* progressistas,[11] vamos separar claramente a questão de se uma revolução ocorreu da questão de determinar a progressividade dessa mesma revolução. Caso contrário, a afirmação de que a ciência é progressiva torna-se verdadeira, mas vazia e, portanto, cognitivamente irrelevante.

Mesmo que entendida dessa maneira, deve-se ainda ressaltar que as revoluções científicas não são a unidade fundamental de análise que alguns historiadores e filósofos imaginaram. Uma vez que aceitamos que o surgimento de novas tradições de pesquisa e a crítica e a modificação de outras

---

[11] A ideia cínica de Kuhn é que as revoluções científicas são consideradas progressistas porque os "vitoriosos" escrevem a história e dificilmente não considerariam progressistas seus próprios sucessos. (Cf. Ibid., p.159-ss.) Aqui, como em outros lugares, Kuhn passa prontamente das caracterizações políticas da ciência para as cognitivas.

mais antigas *são* o estado "normal" da ciência, devemos evitar a preocupação com as revoluções – enquanto fenômenos históricos de tipo diferente da ciência comum. Podemos ir ainda mais longe. Se as teorias e as tradições de pesquisa passam por avaliações e apreciações *contínuas*, o foco para o historiador deve estar nas tradições específicas de pesquisa e nos debates sobre os méritos relativos das tradições existentes em cada ciência. Uma revolução bem-sucedida nada mais é que uma consequência de, um obituário para, um encontro particularmente dramático e decisivo entre tradições de pesquisa concorrentes.

Revolução, continuidade e comensurabilidade

Entre os estudiosos que pensaram a respeito do processo científico de mudança, há uma divisão central entre os que se admiram com as sucessivas revoluções do pensamento científico e os que se impressionam mais com as continuidades que a ciência exibe ao longo da História. A escola "revolucionária" dá ênfase aos diferentes tipos de metafísica da natureza implícitos nos sucessivos períodos científicos. Assim, Aristóteles acreditava em um pleno; os atomistas do século XVII, em um vazio. Os químicos do século XVIII acreditavam que o ar fosse composto de substâncias químicas reativas e que o fogo não era um elemento. Os geólogos dos séculos XVII e XVIII viam a história da Terra em termos de processos de mudança e transformação completamente diferentes de tudo o que ocorre hoje no globo terrestre; alguns geólogos do século XIX, por outro lado, impressionavam-se com o caráter uniforme da história da Terra.

Em contrapartida, os "gradualistas" ressaltam o quanto a ciência consegue preservar a maior parte do que descobriu.

O PROGRESSO E SEUS PROBLEMAS   195

Apontam que, apesar de todas as aparentes "revoluções" ocorridas na óptica desde o começo do século XVII, ainda adotamos a lei do seno da refração que Descartes adotou. Ressaltam que, não obstante Einstein, a mecânica ainda utiliza quase apenas técnicas elaboradas por cientistas newtonianos, ou aproximações delas. Os gradualistas consideram o processo de aquisição de conhecimento lento e cumulativo, com novas verdades ou melhores aproximações sendo constantemente adicionadas ao depósito de leis sobre a natureza que se acumularam desde a Antiguidade. Eles também ressaltam que muitas inovações conceituais aparentemente radicais muitas vezes são uma sutil justaposição ou um realinhamento de elementos tradicionais.

Ambas as escolas historiográficas têm se concentrado em pontos importantes da História da Ciência, mas nenhuma das duas conseguiu integrá-los de maneira convincente. Pelo ponto de vista de uma abordagem baseada na solução de problemas, é mais fácil captar ambos os tipos de enfoque. Poder-se-ia dizer que o principal elemento de continuidade é a base de problemas empíricos. Embora haja certa mudança no domínio dos problemas empíricos em razão do tempo e das sucessivas tradições de pesquisa, o que há de continuidade na ciência tende a ser encontrado no domínio desses problemas empíricos. Desde a década de 1640, toda teoria óptica tem de lidar com o que acontece à luz quando ela se refrata através de um prisma. Desde a Antiguidade, toda teoria astronômica é obrigada a explicar os eclipses solares e lunares. Desde a década de 1650, toda teoria da matéria e do estado gasoso explica as relações (aproximadamente) inversas entre a pressão e o volume dos gases. Desde cerca de 1800, toda teoria da química tem de tratar do papel do ar nos processos de combustão. A História sugere que problemas como esses são acessório *permanente* da cena científica e, por mais que a ontologia básica da ciência mude, por mais que apareçam novas tradições de pesquisa, muitos desses problemas serão essenciais para a ciência e sua evolução.

As descontinuidades ocorrem nem tanto no nível dos problemas de primeira ordem, mas no nível da explicação ou da solução de problemas. Há diferenças radicais entre a maneira como um químico contemporâneo explica a combustão e a maneira como seus predecessores dos séculos XVIII ou XIX a explicavam. Há descontinuidades entre a explicação dada pelo físico quântico sobre radiação de corpo negro e a explicação dada por um físico do século XIX sobre o mesmo problema. É claro que não estou sugerindo que as sucessivas tradições de pesquisa nada têm em comum a não ser uma intersecção parcial de seus problemas empíricos. Há frequentemente importantes relações formais e conceituais que persistem ao longo do tempo e que são preservadas em uma sucessão de tradições de pesquisa. Mas *são basicamente os problemas empíricos compartilhados que estabelecem elos importantes entre sucessivas tradições de pesquisa*; são eles, e somente eles, que devem ser preservados se a ciência quiser exibir esse caráter (parcialmente) cumulativo que tanto nos impressiona em boa parte da sua História.[12]

Muitos autores recentes que tratam do problema da mudança científica, em especial os que pertencem ao campo "revolucionário", têm se impressionado com a *incomensurabilidade* radical entre as sucessivas tradições de pesquisa. Levando a postura "revolucionária" até o extremo, argumentam que as teorias de antes e depois de uma revolução são tão radicalmente diferentes que, acerca de quaisquer semelhanças entre elas, não podemos sequer falar algo que tenha sentido.

---

[12] Veja p.205-11.

O PROGRESSO E SEUS PROBLEMAS

Frisando com razão que um ptolomaico e um copernicano, um lamarckiano e um darwiniano ou um newtoniano e um relativista olham para o mundo de modos diferentes (talvez até "olhem para" mundos diferentes, embora este me pareça um modo estranho de descrever a coisa), esses autores (como Hanson, Quine, Kuhn e Feyerabend) extraíram conclusões pessimistas acerca da racionalidade na ciência. Em muitos casos, foram levados a concluir que é, *em princípio*, impossível estabelecer que alguma tradição de pesquisa triunfe racionalmente sobre outra. A lógica de seus argumentos (que será brevemente analisada) leva-os a concluir que a História da Ciência não passa de uma *sucessão* de diferentes visões de mundo e que nunca se pode fazer uma escolha racional entre tão divergentes esquemas do Universo. Como cada uma tem sua própria fundamentação e integridade interna, não se pode atribuir sentido à sugestão de que um esquema seja mais (ou menos) racional que o outro.

Esse é um argumento importante. Se verdadeiro, significaria que a ciência não tem direito especial às lealdades cognitivas. Se não há fundamento para a escolha racional entre tradições de pesquisa concorrentes, a ciência torna-se uma questão de gosto e capricho, em que vence a tradição que atrair os defensores mais influentes e os propagandistas mais poderosos. Talvez a ciência *seja* assim, mas, antes de aceitarmos a conclusão de que ela deve necessariamente ser assim, vale examinar os argumentos que seus proponentes fornecem para essa noção relativista da mudança científica.

Em suma, o argumento central é que as teorias científicas definem implicitamente os termos que ocorrem dentro delas. Portanto, se duas teorias são diferentes, os termos dentro delas têm significados diferentes. (Assim, quando um físico einsteiniano se refere à "massa" de uma partícula, ele quer dizer algo diferente de um newtoniano que se refira à "massa" de uma partícula.) Além disso, prossegue o argumento, são incomensuráveis até mesmo os chamados relatórios observacionais feitos pelos cientistas que trabalham com diferentes teorias, pois seus termos observacionais são carregados de teoria, isto é, recebem significado em virtude de uma ou outra teoria. Isso significa que, embora os cientistas que trabalhem com tradições de pesquisa diferentes possam às vezes fazer as mesmas declarações verbais, não se deve supor que estejam afirmando a mesma coisa. Desse ponto de vista, aceitar uma teoria é aceitar uma linguagem quase privada, que alguém que não a compartilhe não entenda ou compreenda. Por conseguinte, os cientistas que trabalham em diferentes tradições de pesquisa não se comunicam com seus colegas de outras tradições nem entendem o que eles dizem. Dada essa incompreensão geral, com a ciência revelando-se uma nova versão da torre de Babel, as teorias não podem ser comparadas e racionalmente avaliadas, porque tal comparação exigiria uma linguagem comum.

Creio que esse argumento é falho sob diversos aspectos. Ele se baseia em uma teoria idiossincrásica acerca de como as palavras ganham significado (a saber, a teoria da definição implícita).[13] Ele foge de muitas questões sobre sinonímia e tradução. Mas *seu vício central*, para os nossos propósitos, *é a presunção de que só é possível fazer uma escolha racional entre teorias se estas puderem ser traduzidas na linguagem uma da outra ou em uma terceira linguagem "teoricamente neutra"*. Como diz Kuhn, "a comparação de duas teorias sucessivas exige uma linguagem na qual pelo menos as consequências empíricas de

---

[13] Há excelentes exames sintéticos das dificuldades da teoria do significado baseado nas definições implícitas em Suppe, *The Structure of Scientific Theories*, p.199-ss., e em Shapere, Meaning and Scientific Change. In: Colodny (Ed.), *Mind and Cosmos*.

O PROGRESSO E SEUS PROBLEMAS 199

ambas sejam traduzidas sem perda nem mudança".[14] Afirmo, ao contrário, que mesmo se aceitarmos a ideia de que todas as observações sejam a tal ponto carregadas de teoria que seus conteúdos são inseparáveis da teoria usada para expressá-las, ainda é possível esboçar o instrumental para comparações objetivas e racionais entre teorias e tradições de pesquisa científica concorrentes. Dois argumentos gerais levam a essa conclusão.

O ARGUMENTO BASEADO NA SOLUÇÃO DE PROBLEMAS. No auge do positivismo lógico, costumava-se afirmar que teorias rivais eram avaliadas comparando-se suas consequências "observacionais". Dada a predominância na época da metáfora linguística, isso costumava ser entendido como um processo de tradução das predições das teorias concorrentes (por meio das chamadas regras de correspondência) em uma linguagem observacional. Uma vez que tal linguagem era considerada livre do viés teórico e especulativo, julgava-se que fornecesse um fundamento para a avaliação empírica das teorias concorrentes. Quando se agravaram as dúvidas acerca da existência de linguagens observacionais livres de teorias, filósofos como Kuhn, Hanson e Feyerabend perderam as esperanças com relação à possibilidade de uma régua para comparar teorias e sugeriram que as teorias fossem incomensuráveis e, portanto, fechadas à comparação objetiva.

O que essa abordagem ignora é que não são necessárias regras de correspondência *nem* uma linguagem observacional livre de teoria para comparar as consequências empíricas de concorrentes. Pois mesmo *sem* regras de correspondência e *sem* uma linguagem observacional ainda podemos fazer

---

[14] Kuhn, Logic of Discovery or Psychology of Research? In: Lakatos; Musgrave (Eds.), *Criticism and the Growth of Knowledge*, p.266.

afirmativas acerca de diferentes teorias que tratem do *mesmo problema*, mesmo quando a caracterização específica desse problema seja dependente de pressupostos teóricos.

De que maneira, reconhecendo como as teorias afetam a caracterização do que são os problemas, podemos mostrar que diferentes teorias lidam como o "mesmo" problema? A resposta é simples: os termos pelos quais um problema se caracteriza depende em geral da aceitação de *uma série de pressupostos teóricos*, T_1, T_2, ..., T_3. Esses pressupostos constituem ou não as teorias que resolvem o problema. Se um problema só for caracterizado na linguagem e no contexto de uma teoria que pareça resolvê-lo, não é possível dizer que nenhuma das teorias concorrentes resolve o mesmo problema. No entanto, *à medida que os pressupostos teóricos necessários para caracterizar o problema são diferentes das teorias que tentam resolvê-lo, é possível mostrar que as teorias explicativas concorrentes lidam com o mesmo problema.* Tomemos um exemplo elementar. Desde a Antiguidade, os cientistas tentam explicar por que a luz é refletida em um espelho ou em outra superfície polida, segundo um padrão regular. Ao relacionar o ângulo incidente ao ângulo refletido, o problema da reflexão, assim caracterizado, envolve muitos pressupostos quase teóricos, por exemplo, que a luz se move em linha reta, que certos obstáculos mudam a direção do raio de luz, que a luz visível não preenche continuamente todos os meios etc. Será que a existência desses pressupostos implica que não se possa dizer que duas teorias resolvem o problema da reflexão? A resposta é negativa, desde que as teorias que resolvem o problema não sejam incompatíveis com os pressupostos teóricos de nível baixo necessárias para colocar o problema.[15]

---

[15] Se os pressupostos teóricos forem incompatíveis com a teoria em análise, o problema tornar-se-á um "pseudoproblema".

O PROGRESSO E SEUS PROBLEMAS 201

Durante o final do século XVII, por exemplo, numerosas teorias conflitantes sobre a luz (inclusive as de Descartes, Hobbes, Hooke, Barrow, Newton e Huygens) trataram do problema da reflexão. Considerava-se que todas as teorias ópticas resolvessem o problema da reflexão, porque ele podia ser caracterizado de maneira independente de qualquer uma das teorias que procuravam resolvê-lo.

Não se está sugerindo, é claro, que *todos* os problemas que uma teoria ou tradição de pesquisa tenta resolver podem ser caracterizados independentemente ou das teorias que os resolvem. A determinação da "independência" de um problema específico está relacionada às particularidades do caso. Tenho a impressão, porém, de que há muito mais problemas comuns a tradições de pesquisa rivais que exclusivos de uma única teoria. Esses problemas compartilhados oferecem uma base para a avaliação racional da efetividade relativa na solução de problemas de tradições de pesquisa concorrentes.

Deve-se ressaltar mais uma vez que esse argumento *não* pressupõe que os problemas empíricos sejam colocados em uma linguagem puramente observacional, não teórica. Falar (por exemplo) de refração da luz através do prisma é fazer uma série de pressuposições teóricas (entre elas, que a luz se move, que algo acontece à luz quando está "dentro" do prisma etc.) O que se está alegando aqui não é a natureza não teórica dos problemas empíricos. A tese mais fraca defendida é a seguinte: *com relação a duas tradições de pesquisa (ou teorias) quaisquer em certo campo da ciência, há problemas conjuntos que podem ser formulados de tal maneira que se pressuponha que nada é sintaticamente dependente das tradições de pesquisa específicas que estão sendo comparadas.* Assim, quando os newtoniamos e os cartesianos do século XVIII falavam do problema da queda livre, estavam identificando o mesmo problema – apesar de todas as profundas diferenças entre suas respectivas tradições de pesquisa. Quando esses mesmos filósofos naturais discutiram o problema de por que todos os planetas se moviam na mesma direção ao redor do Sol, também estavam de acordo acerca da natureza e do significado do problema (embora discordassem quanto a sua *importância* relativa como problema). Quando os geólogos do começo do século XIX debatiam a explicação da estratificação, todos – fossem uniformistas ou catastrofistas, netunistas ou vulcanistas, huttonianos ou wernerianos, tementes ou negadores de Deus, franceses, ingleses ou alemães – concordavam que um dos problemas de qualquer teoria geológica era explicar como tais camadas uniformes e distintas se haviam formado.

Kuhn foi induzido ao erro pela descoberta de que alguns problemas empíricos não eram compartilhados por diferentes tradições ou paradigmas, passando a crer que *não havia dois* problemas idênticos. A tese generalizada da incomensurabilidade dos problemas é tão perversa quanto a tese limitada da não intersecção parcial é profunda.

O ARGUMENTO BASEADO NO PROGRESSO. O argumento que acabo de apresentar presume que há meios de identificar e caracterizar problemas neutros em relação às várias teorias que tentam resolver esses problemas. Mas sem dúvida há filósofos que negam ser possível caracterizar os problemas empíricos de tal modo que nos permita falar de "duas teorias (ou tradições de pesquisa) que resolvem (ou não conseguem resolver) o mesmo problema". Ainda não há argumento convincente a esse respeito, mas mesmo que exista – isto é, mesmo se concordarmos que não se pode decidir se as teorias estão lidando com os mesmos problemas –, ainda há espaço para a avaliação e a comparação objetiva de teorias e tradições de pesquisa incomensuráveis. Para vermos o motivo disso, basta

O PROGRESSO E SEUS PROBLEMAS 203

rastrear certos corolários da discussão anterior sobre a racionalidade científica, na qual foi observado que a racionalidade consiste em aceitar as tradições de pesquisa com a mais alta efetividade na solução de problemas. Ora, uma determinação aproximada da efetividade de uma tradição de pesquisa pode ser feita *dentro* da própria tradição de pesquisa, sem referência a qualquer outra. Simplesmente perguntamos se uma tradição de pesquisa resolveu os problemas que definiu para si mesma; perguntamos se, ao resolvê-los, gerou anomalias empíricas ou problemas conceituais. Perguntamos se, ao longo do tempo, ela conseguiu ampliar seu domínio de problemas resolvidos e reduzir ao mínimo o número e a importância de seus problemas conceituais e anomalias restantes.[16] Podemos, assim, chegar a uma caracterização da progressividade (ou regressividade) da tradição de pesquisa.

Se fizéssemos isso para todas as grandes tradições de pesquisa da ciência, poderíamos construir um *ranking* de tradições de pesquisa de cada momento. É, portanto, possível, pelo menos em princípio e, talvez, eventualmente na prática, comparar a progressividade de diversas tradições de pesquisa, *mesmo se forem completamente incomensuráveis pelas afirmações substantivas que fazem a respeito do mundo!*[17]

---

[16] Ao fazer estas determinações, teríamos de nos limitar, é claro, aos problemas e anomalias expressos dentro do quadro da tradição de pesquisa em exame e de ignorar tradições de pesquisa rivais e (por hipótese) incomensuráveis. A possibilidade de avaliar essas variáveis depende de ser possíveis traduções entre as teorias que constituem uma tradição de pesquisa.

[17] A abordagem do problema da incomensurabilidade é parecida com a de Kordig, *The Justification of Scientific Change*, à medida que ambos afirmamos haver critérios *metodológicos* para comparar teorias, mesmo quando for inapropriada uma tradução substantiva entre elas. Kordig também discorda drasticamente quanto a como devem ser esses critérios

Assim, mesmo se em princípio não descobríssemos um modo de traduzir a mecânica newtoniana na mecânica relativista; mesmo se jamais achássemos um modo de comparar as afirmações substantivas da Física de partículas do século XX com o atomismo do século XIX; mesmo se, de modo mais geral, jamais disséssemos que duas teorias lidam com problemas idênticos; ainda seria possível, em princípio, avaliar, *com fundamentos racionais*, os méritos relativos dessas (ou de quaisquer outras) tradições de pesquisa. Esse ponto pode ser facilmente generalizado observando-se que há muitos critérios para a comparação de teorias concorrentes que não exigem comensurabilidade no nível observacional. Podemos, por exemplo, comparar teorias com relação a coerência interna ou a coesão. Podemos, também, perguntar qual (de duas ou mais) teorias é a mais simples? Qual foi refutada? Qual produz previsões mais precisas? Por essas propriedades (inclusive a progressividade) poderem ser especificadas, dizemos que *a possível incomensurabilidade das teorias e das tradições de pesquisa* (no que se refere a suas afirmações substantivas sobre o mundo) *não impede a existência de avaliações comparativas da aceitabilidade delas.*[18]

---

metodológicos. Seguindo Margenau, Kordig dá ênfase à comparação das teorias com relação a sua confirmação empírica, sua "extensibilidade", sua "ligação múltipla", sua "simplicidade" e sua "causalidade"; infelizmente, a maioria destas noções permanece intuitiva no exame de Kordig, e é de se esperar que ele as refine, transformando-as nos instrumentos sensíveis de análise necessários para a avaliação comparativa das teorias.

[18] A validade do argumento *não* se baseia na aceitação do modelo esboçado neste ensaio. *Qualquer* modelo de racionalidade que ofereça um método de determinar uma medida de apreciação das teorias científicas sem tradução interteórica evita as dificuldades da incomensurabilidade.

Progresso não cumulativo

Desde a publicação do *Esboço de um quadro histórico do progresso do espírito humano*, de Condorcet, muitos filósofos e historiadores da ciência desenvolveram, pelo menos como esboço, teorias do progresso cognitivo. De Whewell, Peirce e Duhem até Collingwood, Popper, Reichenbach, Lakatos, Stegmüller e Kuhn, a busca de modelos adequados de progresso cognitivo tem sido, se não banal, pelo menos não rara. Apesar de todas as diferenças entre eles, esses modelos de progresso – salvo o de Kuhn[19] – compartilham uma característica comum: a convicção de que *só é possível falar de progresso se o conhecimento for adquirido por meio de teorias puramente cumulativas.* Por "teorias puramente cumulativas" entendo aquelas que aumentam o número de problemas resolvidos e nunca deixam de resolver *todos* os problemas resolvidos com sucesso pelas predecessoras. Em outras palavras, tais pensadores argumentam que uma condição necessária para que uma teoria, T_2, represente um progresso em relação a outra teoria, T_1, é que T_2 deve resolver *todos* os problemas resolvidos por T_1. Embora essa concepção cumulativa do progresso geralmente esteja associada a Popper e Lakatos, foi provavelmente formulada de modo mais suscinto por Collingwood.

---

[19] Aqui, como alhures, Kuhn é ambivalente. Por um lado, ressalta o caráter não cumulativo da ciência, insistindo no fato de que há perdas e ganhos de problemas em todos os casos de troca de paradigma. (Veja p.104, nota 6.) Por outro lado, porém, ele afirma que "uma comunidade científica raramente ou nunca abraçará uma nova teoria, a menos que resolva todos, ou quase todos, os quebra-cabeças quantitativos e numéricos que foram tratados por sua predecessora". Op. cit., p.20.

Se o pensamento em sua primeira fase, depois de resolver os problemas iniciais, for, ao resolvê-los, levado a encontrar outros que o derrotem e se o segundo resolver esses problemas posteriores *sem perder o domínio da solução do primeiro*, de modo que *haja ganho sem perda correspondente*, haverá, então, progresso. Não há progresso de outra maneira. *Se houver perda, o problema de confrontar perdas e ganhos será insolúvel.*[20]

Que tipo de insolubilidade é afirmada aqui? Collingwood não afirma, mas presumivelmente o que está por trás de sua preocupação é a crença de que, a menos que os problemas resolvidos de uma teoria formem um subconjunto dos problemas resolvidos da concorrente, não há como saber qual teoria é mais progressiva, pois não se pode reduzir o progresso a uma simples relação de adição.

Preocupações semelhantes motivam a abordagem da natureza do progresso de Popper e Lakatos. Em seus "requisitos para o crescimento do conhecimento", por exemplo, Popper ressalta que, para comprovar que uma teoria é progressiva em relação a outra, mostra-se que ela implica todos os fatos implicados pela concorrente.[21] Na ausência

---

[20] Collingwood, *The Idea of History*, p.329; grifos do autor. Em outro lugar, Collingwood reitera sua afirmação: "O progresso na ciência consiste na suplantação de uma teoria por outra que sirva para explicar tudo o que a teoria anterior explicava e mais [...] "fenômenos" que a primeira deveria ter explicado, mas não conseguia... A Filosofia progride à medida que uma fase do seu desenvolvimento resolve os problemas que a derrotaram na última, sem perder o domínio sobre as soluções já alcançadas" (Ibid., p.332).

[21] Popper, *Conjectures and Refutations*. Como diz ele: "Uma nova teoria, embora revolucionária, deve ser capaz de explicar o sucesso de sua predecessora. Em todos os casos em que sua predecessora era bem-sucedida, ela deve produzir resultados pelo menos igualmente bons..."

O PROGRESSO E SEUS PROBLEMAS 207

de tal implicação, o progresso (no sentido popperiano) não existe. Lakatos, apesar de todas as querelas com Popper, nessa questão, adota a mesma posição: uma precondição para se falar que uma série de teorias (ou seja, um "programa de pesquisas") é "progressiva" é que cada membro posterior à série deve implicar todo o conteúdo corroborado de seu antecessor.[22] Recentemente, também Heinz Post defendeu a ideia de que as novas teorias sempre absorvem os sucessos das predecessoras na solução de problemas. Post chega a dizer que,

aliás, empiricamente, [...] as teorias [passadas] explicaram *toda* [a parte confirmada de suas antecessoras]; [...] ao contrário do que diz Kuhn, nunca há perda de poder explicativo bem-sucedido.[23]

O charme de abordagens como essas reside na simplicidade. Se o progresso ocorresse como elas exigem, jamais teríamos de nos preocupar com a contagem ou a *ponderação* dos problemas. Se *todos* os problemas previamente resolvidos em qualquer ciência são sempre resolvidos por suas mais recentes teorias e se as mais recentes teorias resolvem outros

---

(The Rationality of Scientific Revolutions. In: Harré (Ed.), *Problems of Scientific Revolution*, p.83).

[22] Cf. Lakatos, Falsification and the Methodology of Scientific Research Programs. In: Lakatos; Musgrave (Eds.) *Criticism and the Growth of Knowledge*, p.118.

[23] Post, Correspondence, Invariance and Heuristics. *Stud. Hist. Phil. Sci.*, v.2, p.229. Cf. também Koertge, Theory Change in Science. In: Pearce; Maynard (Eds.), *Conceptual Change*. As teorias fenomenológicas do progresso, como boa parte das teorias positivistas e idealistas, aderem ao postulado cumulativo. Para um exemplo pormenorizado, veja Harris, *Hypothesis and Perception*, sobretudo p.352-69.

problemas também (seja qual for o número e o peso), é óbvio que representam um progresso em relação às anteriores. O que vicia essa abordagem do problema do progresso é que as condições que ela exige para o progresso raramente são satisfeitas na História da Ciência. Como afirmaram Kuhn, Feyerabend e outros, costuma haver perdas e ganhos de problemas associados à substituição de uma teoria mais antiga.[24]

Podemos ter uma ideia de como essas perdas são substanciais considerando um exemplo histórico, a saber, a mudança ocorrida nos problemas geológicos no começo do século XIX. Antes de Hutton, Cuvier e Lyell, os teóricos da geologia haviam se preocupado com uma vasta gama de problemas empíricos: como os depósitos se consolidam em rochas; como a Terra se originou de matéria celestial e aos poucos adquiriu sua forma atual; quando e onde os diversos animais e plantas tiveram origem; como a Terra conserva calor; as origens subterrâneas dos vulcões e das fontes térmicas; a origem e a constituição das rochas ígneas; como e quando se formaram os diversos veios minerais. Foram apresentadas a estes problemas soluções de diversos graus de exatidão no século XVIII. Depois de 1830, porém, em especial com o surgimento da estratigrafia, não houve teoria geológica séria que tratasse de *muitos* dos problemas mencionados anteriormente. Isso significa (como Popper, Lakatos, Collingwood e outros diriam) que a geologia não era uma ciência progressista entre 1830 e cerca de 1900 (quando muitas dessas questões começaram a reaparecer)? Arriscar essa conclusão seria imprudente, pois ignoraria o fato de que as teorias geológicas desde Cuvier e Lyell se voltaram com sucesso para problemas empíricos, inclusive os da biogeografia, estratigrafia, clima, erosão e

---

[24] Cf. Kuhn, *The Structure of Scientific Revolutions*, p.169.

O PROGRESSO E SEUS PROBLEMAS

distribuição terra-mar. Uma análise completa dessa mudança, para a qual não há espaço aqui, mostraria que a precisão e a amplitude dos problemas empíricos resolvidos pela geologia de meados do século XIX (bem como a gravidade dos problemas conceituais e anômalos gerados) levariam a melhor em uma comparação com o sucesso geral na solução de problemas que as teorias geológicas do final do século XIX reivindicavam. Embora esse exemplo mostre melhor do que a maioria deles como muitos problemas deixam de ser preocupação de uma comunidade científica, o fenômeno por ele ilustrado é banal.

Esse fenômeno é ilustrado na Física pelo fracasso da óptica de Newton em resolver o problema da refração no espato da Islândia (que fora explicado pela óptica de Huygens) e pelo fracasso das teorias calóricas do calor do século XIX em explicar os fenômenos de convecção e geração de calor, que haviam sido resolvidos pelo conde Rumford na década de 1790. Na química, muitos problemas que resolvidos pelas mais antigas teorias da afinidade eletiva não eram resolvidos pela posterior química atomística de Dalton.[25] Um exemplo ainda melhor é dado pela teoria elétrica de Franklin. Antes dele, um dos problemas centrais da eletricidade já resolvidos era a mútua repulsão dos corpos elétricos carregados negativamente. Diversas teorias, em especial as baseadas nos vórtices, haviam resolvido o problema na década de 1740. A teoria do próprio Franklin, que foi amplamente aceita da metade para o fim do século XVIII, jamais conseguiu lidar adequadamente com tal questão.[26]

---

[25] Isto foi indicado, entre outros, por Berzelius, Essay on the Cause of Chemical Proportions. *Ann. Phil.* v.2.

[26] O estudo de Home, Franklin's Electrical Atmospheres. *British Journal of the History Science*, v.6, torna claro que Franklin percebeu esta falha da sua teoria, mas não a considerou motivo suficiente para rejeitá-la.

Como mostram esses exemplos, é comum os problemas empíricos serem abandonados ou relegados à insignificância e é de presumir que toda teoria do desenvolvimento científico admita que tais constrições do domínio dos problemas possam, sob certas circunstâncias, ser progressivas. É possível lidar com tais situações reconhecendo-se a importância relativa de diversos problemas empíricos. *O conhecimento do peso ou do número relativo de problemas permite-nos especificar essas circunstâncias sob as quais o crescimento do conhecimento pode ser progressivo mesmo quando perdemos a capacidade de resolver certos problemas.* Assim, evita-se a suposta "insolubilidade" collingwoodiana de uma escolha progressiva entre sistemas, quando nenhum dos conjuntos de problemas desses sistemas cabe uns dentro dos outros.[27]

Poder-se-ia acrescentar que a teoria de Franklin também não conseguiu dar nenhuma solução para o fato – amplamente observado e explicado antes de sua época – de haver, em geral, uma correlação entre a densidade de uma substância e sua capacidade de agir como condutor elétrico.

[27] Podemos ilustrar com um exemplo o que está envolvido. Suponhamos que o nosso objetivo científico seja entender a embriologia das aves. Temos uma teoria T_e que oferece uma explicação pormenorizada do desenvolvimento embriológico das águias e das garças. Temos outra teoria, T_s, que explica o desenvolvimento embriológico de todas as aves menores que as águias, inclusive as garças, mas não funciona para as águias. Nesse caso, consideraríamos T_s preferível a (isto é, uma melhora progressiva em relação a) T_e, mesmo se T_s não for capaz de resolver o problema do desenvolvimento embrionário das águias. Tal juízo plausível seria desautorizado por quase todas as teorias convencionais (cumulativas) do progresso científico. (Para um exame mais completo destas questões, cf. Laudan, Two Dogmas of Methodology. *Philosophy of Science*, v.43.)

O PROGRESSO E SEUS PROBLEMAS   211

Em defesa da ciência "imatura"

Tanto Kuhn quanto Lakatos estão comprometidos com a ideia de que há dois tipos radicalmente diferentes de ciência, que correspondem grosso modo às fases "inicial" e "avançada" da atividade científica. Embora recebam nomes distintos (para Lakatos, ciência "madura" e "imatura"; para Kuhn, ciência "pré" ou "pós-paradigmática")[28] e sejam definidas diferentemente, ambos os autores trabalham com a ideia de que as diversas ciências, em diferentes épocas, passam pela transição da infância para a maioridade e de que, quando isso acontece, as regras do jogo científico mudam substancialmente. Para Kuhn, a transição ocorre quando um paradigma adquire o monopólio de uma área do saber e quando a "ciência normal" se instala. Para Lakatos, a ciência chega à maturidade quando os cientistas do campo de saber *ignoram coerentemente* tanto os *problemas anômalos* quanto as *influências intelectuais e sociais externas* e se concentram na articulação matemática dos programas de pesquisa. Assim, o que melhor caracteriza uma ciência madura, tanto para Kuhn como para Lakatos, é o surgimento de paradigmas (ou programas de pesquisa) autônomos e, portanto, independentes da crítica externa. Essa transição é mais que nominal; Kuhn e Lakatos ressaltam que a ciência madura é mais progressiva e genuinamente científica que sua contraparte imatura.

Há diversos aspectos incômodos relacionados ao conceito de ciência madura (pelo menos tal como desenvolvido

---

[28] Para as discussões pertinentes, veja Lakatos, Falsification and the Methodology of Scientific Research Programs. In: Lakatos; Musgrave (Eds.), *Criticism and the Growth of Knowledge*, p.137, 175-7; Kuhn, *The Structure of Scientific Revolutions*, p11-ss; e Id., History of Science. In: *International Encyclopedia of the Social Sciences*.

por Lakatos e Kuhn). A sugestão de que cada ciência passa por uma transição do tipo descrito por Lakatos e Kuhn não se coaduna com o que sabemos sobre a evolução da ciência. Kuhn não aponta nenhuma ciência maior em que o monopólio paradigmático tenha sido a regra e de que o debate quanto aos fundamentos tenha estado ausente. Lakatos, por sua vez, não identificou ciência (Física) em que o desdém pela anomalia e a indiferença pelos programas conceituais extraprogramáticos tenham sido predominantes. Por conseguinte, é obscuro se a noção de ciência "madura" dispõe de qualquer exemplificação na História da Ciência.

Mesmo que as ciências maduras existam, não foi estabelecida a tese Kuhn-Lakatos de que \ seriam intrinsecamente mais progressistas e científicas que as "imaturas". Kuhn não mostrou que mais problemas empíricos sejam necessariamente resolvidos, se um único paradigma tiranizar um campo científico. Lakatos não apresentou uma defesa convincente da tese de que os programas de pesquisa autônomos, que ignorem as anomalias, sejam provavelmente mais progressistas que os não autônomos, que reconhecem as anomalias.[29] Na ausência de argumentos convincentes em favor da maior racionalidade da ciência madura, só podemos concluir que não tem fundamento a preferência dada por Kuhn e Lakatos às ciências maduras.

Uma terceira dificuldade com a doutrina das ciências madura e imatura é o espaço que ela dá ao construtor de qualquer modelo de racionalidade científica para descartar

---

[29] Lakatos – na melhor das hipóteses – mostrou como um programa é progressista, embora ignore muitas anomalias; isso está muito longe da asserção mais forte – exigida por sua teoria da ciência madura – de que tais programas que ignoram as anomalias são *ipso facto* mais progressistas que os programas que dão muita atenção a suas anomalias.

O PROGRESSO E SEUS PROBLEMAS   213

quaisquer contraexemplos ao seu modelo. Uma vez que os modelos são concebidos como réplicas de "ciência madura", quaisquer exemplos científicos reais que não se encaixem podem ser tachados de protociência ou pseudociência, em vez de ser considerados genuínas exceções aos modelos. A dicotomia maduro/imaturo é, portanto, *metodologicamente suspeita*, porque torna esses modelos de racionalidade científica imunes à crítica empírica.[30]

Ao argumentar contra a existência e a desejabilidade da ciência madura, construídas até então, não se está, é claro, afirmando que os últimos estágios de uma ciência exibam todas as características estruturais e metodológicas das teorias em seus estágios iniciais. Ainda podemos encontrar caracterização de ciência madura que faça jus tanto à História quanto à racionalidade.[31] Mas o conceito de ciência madura, tal como entendido por Lakatos e Kuhn, infelizmente não faz nem uma coisa nem outra.

---

[30] Dada a aversão (induzida por Kuhn) de Lakatos pelas anomalias, ele provavelmente teria considerado essa mesma característica da dicotomia como *bônus*. Para aqueles que não compartilham suas ideias sobre a irrelevância das anomalias e da crítica, porém, essa não testabilidade deve ser considerada um grave defeito.

[31] Vale a pena refletir sobre o que motiva a busca de uma distinção entre ciência imatura e madura. Minha opinião é que essa busca ecoa a velha convicção indutivista-positivista de que a ciência "propriamente dita" só começa com Galileu, Newton e os outros heróis clássicos do século XVII. Embora evitem o indutivismo, Kuhn e Lakatos propõem um critério de demarcação entre ciência madura e imatura que faz renascer a busca indutivista de um ponto definido no tempo em que a ciência se torna genuinamente "científica". (Para um extensa ilustração do esforço de um historiador para escrever acerca da história da ciência valendo-se de tal critério de demarcação, veja o livro de tendência *whig*, de Gillispie, *The Edge of Objectivity*.)

PARTE 2
APLICAÇÕES

CAPÍTULO 5

HISTÓRIA E FILOSOFIA DA CIÊNCIA

> *A filosofia da ciência sem a História da Ciência*
> *é vazia; a História da Ciência sem a filosofia*
> *da ciência é cega.*[1]

Uma vez que o estímulo para desenvolver o modelo esboçado na Parte 1 veio, sobretudo, dos textos de historiadores e filósofos da ciência, convém explorar as ramificações desse modelo, examinando suas consequências para este campo do saber. Dizer isso é já indicar o que deve ser uma das preocupações fundamentais; já que a expressão anterior entre parênteses frisa quanta dúvida há entre os estudiosos sobre a questão de se a História da Ciência e da Filosofia da ciência são duas áreas distintas ou se, como alegam alguns autores, estão tão intimamente ligadas que formam um só campo do saber, incapaz de separação significativa. Nesses termos, a questão parece em boa medida verbal – uma dessas tediosas disputas sobre os limites de uma disciplina e os de

---

[1] Lakatos, History of Science and its Rational Reconstructions. In: Buck; Cohen (Eds.), *Boston Studies in the Philosophy of Science*, v.8, p.91.

outra. Mas, nesse caso, há questões substantivas que dependem da separabilidade entre História e Filosofia da ciência. Questões acerca dos objetivos, dos métodos de pesquisa e da maneira de legitimar teses tanto históricas quanto filosóficas estão vinculadas à seguinte questão: a História da Ciência e a Filosofia da ciência são autônomas? Segundo a visão convencional, é claro, a História da Ciência e a Filosofia da ciência são maneiras radicalmente diferentes de estudar a ciência, mesmo que por vezes sejam complementares. Desse ponto de vista, o historiador lida com fatos e dados, procurando arranjá-los em uma explicação convincente e coesa acerca de como as ideias científicas evoluíram. A filosofia da ciência costuma ser vista como investigação normativa, evolutiva e *a priori* sobre como a ciência deveria proceder. Assim, a lacuna entre a História e a Filosofia da ciência é tão grande quanto a divisão entre questões de fato e questões de valor, da qual é uma boa ilustração. A História é irrelevante para o filósofo, porque ele não está preocupado em saber como a ciência foi, mas em como deve ser. A filosofia é irrelevante para o historiador, porque não é seu trabalho emitir juízos acerca das figuras que estuda.

Nos últimos vinte anos, a pesquisa ressaltou as fraquezas da explicação convencional. Agassi,[2] Grünbaum[3] e outros mostraram o quanto escrever sobre a História da ciência está carregado de pressupostos filosóficos implícitos, os quais determinam de maneira decisiva o caráter da História. (Como exemplo bastante simples, se um historiador estiver convencido de que as experiências são os únicos fundamentos

---

[2] Agassi, Towards an Historiography of Science. *History and Theory.*

[3] Grünbaum, The Special Theory of Relativity as a Case Study of the Importance of Philosophy of Science for the History of Science. In: Baumrin (Ed.), *Philosophy of Science*, v.1.

O PROGRESSO E SEUS PROBLEMAS 219

racionais para se abandonar uma teoria, sua História então tenderá a se concentrar nas chamadas experiências cruciais.) A tese não é só de que pressupostos filosóficos *tenham* influenciado os estudos históricos, mas que *devem* fazê-lo porque a História (como ciência) não tem dados neutros e porque o tratamento de qualquer episódio histórico particular será influenciado, em certa medida, por concepções filosóficas prévias sobre o que seja importante na ciência.

O ponto correspondente relativo à filosofia da ciência foi defendido com igual fervor por vários pensadores, como Whewell, Hanson, Kuhn, Toulmin, Lakatos, McMullin e Feyerabend.[4] Embora reconhecendo que o objetivo da investigação filosófica seja a produção de um conjunto de normas (por exemplo, para se escolher entre teorias concorrentes), esses críticos da visão convencional ressaltam que qualquer teoria filosófica da ciência que fracasse em se enquadrar na História da Ciência deve ser considerada inaceitável. Diante de uma explicação dada por um filósofo para, por exemplo, a aceitação racional de teorias que implique que toda a História da Ciência tenha sido irracional, tenderíamos a ver isso como uma *reductio ad absurdum* da teoria da racionalidade, em vez de ver como uma demonstração de que a própria ciência tenha sido uma sequência de preferências irracionais.

Se esses críticos estiverem certos, há relações de dependência mútua entre a História da Ciência e a Filosofia da ciência que tornam absurda toda tentativa de conceder-lhes um desenvolvimento autônomo. Mas há, *prima facie*, dificuldades com uma visão integrada da História e da Filosofia da

---

[4] Para um guia a boa parte desta literatura, veja Suppe, *The Structure of Scientific Theories*.

ciência, dificuldades tão sérias que a maioria dos pensadores não se deixou convencer pela tese da mútua dependência. A principal é o *círculo vicioso* que ela aparentemente implica. Se a escrita da História da Ciência pressupõe uma filosofia da ciência e se uma filosofia da ciência deve ser autenticada por sua capacidade de desvelar a racionalidade tida como implícita na história da ciência, como evitar a autoautenticação automática, uma vez que a história que escrevemos pressuporá a mesma filosofia que a história escrita supostamente testaria? E surgem outras dificuldades. Se, como parece provável, praticamente todas as filosofias da ciência existentes fazem pouca justiça à história da ciência, por que o historiador deveria levá-las a sério como instrumento teórico para a organização de sua pesquisa? Do mesmo modo, se a maior parte da história da ciência foi escrita segundo modelos filosóficos desacreditados, por que o filósofo se sentiria obrigado a testar seus modelos concebidos contra "dados" históricos coletados sob a égide de uma filosofia da ciência ingênua ou adversária? Há ainda problemas um pouco mais técnicos. Mesmo se admitirmos que, em certo sentido, o curso real da ciência deva ter alguma relação com a filosofia da ciência, quão próxima deve ser a correspondência entre a história real e sua reconstrução normativa? Uma vez que ninguém, nem historiadores nem filósofos, adota a visão de que *toda* a ciência é racional,[5] por que o filósofo se preocuparia se, em sua explicação, muitos episódios da história das ideias científicas reúnem elementos irracionais?

Essas são perguntas amplas e ainda sem resposta, e o objetivo deste capítulo é resolvê-las.

---

[5] Com exceção de Lakatos, que aderiu a esta tese. (Veja p.230-1.)

O PROGRESSO E SEUS PROBLEMAS   221

O papel da História na Filosofia da ciência

Certamente existem áreas de filosofia da ciência em que já se admite um considerável insumo empírico das ciências. Para citar dois exemplos, reconhece-se universalmente que a filosofia do espaço e do tempo e a da biologia apoiam-se no estado recente das ciências naturais. Nessa parte da filosofia da ciência voltada para a metodologia geral (por exemplo, para as normas da avaliação e apreciação das teorias), ainda há uma frustração com a sugestão de que os dados empíricos acerca da evolução da ciência sejam relevantes ou decisivos.

Antes de resolver essas questões, seria útil lembrarmos de uma distinção elementar, pertinente: a distinção entre a história da ciência em si (que, em uma primeira aproximação, pode ser considerada uma classe cronologicamente ordenada de crenças de antigos cientistas) e a escrita *sobre* ela (isto é, as declarações de historiadores). Por mais vital que seja a distinção, ela é, muitas vezes, esquecida – em parte, provavelmente, porque os falantes da língua inglesa usam o mesmo nome para ambas.[6] Uma vez que parte da confusão a respeito das relações entre a história da ciência e a filosofia da ciência deriva de um equívoco sobre esses dois sentidos diferentes, usarei "HDC_1" para me referir ao passado real da ciência e "HDC_2" para me referir aos textos dos historiadores sobre esse passado.

Uma nova versão da tese tradicional em favor da autonomia da filosofia da ciência (no sentido de metodologia geral) em relação à HDC_1 foi publicada por Ronald Giere.[7] Sua abordagem envolve a ênfase familiar sobre a

---

[6] E os lusófonos também. (N. T.)

[7] Giere, History and Philosophy of Science: Intimate Relationship or Marriage of Convenience? *British Journal of the Philosophy Science*, v.24.

normatividade da filosofia da ciência e, pelo fato de não ser possível derivar normas de "fatos", ele não vê como a história da ciência seja relevante para a filosofia. Prossegue dizendo que, embora um filósofo chegue a novas perspectivas por intermédio do estudo da HDC_1, tal estudo não faz parte da autenticação ou da validação dessas perspectivas, uma vez (diz Giere) que, de qualquer modo, teriam sido descobertas sem esses exemplos históricos. Por fim, Giere insiste no fato de que o filósofo não deve se tornar escravo da HDC_1, porque um de seus principais papéis é o de criticar as teorias do passado. Para que tal crítica tenha poder, devemos ter fundamentos independentes e não históricos para ela.

As ideias de Giere (que são, como ele diz, "razoavelmente representativas da maioria dos filósofos da ciência")[8] parecem plausíveis à primeira vista. Mas começam a desmoronar sob um exame mais minucioso. Como ele mesmo admite, se alguma filosofia da ciência implicasse que todos nossos juízos científicos anteriores foram irracionais, teríamos, então, sérias dúvidas a respeito das "afirmações [da filosofia da ciência] ao tratar das teorias científicas".[9] Justamente porque as "teses filosóficas não podem ser completamente *a priori*", devem capturar alguns de nossos palpites pré-filosóficos sobre quais teorias são racionais e quais não.[10] Se esses palpites não vierem de HDC_1, onde podemos obtê-los? A resposta de Giere entrega o jogo: é para a ciência recente e contemporânea que o filósofo deve olhar para obter inspiração e legitimidade. Ele não vê que o uso da atual "prática científica real" (seus exemplos são a mecânica quântica, a biologia molecular e a

---

[8] Ibid., p.292.
[9] Ibid., p.293.
[10] Ibid.

O PROGRESSO E SEUS PROBLEMAS   223

psicologia contemporânea)[11] é a invocação da HDC$_1$ para julgar as reivindicações filosóficas. O fato de que se acredita em uma teoria científica e que ainda esteja desenvolvendo-se não torna essa teoria não histórica. Todos os exemplos que um filósofo giereano discutir terão sido retirados da passado, da história. As preferências históricas do próprio Giere voltam-se para o passado recente e, mesmo assim, são históricas.

O que está por trás da tese de Giere é o reconhecimento de que boa parte da HDC$_2$ concentra-se no passado distante e que há, por enquanto, pouquíssimas explicações da HDC$_1$ recente. Mas o fato de que a filosofia da ciência dispensa a HDC$_2$ não se contrapõe à dependência parasitária da filosofia da ciência em relação a HDC$_1$. É claro, portanto, que uma solução do paradoxo normativo/descritivo é tão crucial para essas filosofias que se fundamentam na ciência contemporânea como para as filosofias com um olhar retrospectivo. Escusado é dizer que um argumento *tu quoque* desse tipo não resolve o problema essencial; pelo contrário, acentua sua importância, revelando a universalidade deste.

Propõe-se uma possível saída para o paradoxo. Comecemos retornando à distinção entre HDC$_1$ e HDC$_2$. Dentro da HDC$_1$ há uma subclasse de casos de aceitação e rejeição de teorias acerca da qual a maioria das pessoas cientificamente cultas tem fortes (e semelhantes) intuições normativas. Tal classe provavelmente incluiria muitos dos seguintes tópicos: (1) era racional aceitar a mecânica newtoniana e rejeitar a aristotélica em 1800; (2) era racional que os médicos rejeitassem a homeopatia e aceitassem a tradição da medicina farmacológica em 1900; (3) era racional, em 1890, rejeitar a ideia de que o calor fosse fluido; (4) era irracional, depois de 1920, acreditar

---

[11] Ibid., p.290.

que o átomo químico não tinha partes; (5) era irracional acreditar, depois de 1750, que a luz se movesse com velocidade infinita; (6) era racional aceitar a teoria da relatividade geral depois de 1925; (7) era irracional, depois de 1830, aceitar a cronologia bíblica como descrição literal da história da Terra. As datas precisas não são importantes aqui, tampouco qualquer um dos itens da lista tomado individualmente. O que se está defendendo, porém, é que há um conjunto amplamente aceito de juízos normativos semelhantes aos citados anteriormente. Esse conjunto constitui o que chamarei de *intuições pré-analíticas preferidas acerca da racionalidade científica* (ou "IP", abreviando). (Esse conjunto é um subconjunto pequeno de todas as nossas crenças acerca da HDC_1). Nossas convicções sobre a racionalidade ou irracionalidade de tais episódios são mais claras e estão mais firmemente arraigadas que todas as teorias explícitas acerca da racionalidade no plano abstrato. Aqui são particularmente decisivas as teorias e as tradições de pesquisa mais globais e influentes, ou seja, aquelas que durante longos períodos deram a motivação e os pressupostos para uma ampla gama de teorizações detalhadas. Qualquer modelo de racionalidade que leve à conclusão de que a aceitação da maior parte dessas teorias seja mal fundamentada teria pouco a reivindicar de nossa lealdade.[12] Por conseguinte, nossas intuições sobre tais casos funcionam como um *critério* decisivo para a apreciação e a avaliação de diferentes modelos normativos

---

[12] A maior parte dos filósofos da ciência recorre a essa classe de "intuições privilegiadas" acerca de episódios específicos como árbitro final. Popper, por exemplo, escreve: "É só a partir das consequências da minha definição de ciência empírica e das decisões metodológicas que dependem dessa definição que o *cientista verá o quanto ela se conforma com a ideia intuitiva da meta de seus esforços*" (grifos do autor; Popper, *The Logic of Scientific Discovery*, p.55).

O PROGRESSO E SEUS PROBLEMAS 225

de racionalidade, visto que é condição necessária de qualquer modelo aceitável de racionalidade que ele se coadune com as IPs (pelo menos com algumas delas).

Como, na prática, esses episódios testam um suposto modelo de racionalidade? Resumidamente, o procedimento é simples. Qualquer modelo filosófico especificará certos parâmetros como relevantes para a aceitação de uma teoria (por exemplo, no caso do modelo apresentado na Parte 1, estes seriam os problemas resolvidos, anômalos e conceituais exibidos por uma teoria e suas concorrentes). A pesquisa histórica no caso em questão indicaria quais deveriam ser seus valores. Uma vez especificados, o modelo deveria levar-nos a uma determinação da racionalidade histórica da aceitação da teoria em questão. Se a avaliação resultante do modelo concordar com nossas intuições pré-analíticas, estas últimas corroboram o modelo; se, por outro lado, o veredicto do modelo contradisser nossos juízos pré-analíticos, ele estará em apuros.

No caso extremo, um modelo proposto de racionalidade seria justificadamente descartado se, quando aplicado aos casos envolvidos na IP, ele implicasse que todas as intuições estavam incorretas, pois não teria conseguido captar a racionalidade absoluta que deveria explicar. Devemos ser explícitos sobre nosso compromisso ao adotarmos essa abordagem: (1) *que pelo menos alguns desenvolvimentos na história da ciência foram racionais*; e (2) *que o teste de qualquer suposto modelo de escolha racional consiste em saber se ele explica a racionalidade inerente nesses desenvolvimentos*. A tese (1), por mais modesta que seja, permanece inteiramente uma questão de fé, pois não há, em princípio, nenhuma maneira de provar que esses casos tenham sido racionais, pois o nosso mesmo critério de racionalidade dará por certa a racionalidade deles.

Até aqui só mencionamos o caso *extremo*, em que uma metodologia é desacreditada por todos os elementos da

IP; embora extremo, ele é bastante comum (de fato, muitas filosofias da ciência contemporâneas não são corroboradas por *nenhum* dos casos citados anteriormente). Mesmo assim, podemos ir além do caso extremo para afirmar, de modo mais geral, que *o grau de adequação de qualquer teoria da apreciação científica é proporcional ao número de IPs a que ela pode fazer justiça*. Quanto maior o número de intuições que um modelo de racionalidade reconstruir, mais confiantes estaremos de que ele seja uma explicação válida do que entendemos como "racionalidade".

Por mais natural que possa parecer a proposta de utilizar a história da ciência como base de teste para os modelos filosóficos de escolha racional, provavelmente haverá puristas que considerem inconveniente que a filosofia procure legitimação além de si mesma e de suas próprias estratégias argumentativas. Mas onde, dentro da filosofia, encontramos os critérios adequados de decisão? Suponha que estejamos diante de dois modelos rivais de racionalidade, MR_1 e MR_2 (cada um dos quais internamente coerente). Como, em princípio, faríamos uma escolha *filosófica* coerente entre eles? Uma vez que tanto MR_1 quanto MR_2 visam a definir as condições da escolha racional, qualquer escolha entre eles pressuporia a validade de um ou outro modelo (talvez, ainda, de um terceiro modelo). Temos claramente aqui um grave problema de metanível, que só se resolve testando-se os modelos rivais contra algo além da própria teoria da escolha racional. A ideia deste capítulo é que os nossos critérios de escolha entre teorias da racionalidade concorrentes devem envolver a avaliação de tais modelos contra esses casos arquetípicos de racionalidade (IP) que encontramos na HDC_1.

Essa proposta para a autenticação das reivindicações filosóficas acerca da racionalidade científica deixa claro que a filosofia da ciência depende da história da ciência sob dois

O PROGRESSO E SEUS PROBLEMAS 227

aspectos cruciais. Primeiro, visa a explicar os critérios de racionalidade implícitos em nossas melhores intuições acerca de certos casos presentes na HDC_1. Segundo, a autenticação de qualquer modelo filosófico exige uma pesquisa atenta da HDC_2, para avaliar a aplicabilidade desse modelo aos casos que constituem uma IP.

Mas será que esta abordagem torna a filosofia da ciência meramente descritiva e lhe subtrai toda força crítica? A resposta geral é não. Acerca da maioria dos episódios da HDC_1, não temos convicções pré-analíticas fortes, amplamente difundidas. De fato, a principal utilidade de se construir um modelo de racionalidade é usá-lo para obter esclarecimentos sobre os casos "obscuros" (que são a grande maioria). Com relação a estes últimos, o juízo do filósofo – baseado em um modelo de racionalidade autenticada pelo conjunto das IPs – deve ter precedência sobre quaisquer palpites pré-analíticos e pouco sólidos. Como na ética, também na filosofia da ciência invocamos um conjunto de normas não para explicar os casos óbvios de avaliação normativa (não precisamos da ética formal para julgar se o assassinato de uma criança é moral ou não), mas para ajudar em casos em que os nossos juízos pré-analíticos não são claros.

Assim, a filosofia da ciência é descritiva e normativa, empírica e *a priori*, mas com relação a tipos diferentes de casos históricos.

Há, sem dúvida, outras maneiras pelas quais a HDC_1 torna-se útil ao filósofo da ciência, desde fornecer exemplos para as teses filosóficas, até servir de guia heurístico no tratamento de questões específicas.[13] Mas o filósofo não necessita

---

[13] Para uma exploração pormenorizada destas questões, veja a valiosa discussão de McMullin, The History and Philosophy of Science: a Taxonomy. In: Stuewer (Ed.), *Historical and Philosophical Perspectives of Science.*

da HDC_1 para isso. O único ponto em que ele não a dispensa é quando tem de decidir se tais pretensas teorias da racionalidade são realmente teorias da racionalidade. Imre Lakatos fez uma sugestão semelhante à minha a respeito de se usar a HDC_1 para "testar" os modelos de racionalidade científica. Há, porém, entre as nossas abordagens, importantes diferenças de substância a explorar. Essencialmente, a proposta de Lakatos é que o melhor modelo de racionalidade científica é aquele que, quando aplicado à HDC_1, nos permite representar *a maior porção* da história científica como empreendimento racional. Em suma, não é um pequeno número de casos sobre os quais temos fortes intuições (como eu proponho), mas a história da ciência inteira (isto é, a HDC_1) que se torna o critério para se escolher entre diversos modelos de racionalidade.[14] A abordagem de Lakatos impressiona-me por ser contraintuitiva, por uma simples razão: se levarmos a sério a sua proposta, o *melhor modelo possível de racionalidade seria aquele que resultaria no juízo de que todas as decisões tomadas na história da ciência foram racionais.*[15] Esse me parece um

---

[14] Cf. as asserções de Lakatos de que: (1) "*Todas as metodologias [...] podem ser criticadas criticando-se as reconstruções históricas racionais a que conduzem*" (History of Science and its Rational Reconstructions. In: Buck.; Cohen (Eds.), *Boston Studies in the Philosophy of Science*, v.8. p.109); (2) "*Deve-se rejeitar a teoria da racionalidade [...] que for incompatível com um 'juízo básico de valor' aceito pela elite científica*"(Ibid., p.110); (3) "[...] melhores reconstruções racionais [...] sempre reconstroem como racional uma parte maior da ciência real" (Ibid., p.117); e, mais explicitamente, (4) "*Assim, o progresso na teoria da racionalidade é marcado [...] pela reconstrução como racional de uma massa crescente de história impregnada de valores*" (Ibid., p.118).

[15] Embora Lakatos tente evitar este dilema (dizendo que nenhuma teoria da racionalidade "pode ou deve explicar *toda* história da ciência como

O PROGRESSO E SEUS PROBLEMAS 229

estranho ideal a perseguir, pois assim como estamos convictos de que algumas escolhas científicas foram racionais, também estamos convictos (dada a "natureza humana") de que nem todas elas foram racionais. Qualquer modelo de racionalidade que tornar a ciência *inteira* racional seria tão suspeito quanto aqueles segundo os quais *nenhuma* ciência é racional. A sugestão de usar o conjunto IP como um dispositivo para testar os modelos de racionalidade é um esforço para encontrar um meio termo entre esses extremos.

O papel das normas na História da fiência

Se a seção anterior se concentrou nas relações da filosofia e da HDC_1, o tema nesta são as ligações, se é que existem, entre a HDC_2 e a filosofia da ciência.[16] Esse é um caso mais complexo, pois os pontos em que entram elementos valorativos na HDC_2 são mais sutis e implícitos que no outro caso. Examinaremos dois pontos de contato diferentes: ao construir uma narrativa histórica e ao oferecer explicações históricas.

---

racional" (Ibid., p.118), segue-se inevitavelmente de seu método de classificar teorias da racionalidade que a melhor dessas teorias é a que "racionaliza" a maior parte da história da ciência.

[16] A parte principal desta seção trata do papel das normas na história das *ideias* científicas. O outro ramo maior da disciplina, a história *social* da ciência, também se vale de normas de racionalidade, mas de maneira diferente da história das ideias. Essas questões são discutidas adiante, p.259-ss., 282-ss.

Normas na narração histórica

Como ressaltou Agassi em seu clássico estudo sobre a historiografia da ciência,[17] todo historiador em atividade deve, ao peneirar e arrumar os seus dados, fazer suposições acerca do caráter da ciência. Deve supor, entre outras coisas, que houve cientistas e precisa ser capaz de distinguir em meio às atividades deles o que era científico (e, portanto, merecedor de ser incluído em sua narrativa) do que não era. Mesmo entre as atividades científicas, o historiador deve podar e selecionar, pois há limitações e práticas para a completude que a HDC_2 alcança. Ele tem de decidir, por exemplo, quanta importância dar à discussão das experiências de um cientista, a suas teorias, a seus diários de laboratório, às notas de leitura, aos livros de sua biblioteca, e assim por diante. Em princípio, o historiador toma essas decisões por meio de um dispositivo aleatório; na prática, porém, *o que guia as escolhas do historiador são um conjunto de pressupostos acerca de que é mais importante para a prática da ciência*. Entram inevitavelmente nessa fase elementos filosóficos e normativos. A importância dada pelo historiador às discussões de experiências depende de quão importante ele acredita ser experiências no desenvolvimento científico. A significação atribuída à formação religiosa ou metafísica do cientista depende, mais uma vez, da convicção do historiador acerca de quão decisivos esses elementos são na deliberação científica.

Não é surpresa que historiadores com diferentes visões da ciência façam descrições divergentes dos mesmos episódios (fenômeno exibido de modo mais claro nos estudos galilea-nos – nos quais encontramos explicações marxistas, idealistas,

---

[17] Agassi, Towards an Historiography of Science. *History and Theory*.

empiristas, instrumentalistas e pragmatistas sobre o "mesmo" feito científico). Não há nada de errado nisso; talvez devamos dizer que, errado ou não, é inevitável que a descrição da ciência feita por qualquer historiador seja colorida por suas ideias sobre o funcionamento da ciência. Essa "coloração" só se torna nociva quando a filosofia da ciência influenciadora é usada de maneira implícita e não crítica ou quando a sua existência é negada pelo historiador, que imagina estar livre de todo viés normativo.

E podemos ir mais longe. É obrigação intelectual – e até moral – do historiador não só estar consciente do tipo de normas que está aplicando, mas também certificar-se *de valer-se do melhor conjunto de normas disponível.* Como ele pode fazer essa escolha? Aceitando o modelo de racionalidade (ou os modelos, se conseguirmos encontrar mais de um nas condições pertinentes) que faça mais jus às IPs sobre a HDC_1. Com esse passo, completamos o círculo que liga a história à filosofia da ciência. *A tarefa do historiador,* assim entendida, *é escrever uma narrativa (HDC_2) de episódios da história da ciência (HDC_1) que valha como critério de seleção e de ponderação narrativa as normas contidas no modelo filosófico que é aproximadamente mais adequado para representar a IP.* Menos do que isso, usar um modelo de ciência semiconsciente ou não adequado é tão intelectualmente irresponsável quanto ignorar os fatos.

Muitos historiadores sem dúvida concordarão que isso é o ideal; se ele é raramente alcançado, é porque os modelos oferecidos pelos filósofos parecem ser ainda menos adequados que as ideias semiarticuladas acerca das normas da avaliação científica. Mas, apesar das provas contrárias, o historiador não deve pressupor que todo modelo filosófico de racionalidade seja incapaz de iluminar a história.

Normas para a explicação histórica

Até agora, falamos apenas da maneira como as crenças filosóficas sobre a ciência influenciam nas decisões do historiador sobre quais fatores incluir em sua exposição narrativa. Há, porém, um segundo e mais profundo nível em que os juízos filosóficos ou normativos entram na HDC_2 – o entendimento e as explicações históricas. Embora de modo algum seja o único objetivo da HDC_2, uma de suas principais funções é explicar por que diversas experiências, teorias e tradições de pesquisa foram aceitas, rejeitadas ou modificadas como o foram. Qualquer estudo sério sobre a história das ideias científicas estará repleto de explicações de tais fatores. As avaliações normativas estão envolvidas em todas essas explicações – não como premissas explícitas, mas como fundamento delas. Analisemos um exemplo típico.

P_1: Por que Newton rejeitou a teoria do movimento planetário de Descartes, baseada nos vórtices?
R_1: Porque Newton julgou corretamente que a teoria era grosseiramente *incompatível* com os dados referentes às velocidades e às posições dos planetas.

Essa resposta, é claro, pretende explicar a rejeição por parte de Newton da hipótese dos vórtices. Um passo a mais. Perguntemos:

P_2: Por que Newton deveria rejeitar uma teoria grosseiramente incompatível com os dados?

A questão em si parece esquisita; isso porque os historiadores julgam natural na época de Newton insistir no fato de que as teorias fossem compatíveis com os dados e que,

O PROGRESSO E SEUS PROBLEMAS   233

se alguma mostrasse que a ação de alguém era razoável (sob aquelas circunstâncias), não haveria mais nada para explicar. Perguntas como P_2 parecem supérfluas. A história da ciência (HDC_2) está repleta de casos como estes: o historiador explica por que um cientista aceitou determinada ideia, mostrando que ele a deduziu de uma crença anterior; explica por que um cientista realizou uma experiência, mostrando que ele queria testar o que estava examinando.

Em *todos* esses casos, confiamos em uma concepção do tipo "o que seria razoável fazer nessas circunstâncias". Para ver que é isso que está envolvido, examinemos uma "explicação" da seguinte maneira:

P_3: Por que Jones aceitou a hipótese evolucionista?

R_3: Porque todos os fatos estavam *contra* ela.

Algo, é claro, está errado. Na realidade, a resposta poderia ser verdadeira. Se, por exemplo, soubermos que Jones era um notório *iconoclasta* que negava a evidência dos seus sentidos, essa explicação se tornaria convincente (embora ainda possamos querer saber o que tornou Jones iconoclasta). Mas, tal como está, R_3 não tem força explicativa. Não a tem porque a razão que oferece para aceitar a teoria da evolução parece não ser legítima. Se, por outro lado, nossa resposta tivesse sido:

R_3^1: Porque todos os fatos a *corroboravam*, ficaríamos contentes com a resposta (contanto, é claro, que houvesse provas históricas a favor de R_3^1).

A questão é que as explicações do historiador invocam continuamente cânones de racionalidade e plausibilidade e, portanto, pressupõem um enorme instrumental normativo. E aqui, do mesmo modo que com as de seleção, o historiador deve certificar-se de que as normas de racionalidade a que recorre são as melhores disponíveis.

Outras dimensões vitais da pesquisa histórica exigem, da mesma maneira, o uso de normas relativas à crença racional e à ação racional. A um ponto raramente suspeitado pelos não historiadores (que muitas vezes imaginam ser o historiador um mero repórter de acontecimentos), estudar a história das ideias – científicas ou não – envolve imaginação criativa. Os cientistas raramente escrevem relatos completos sobre como chegaram às descobertas; mesmo quando o fazem, tais relatos não são muito confiáveis pelo fato de ser escritos depois de bastante tempo. A tarefa enfrentada pelo historiador é, muitas vezes, a de recriar as linhas de argumentação e influência que estão por trás das conclusões que um cientista propõe explicitamente. Essa tarefa de reconstrução é impossível, a menos que o historiador tenha um senso sutil dos tipos de argumento plausíveis em dada situação. Assim, tanto aqui como com a narração e a explicação, a tarefa do historiador exige que ele possua teoria (implícita ou explicitamente) acerca da crença racional e da ação racional.

Apreciação racional e "reconstrução racional"

O que impediu muitos historiadores de ver a força desses argumentos foi o medo de que aderir a um modelo *contemporâneo* de racionalidade levasse à importação anacrônica no passado de critérios de escolha racional não relevantes para as circunstâncias históricas.[18] Justamente por saber que

---

[18] Para uma sincera expressão dessas angústias, veja Cohen, History and the Philosopher of Science. In: Suppe (Ed.), *The Structure of Scientific Theories*.

O PROGRESSO E SEUS PROBLEMAS 235

as normas da avaliação racional mudam com o tempo, o historiador preocupa-se com a adequação de transpor nossas perspectivas filosóficas contemporâneas – pressupondo que possa encontrar algumas válidas – para uma época e uma cultura a que sejam alheias. Ele tem o direito de ressaltar que toda teoria normativa, para ser aplicada historicamente, deve levar em consideração o fato de que os cientistas anteriores tinham suas próprias normas (não raro diferentes) que não podem ser ignoradas ao se explicar sua postura cognitiva com relação às teorias da época. Pelo fato de nenhum modelo filosófico de racionalidade ter feito concessão às normas do passado, é compreensível que o historiador tenha tido certa aversão por utilizar esses modelos.

De fato, talvez a principal pedra de tropeço para que o historiador admita a relevância da filosofia para a HDC_2 tenha sido a flagrante desconsideração que muitos desses mesmos filósofos demonstraram por HDC_1 (sobretudo Lakatos, Feyerabend e Agassi), que defenderam com maior veemência a dependência da HDC_2 em relação à filosofia.[19] Essa desconsideração não só se estende a seu mau uso dos dados históricos, ela está arraigada em suas convicções acerca dos objetivos de uma história da ciência de base filosófica, convicções que por vezes subordinam a veracidade histórica ao desejo de marcar pontos filosóficos.

---

[19] A "a-historicidade" desses filósofos é apontada por McMullin, The History and Philosophy of Science: a Taxonomy. In: Stuewer (Ed.) *Historical and Philosophical Perspectives of Science*, Machamer, Feyerabend and Galileo. *Stud. Hist. Phil. Sci.*, v.4, McEvoy; McGuire, God and Nature: Priestley's Way of Rational Dissent. *Hist. Stud. Phys. Sci.* e Beckman, On the Use of Historical Examples in Agassis's "Sensationalism". *Stud. Hist. Phil. Sci.*, v.1.

Tais questões surgem de modo mais claro na "teoria da reconstrução racional" de Lakatos, acerca do papel da filosofia da ciência na escrita da HDC_2.[20] Lakatos quer "explicar *como* a historiografia da ciência deve aprender com a filosofia da ciência".[21] A reconstrução racional do passado que Lakatos convida o filósofo a fazer tem relação curiosa e ambígua com os episódios reais de que são a desejada reconstrução.

Como ressalta Lakatos, o processo de preparação da história "interna" ou da reconstrução racional de um episódio histórico não é de modo algum um trabalho empírico. "*Inventa-se*" ou "se melhora radicalmente" o registro histórico real, para "reconstruí-lo racionalmente".[22] Nessa reconstrução, conta-se a história *tal como devia* ter acontecido. As crenças reais dos agentes históricos cujos nomes aparecem na história são ignoradas ou, muitas vezes, distorcidas. Aqui, Lakatos *não* está ressaltando que o historiador seja seletivo quanto aos dados que menciona. Está, antes, defendendo a tese de que o "historiador racional" deve construir *a priori* uma descrição de como determinado episódio devia ter ocorrido. Não é

---

[20] Embora implícita em boa parte da sua obra, esta doutrina é formulada em Lakatos, History of Science and its Rational Reconstructions. In: Buck; Cohen (Eds.), *Boston Studies in the Philosophy of Science*, v.8., de maneira bastante explícita. O método de reconstrução racional começou como uma técnica filosófica para esclarecer a natureza da deliberação racional e da tomada de decisões. Em sua concepção original, ele implicava postular casos inventados e artificiais selecionados, deliberadamente simplificados para lidar com o caso; fazia-se então que esses casos se aplicassem melhor à situação real, pela adição gradual de fatores complicantes.

[21] Ibid., p.91.

[22] Ibid., p.106.

O PROGRESSO E SEUS PROBLEMAS   237

necessário haver semelhança entre a descrição "interna" assim construída e as exigências reais do caso.[23]

Se isso parecer exagerado, um dos exemplos de Lakatos mostra o quanto ele está disposto a se distanciar do registro histórico. Ao discutir a teoria do elétron de Bohr, por exemplo, Lakatos ressalta que Bohr não tinha, em 1913, sequer concebido a ideia do spin do elétron. "No entanto", insiste,

> o historiador, ao descrever retrospectivamente o programa bohriano, deve nele incluir o spin do elétron, uma vez que ele se encaixa naturalmente no esboço original do programa. Bohr pode ter referido a ele em 1913.[24]

Por esse critério, seja o que for que uma figura histórica teria dito (ou seja, tudo o que seja compatível com o seu "programa de pesquisa") pode ser atribuído pelo historiador a essa figura. O honesto historiador lakatosiano deve "indicar *nas notas de rodapé* como a história real se 'comportou mal'",[25] mas a reconstrução em si não se limita às crenças reais dos agentes históricos. De fato, as liberdades permitidas ao reconstrucionista racional vão além do preenchimento de crenças coerentes com o programa de pesquisas de um pensador. Ele pode também ignorar ou até repudiar os

---

[23] Do mesmo modo, Törnebohm afirma, em sua "reconstrução racional" da astronomia do século XVII, que "os acidentes históricos [*sic*] que afetaram o crescimento desse conhecimento não têm interesse... Tomarei, portanto, a liberdade de fazer uma reconstrução do desenvolvimento histórico. O elenco é formado por duas pessoas que inventei..." (The Growth of a *Theoretical Model. Physics, Logic and History.*, p.79).

[24] Lakatos, History of Science and its Rational Reconstructions. In: Buck; Cohen, *Boston Studies in the Philosophy of Science.* v.8, p.107.

[25] Ibid.

padrões de racionalidade de uma figura histórica, se achá-los incompatíveis. Ao discutir o trabalho do químico Prout, por exemplo, Lakatos convida o historiador a ignorar uma das crenças básicas de Prout acerca da solidez da fundamentação de sua hipótese sobre a composição elementar.[26] Uma vez que o episódio foi assim remodelado pelo reconstrucionista racional, ele passa a avaliar sua racionalidade, de acordo com um modelo adequado de escolha racional. Seja qual for o resultado, *o episódio histórico em si permanece intocado e não explicado* – exceto na medida da sua fidelidade à reconstrução *a priori* (um isomorfismo que, pela natureza dos casos, raramente existe, salvo de maneira limitada).[27]

Lakatos defende essa teoria da reconstrução racional alegando que *"é impossível a história sem certo viés"*.[28] Mas há, sem dúvida, diferença entre ter um viés teórico (ou seja, selecionar e interpretar os eventos históricos "de maneira normativa")[29] e falsificar de modo consciente e proposital a

---

[26] Ibid., p.106.

[27] Um exemplo semelhante da duvidosa relevância histórica das técnicas de reconstrução racional está no estudo – do tamanho de um livro – de Watson, The Downfall of Cartesianism: 1673-1712, sobre a queda do cartesianismo. O procedimento de Watson consiste em definir "um modelo do sistema metafísico cartesiano de fins do século XVII", cujas fraquezas ele explora. Watson atribui a queda do cartesianismo ao fato de esse sistema "modelo" não lidar com as fraquezas de que padecia. O curioso é que Watson reconhece que "nenhum dos cartesianos [...] professou um sistema exatamente do tipo" definido por seu modelo (Ibid., p.29). Uma vez que nenhum cartesiano real aceitou a reconstrução watsoniana, a longa análise de Watson não explica por que o cartesianismo legítimo foi abandonado. O exame dele das falhas lógicas presentes na versão imaginativamente *ersatz* do cartesianismo, apesar de sugestivo, nunca se torna autenticamente histórico.

[28] Lakatos, op. cit., p.107.

[29] Ibid., p.108.

O PROGRESSO E SEUS PROBLEMAS 239

documentação histórica. Lakatos não estabelece a necessidade (ou a desejabilidade) de uma reconstrução do passado que envolva distorção intencional do registro histórico. Realmente, o fato de ele assumir a possibilidade de comparar a "reconstrução" de um episódio com sua "história real"[30] mostra que acredita que a história não tem de ser "fabricada" para ser entendida. Quero dissociar o mais energicamente possível o meu próprio modelo de racionalidade científica dos de Lakatos e do de outros reconstrucionistas racionais. Como eles, creio que a apreciação da racionalidade dos episódios históricos é uma tarefa essencial para o historiador das ideias científicas. Mas a semelhança para por aqui.[31] Ao contrário do reconstrucionista racional, insisto no fato de que devemos avaliar a racionalidade de episódios reais, não de uma invenção de nossa imaginação. Afirmo que as crenças reais dos agentes históricos e os cânones da crença racional de sua época devem ser escrupulosamente observados. Por outro lado, com os reconstrucionistas, oponho-me à invenção de figuras históricas e à fabricação de crenças históricas para ressaltar teses filosóficas ou para dar lições de filosofia.[32] Se o *filósofo* quiser aprender algo com a história, deve tornar-se um servidor dela – lidando pelo menos com casos reais e crenças reais. E se o *historiador* quiser encontrar um modelo filosófico relevante para o seu próprio trabalho, tal modelo deve dar espaço para o caráter evolutivo da mesma racionalidade. Já afirmei que o modelo desenvolvido na Parte 1 pode ser bem-sucedido nisso.

---

[30] Ibid., p.107.

[31] Na verdade, não há grande semelhança aqui, pois o reconstrucionista não avalia a racionalidade de casos históricos, mas de casos factícios.

[32] Como já foi observado, é provavelmente a predileção de muitos filósofos "de orientação histórica" (de Hegel a Lakatos) pelo método arbitrário de reconstrução racional que faz que a maioria dos historiadores desconfie das tentativas filosóficas de lidar com a história do pensamento.

CAPÍTULO 6

A HISTÓRIA DAS IDEIAS

*Embora a brecha pareça pequena, não há abismo
que precise mais de uma ponte que o existente
entre o historiador das ideias e o da ciência.*[1]

*O trabalho de muitíssimos historiadores profissionais
é prejudicado por uma obsessão antirracional –
por um intenso preconceito contra o método, a lógica e a ciência.*[2]

A História das ideias ou, como é muitas vezes chamada, a História intelectual, é um dos mais antigos gêneros de escrita. As presunções que a motivam têm raízes profundas na Antiguidade, saber o que nossos antepassados *pensavam* é tão interessante quanto o que *faziam*, suas ideias são tão importantes quanto suas guerras e seus governantes; de fato, boa parte dos mais antigos textos que chegaram até nós tratam do que hoje chamaríamos História das ideias. Em tempos

---

[1] Kuhn, History of Science. In: *International Encyclopedia of the Social Sciences*, p.78.

[2] Fischer, *Historians' Fallacies:* Toward a Logic of Historical Thought, p.XXI.

recentes, em especial no século XIX, os estudos da História do pensamento, da História cultural, da evolução das ideias e das doutrinas formavam boa parte da literatura histórica. Nos dias de hoje, por outro lado, a História das ideias é vista por muitos como ultrapassada e irrelevante, como uma disciplina com pressupostos superados e ambições desmedidas. Muitos historiadores veem a História intelectual como uma excrescência anacrônica da integridade ideológica de seu campo. Uma vez que a parte principal deste capítulo (e, sob certos aspectos, de todo este ensaio) ressalta a importância da História das ideias – pelo menos de certo tipo de História das ideias –, é prudente começar pela análise de algumas das razões desse atual desprestígio.

Há diversas queixas frequentemente citadas contra a História intelectual:

1. *é "elitista"* – não porque a maioria das pessoas não pense, mas porque só há registros históricos dos "pensamentos" de uma mínima fração dos membros de qualquer sociedade (a saber, aqueles que eram ao mesmo tempo letrados e razoavelmente prolíficos).

2. *pressupõe que as ideias tenham uma realidade independente* – são *"as pessoas* que têm ideias", ressalta a crítica. As pessoas vivem em sociedades com certas características econômicas, políticas e sociais que condicionam e até motivam suas ideias. A História intelectual, por abstrair as ideias de sua circunstância social mais ampla, distorce o registro histórico.

3. *as ideias são uma fonte de mudanças menos poderosas que as "realidades" socioeconômicas subjacentes* – desse ponto de vista, as ideias (sob forma de "ideologias") meramente espelham a condição material da

O PROGRESSO E SEUS PROBLEMAS 243

sociedade e só servem de indicação do conflito de classe entre facções em guerra. Concentrar-se na evolução das ideias é pôr no lugar errado as causas autênticas da mudança histórica.

4. *História por ser "impressionista" e não facilmente quantificável, está descompassada com a marcha rumo à História "científica".*

Deixemos para depois comentários diretos sobre essas conhecidas chicanas contra a História intelectual. Era importante mencioná-las logo, porém, para ressaltar as diferenças entre essas críticas convencionais da História das ideias e as reservas que exprimirei. Todas as objeções anteriores vão, em princípio, contra *qualquer* tipo de História intelectual; procuram lançar dúvidas sobre o esforço de estudar a evolução das ideias (salvo dentro de um contexto socioeconômico mais amplo). Minhas próprias reservas, que discutirei amplamente, são apreensões com relação aos pressupostos que atualmente subjazem a certos tipos de História intelectual. Em suma, argumentarei que boa parte da História intelectual, tal como praticada atualmente, é demasiado orientada para as disciplinas em sua abordagem, demasiado insensível à dinâmica histórica dos problemas intelectuais e mais preocupada com a cronologia e a exegese que com a explicação – que deveria ser seu objetivo central. Todos estes defeitos têm remédio. Minha tese será que há maneiras de se fazer a História das ideias que são não só intelectualmente bem fundamentadas, mas também relevantes. Depois de descrever, pelo menos quanto ao essencial, um modelo adequado para a historiografia das ideias, voltaremos aos pontos (1) a (4) citados, para ver quão convincentes eles são diante de uma concepção mais complexa da História intelectual.

Autonomia disciplinar e História das ideias

Sem dúvida, uma das características mais restritivas de boa parte da História intelectual é sua maneira de apresentação segundo as disciplinas. Há historiadores da Filosofia, da ciência, da teologia, cada qual supondo que as ideias de que tratam não têm dependência interdisciplinar. A tendência para a especialização estende-se até as disciplinas individuais. Os filósofos escrevem Histórias da Ética, da Epistemologia e da Lógica. Os cientistas escrevem Histórias da Química Analítica, da Óptica Física e até da Cristalografia de raios X. Os teólogos oferecem-nos Histórias da escatologia, da teologia natural e da doutrina eucarística. Não há nada de surpreendente nisso. Os adeptos de uma especialidade contemporânea têm uma curiosidade natural, talvez inevitável, sobre seus predecessores. Nem há nada com o alto grau de especialização que vemos em boa parte dos textos contemporâneos sobre a História intelectual. Na prática, senão na teoria, essa múltipla divisão do trabalho entre diversas disciplinas exerceu um efeito deletério sobre a escrita da História intelectual, pois a suposição de uma autonomia disciplinar (relativa) tendeu a tornar muitos historiadores das ideias cegos para o fato mais impressionante da História do pensamento: *seu caráter integrativo.*

Até nosso próprio tempo, grandes intelectuais têm-se preocupado simultaneamente com um amplo espectro de problemas e questões, desde os específicos e técnicos até os gerais e abstratos. Como foi mostrado na Parte 1, a avaliação racional, em geral, tem sido interpretada por nossos antecessores como um processo de encontrar soluções adequadas a uma gama divergente de problemas intelectuais obrigatórios, que, ademais, ocorrem em muitas disciplinas diferentes.[3]

---

[3] Veja a discussão dos problemas conceituais no Capítulo 2.

O PROGRESSO E SEUS PROBLEMAS

A evolução das ideias, e os problemas a que tais ideias dão soluções, é *um processo interdisciplinar*. Os historiadores das ideias, científicas ou não, ignoram essa tendência integrativa a seus riscos.

No entanto, a ignoram. A ampla maioria das atuais Histórias da Ciência e da Filosofia só trata superficialmente da interpenetração recíproca das doutrinas e problemas "científicos" e "filosóficos". Há também dificuldade para encontrar uma História da Teoria Política ou Social que seja sensível ao alto grau de interação histórica entre as ciências "duras" e "moles".

Se a natureza da interação entre as diversas disciplinas fosse apenas uma espécie de "transbordamento", pelo qual as ideias de uma área ocasionalmente penetrassem em outra, a tendência a escrever Histórias disciplinares das ideias seria desculpável. Mas o fato é que (se extrapolarmos a partir dos melhores estudos recentes) há – ou pelo menos tem havido – um processo contínuo de interpenetração e legitimação entre as estruturas intelectuais das diversas disciplinas. Assim, os problemas da metafísica dos séculos XVII e XVIII foram colocados pela nova "ciência mecanicista", e não têm sentido senão quando vistos por esse pano de fundo. Os problemas da teoria social e da estética do século XIX eram subproduto de uma confluência de desenvolvimentos científicos, tecnológicos e epistemológicos que ofereciam tanto o modelo quanto a legitimação para uma série de teorias acerca da estrutura social e da percepção estética.

O que levou esses estudiosos, sutis e sofisticados, a ignorar tantas dessas interligações? Por que, mais especificamente, se desenvolveu o abismo "entre o historiador das ideias e o da ciência" (a que Kuhn se refere no texto em epígrafe deste capítulo)? O essencial da resposta é fornecido, ironicamente, pela própria obra de Kuhn. Embora deplore o fato de os historiadores não enxergarem as ligações entre as ideias científicas e não científicas, Kuhn articula um novo e conhecido modelo do desenvolvimento científico que, essencialmente, nega a existência de qualquer grau significativo de interação. Foi ele, por exemplo, que escreveu que "os praticantes de uma ciência madura estão efetivamente isolados do ambiente cultural em que vivem suas vidas extraprofissionais".[4] Foi Kuhn que frisou que "o desenvolvimento de uma especialidade técnica individual pode ser entendido sem ir além da literatura dessa especialidade e de uns poucos de seus vizinhos mais próximos".[5]

Tais tensões entre as aspirações do historiador e suas convicções são tão familiares que chegam a ser comuns.[6] Embora insista no fato de que *devemos* procurar vínculos intelectuais entre as disciplinas, quando se trata da disciplina que ele conhece mais, o historiador muitas vezes escreve a História como se ela estivesse isolada! Ele parece não perceber que, enquanto conservarmos um modelo de autonomia disciplinar estrita, a articulação de uma História interdisciplinar das ideias sempre nos escapará.

Ideias e seus contextos de problema

Uma falha correlacionada e persistente de boa parte do estudo da História das ideias é a tendência a ignorar os

---

[4] Kuhn, op. cit., p.81.
[5] Ibid.
[6] As crenças de Kuhn na autonomia disciplinar são amplamente compartilhadas entre os historiadores, tanto da "velha" escola indutivista quanto da "nova" escola de orientação social. Para referências sobre a literatura relevante, veja p.299-306.

O PROGRESSO E SEUS PROBLEMAS 247

problemas que motivaram a construção de grandes sistemas intelectuais do passado. Com frequência, o historiador das ideias vê sua função como a descrição das interconexões sistemáticas entre as crenças de um pensador ou grupo de pensadores sobre questões estreitamente relacionadas; é um trabalho sutil, que envolve revelar as linhas de raciocínio pelas quais nossos predecessores chegaram às crenças que tinham. E isso é contar só metade da História, ainda que bem contada. Os sistemas de pensamento não são meramente vínculos lógicos entre proposições. São isso, mas também tentativas de resolver os problemas considerados importantes. Escrever sobre a História dos sistemas conceituais sem identificar os problemas que motivaram esses sistemas é interpretar mal a natureza da atividade cognitiva.[7] Fazer, por exemplo, uma exegese minuciosa do empirismo de Locke ou do materialismo dialético de Engels sem identificar os problemas empíricos e conceituais que tais doutrinas pretendiam resolver não é diferente de jogar um desses jogos de salão em que é dada uma resposta sem se saber a pergunta! Só entendemos um sistema de ideias quando sabemos, em pormenor, o problema que ele procurava resolver.

Se parece difícil imaginar que essa rotina é mais ignorada que observada, consideremos alguns exemplos. Há vários

---

[7] O estudo de Hodge sobre a evolução das ideias de Lamarck (Hodge, Lamarck's Science of Living Bodies. *British Journal of the History Science*, v.5) mostra como é importante levar em consideração os problemas que um cientista está tentando resolver. Hodge mostra que uma falsa interpretação difundida da situação de problema de Lamarck levou muitos historiadores a interpretar mal todo o alcance da sua pesquisa teórica. (Para uma análise semelhante da obra de Chambers, cf. Hodge, The Universal Gestation of Nature: Chambers' Vestiges and Explanations. *Journal of History Biology*, v.5)

séculos, os historiadores das ideias escrevem sobre a Filosofia cartesiana. Literalmente, centenas de livros e milhares de artigos foram escritos sobre o dualismo cartesiano, sobre o método da dúvida em Descartes, sobre o argumento do *cogito* e sobre os empréstimos tomados por Descartes a seus predecessores. Foi, no entanto, na última geração que estudiosos como Gilson e Popkin[8] lançaram certa luz sobre a situação e a orientação dos problemas de Descartes. Só hoje começamos a ver por que a Filosofia de Descartes às vezes passa por aquelas curiosas torções e rodeios que faziam tão pouco sentido quando os estudiosos eram insensíveis aos problemas reais que o filósofo atacava.

Um segundo exemplo é fornecido pela vasta literatura exegética que trata das influentes ideias de John Stuart Mill sobre Epistemologia, Lógica e Filosofia política. Por mais ampla que seja, quase não temos ideia sobre os problemas de Mill. Por que, por exemplo, ele devotou tanta energia para reviver os métodos de indução enumerativa e eliminativa? Quais eram os problemas específicos no âmbito das ciências sociais para os quais seu famoso "método histórico" devia fornecer solução? Quais eram seus motivos para classificar as ciências como o fez? Boa parte dos mais atentos estudos sobre Mill contorna essas questões (e outras semelhantes) sobre os problemas por ele abordados.

Mesmo quando os historiadores intelectuais reconhecem que os sistemas de pensamento têm raiz em problemas, tendem a adotar uma noção ossificada e opaca do que é um problema. Mostrando menos sensibilidade ao processo histórico e aos matizes conceituais do que era de se esperar,

---

[8] Cf. especialmente Gilson, *Ètudes sur le rôle de pensée médiévale*, e Popkin, *The History of Scepticism from Erasmus to Descartes*.

O PROGRESSO E SEUS PROBLEMAS 249

muitos estudiosos escrevem como se os problemas tivessem uma unidade imutável ao longo do tempo, um caráter *perene*.[9] Quantas vezes não vemos referências na História da Filosofia *ao* problema da substância, da indução, das relações mente e corpo, do livre arbítrio, dos universais? Do mesmo modo, os historiadores da ciência falam *do* problema da combustão, *o* problema da vida ou *o* problema da queda livre. Em cada um desses casos, os problemas não permaneceram estáticos. O problema da indução de Hume era diferente do de Mill, e ambos eram muito diferentes da versão que temos hoje.[10] Há momentos em que dois pensadores tratam do mesmo problema ou conjunto de problemas, mas isso tem de ser mostrado, não pressuposto. *Pressupor* a identidade dos problemas ao longo do tempo é, para o historiador das ideias, o primeiro passo no caminho do que talvez seja uma falsificação do registro histórico, pois quando entendemos mal o caráter preciso dos problemas de um pensador, estamos perto de compreender mal a natureza das soluções por ele propostas.

---

[9] Comparar com Jaspers: "É melhor abordar os grandes filósofos [...] como contemporâneos. [...] Compreendemo-los melhor questionando-os lado a lado, sem consideração pela história nem pelo lugar que nela ocupam" (*The Great Philosophers*, p.XI).

[10] Isto não significa que não haja nada em comum entre os três. Mas a compreensão histórica muitíssimas vezes depende da capacidade de reconhecer que, ao longo do tempo, os problemas sofrem mudanças sutis e, às vezes, profundas de formulação e de substância. Como Skinner observa: "É a crença essencial em que seja de se esperar que cada um dos autores clássicos tenha examinado e explicado um conjunto determinável de 'conceitos fundamentais' de 'interesse perene' que parece ser a fonte básica das confusões geradas por esta abordagem do estudo da história das ideias literárias ou filosóficas" (Meaning and Understanding in the History of Ideas. *History and Theory*, v.8, p.5).

Muitos historiadores são francos em sua insistência de que os problemas intelectuais não mudam. Leonard Nelson, por exemplo, chega a afirmar que seria *impossível* escrever a História da Filosofia sem supor a identidade dos problemas ao longo do tempo. Pela análise de Nelson, as soluções mudam, mas os problemas não.[11] A abordagem de Nelson beira a perversidade. Imaginar – como Nelson – que a teologia medieval, a física do século XVII ou o surgimento recente das ciências sociais não produziram *novos* problemas para a tradição filosófica leva ao repúdio por boa parte dos melhores estudos dos últimos 150 anos.

A ênfase de uma abordagem da História intelectual orientada para problemas ecoa a insistência de Collingwood em que o historiador das ideias deve estar sempre cônscio dos problemas e das questões que as figuras históricas tentavam resolver.[12] Infelizmente, sua abordagem torna absurda a historiografia baseada na solução de problemas, por causa de sua concepção idiossincrática dos problemas e das soluções. Por exemplo, Collingwood aderiu à ideia de que o *único* modo pelo qual o historiador determina que problemas um pensador tentava resolver é ver quais problemas ele resolveu. Como ele diz a respeito de Leibniz:

> O mesmo trecho descreve a solução e serve de prova de qual era o problema. O fato de identificarmos o problema é prova de que ele o resolveu; pois só sabemos qual era o problema a partir da solução.[13]

---

[11] Nelson escreve: "A mesma Filosofia da História é a sucessão de soluções cada vez mais bem-sucedidas a esses problemas [imutáveis]" (What is the History of Philosophy? *Ratio*, p.22).

[12] Veja Collingwood, *Autobiography*.

[13] Ibid., p.70.

O PROGRESSO E SEUS PROBLEMAS   251

Por essa análise, jamais diríamos que um pensador não resolveu um problema, pois o único critério que Colling wood admite para atribuir um problema a um pensador é o fato de ele tê-lo resolvido. Tão panglossiana ideia da atividade intelectual – que implica que os únicos problemas que tentamos resolver são os que realmente resolvemos – impossibilita o historiador de criticar o passado e de explicar suas vicissitudes (pelo menos à medida que estas últimas dependem da incapacidade de certos sistemas intelectuais de resolver os problemas de que tratam). Collingwood não reconheceu que o historiador muitas vezes tem material probatório para atribuir um problema a um pensador, mesmo quando tal pensador não consiga resolver o problema de que escolheu tratar.

Os objetivos e as ferramentas da História intelectual

Cronologia, exegese e explicação. Outro problema que atormenta a historiografia das ideias é a falta crucial de clareza quanto aos próprios objetivos do empreendimento. Tal como é interpretada por muitos dos seus praticantes, o objetivo da História intelectual é nada mais, nada menos que a *exegese*, e o seu método básico é a clássica *explicação de textos*. Sob essa óptica, a principal tarefa do historiador das ideias é esclarecer o que as pessoas disseram e pensaram no passado. Examinam-se, por exemplo, as ideias de Newton acerca do tempo ou a teoria marxista da alienação e, essencialmente, tenta-se apresentar a doutrina adequada de modo mais claro e mais sério que a(s) original(is). Assim praticada, a História intelectual equivale a um modo elaborado de paráfrase e resumo. O historiador encara sua tarefa como a de reapresentar os argumentos que encontra nos textos clássicos, preenchendo-os com pressupostos que não haviam sido clara ou atentamente formulados nas fontes originais.

Chamarei de *História exegética* essa espécie de História intelectual, justamente porque seu objetivo é expositivo. A História exegética visa a oferecer uma *História natural da mente em sua evolução ao longo do tempo.* Como qualquer outro modo de História natural, ela é *descritiva* em suas ambições. Procura registrar a sequência temporal das crenças, do mesmo modo como a geologia aspira a registrar a sequência de mudanças ocorridas na face da Terra. Mas há um tipo diferente de História intelectual a que podemos aspirar: a *História explicativa.*

Nosso objetivo aqui seria não só reapresentar o que as "grandes cabeças" disseram, mas explicar por que o disseram. Vê-se que a História exegética das ideias está para a História explicativa assim como a cronologia está para a História geral ou como as ciências descritivas estão para suas contrapartes explicativas. O cientista explicativo deve ser claro quanto à sucessão temporal dos acontecimentos, mas aspira mais que a mera cronologia. De fato, ele apresenta as razões e as causas por trás das sequências temporais. Da mesma maneira, o historiador das ideias – se pretende ser mais que um cronologista – deve estar pronto para ir além da História exegética. Deve estar disposto a fazer e responder a perguntas como: Por que determinado pensador em certo momento adotou certas crenças? Por que determinado sistema de ideias foi modificado onde e quando o foi? Como uma tradição ou movimento intelectual nasce de outro?[14]

---

[14] A própria possibilidade de responder a tais perguntas é negada por um dos mais banais movimentos hoje populares na história intelectual, especificamente, essa forma de estruturalismo associada à obra de Michel Foucault, sobretudo, *The Order of Things.* Para nossos objetivos,

O PROGRESSO E SEUS PROBLEMAS   253

Infelizmente (e isso talvez explique o constrangimento que muitas pessoas sentem com relação a ela), os estudos realizados no campo da História intelectual ainda são, em boa parte, exegéticos e não explicativos. A historiografia da Filosofia, certamente a mais retrógrada sob esse aspecto, oferece exemplos claros.

Os estudiosos em geral concordam que o surgimento de um modelo hipotético-dedutivo da ciência foi uma

---

os dois principais defeitos da historiografia foucaultiana são: (a) *o caráter completamente estocástico*. A "arqueologia das ideias" (a versão de Foucault da história intelectual) não oferece meio, na verdade, nega uma explicação coerente de como as visões de mundo ("epistemes") geram umas às outras ou de suas interligações mútuas. Por Foucault insistir no fato de que o surgimento de novos sistemas conceituais é resultado de "rupturas da consciência humana", não há explicação – nem intelectual nem socioeconômica – dos processos pelos quais novas epistemes substituem outras mais velhas. O outro defeito é (b) *a vaga invocação do Zeitgeist*. Embora supostamente evite as categorias tradicionais da análise filosófica, a busca de Foucault das estruturas e metáforas comuns que (segundo ele) permeiam o pensamento de cada época remete à velha crença, muitas vezes desacreditada, em que as ideias "no ar" e "a consciência coletiva" são as modalidades causais apropriadas ao historiador. Entender um texto clássico, para Foucault, não é relacioná-lo com a biografia de seu autor nem examinar os argumentos nele presentes; ao contrário, o historiador estuda esses textos para descobrir o que dizem acerca da consciência (linguística) de uma era. Com suas ênfases gêmeas no mistério e na opacidade do pensamento humano, ressaltando a "história como poesia", o estruturalismo foucaultiano deve ser visto como uma das mais obscurantistas modas historiográficas do século XX. Revela algo sobre o estado de espírito de muitos historiadores intelectuais o fato de eles estarem dispostos a prestar obediência a uma obra como a de Foucault, que em geral admitem ser ininteligível. Como Bergon e Teilhard, Foucault valeu-se dessa curiosa ideia anglo-americana de que, se um francês fala coisas sem sentido, deve estar em uma profundidade inacessível a um falante da língua inglesa.

característica importantíssima da Lógica e da Epistemologia do século XIX. Muitos estudos exegéticos foram escritos acerca das ideias de Kant, Whewell, Mill, Peirce e outros acerca desse novo modelo filosófico da ciência. Mas praticamente nenhum perguntou *por que* a maioria dos filósofos do século XIX, ao contrário de seus antecessores do século XVIII, julgaram adequado ou importante ressaltar a natureza especulativa da ciência. Por enquanto, não temos os esboços de uma História explicativa da Epistemologia e da Lógica indutiva desse período.[15]

Os historiadores das ideias do Iluminismo há muito concordam que as sombras de Bacon e Newton cobrem boa parte do pensamento do século XVIII. Inúmeros livros e artigos dedicam-se a rastrear a influência de suas ideias na França, na Inglaterra e na Alemanha durante o período. Se, porém, perguntarmos por que Bacon e Newton eram muito mais influentes que, digamos, Hobbes, Boyle ou Malebranche, descobriremos que as respostas não são frequentes nem, quando dadas, formuladas de maneira convincente. O fato da predominância de Newton e Bacon no pensamento do século XVIII foi documentada *ad nauseam*: temos ainda de transformá-lo em um fato arrazoado ou explicado.

No que se refere aos indivíduos, tanto quanto aos movimentos mais amplos, a maior parte da História intelectual permanece exegética e não explicativa. Hoje é notório, por exemplo, que Newton e Leibniz foram influenciados pela Filosofia cartesiana em seus anos de formação. Ambos,

---

[15] Tentei dar algumas respostas preliminares a estas perguntas em Laudan, C. S. Peirce and the Trivialization of the Self-Corrective Thesis. In: Giere; Bloomington (Eds.), *Foundations of Scientific Method in the 19th Century* e Id., The Sources of Modern Methodology. In: Butts; Hintikka (Eds.), *Logic, Methodology and Philosophy of Science-V*.

O PROGRESSO E SEUS PROBLEMAS 255

porém, por diferentes razões, vieram, em sua maturidade filosófica, a repudiar as concepções cartesianas. A cronologia desse processo tem sido bem documentada. Se, porém, pedirmos uma *explicação* convincente para o fato de Newton e Leibniz terem mudado de ideia, os estudiosos contemporâneos não levam muito além das explicações incompletas dadas pelos mesmos Leibniz e Newton.

A pobreza explicativa generalizada da História intelectual, como mostram esses poucos exemplos, provavelmente é mais que acidental. Somos levados a conjecturar que haja algo nos métodos e pressupostos atuais da História das ideias que dê conta dessa falência explicativa. Estou propenso a localizar as dificuldades em pelo menos duas áreas: nas unidades básicas de análise até hoje usadas pelos historiadores das ideias; e nas dificuldades que atingem qualquer tentativa de explicação das crenças dos agentes humanos. Esses pontos serão tratados, um de cada vez.

Conceitos, "ideias unidade" e tradições de pesquisa. Até recentemente, o modo de abordar a História das ideias consistia em rastrear uma ou mais ideias correlacionadas em sua evolução por um longo período de tempo. O conceito de espaço, a ideia da grande cadeia do ser, a doutrina do *habeas corpus*; entidades como essas há muito tempo têm sido o fundo de comércio, as unidades primárias de análise, na História intelectual. O que não é de surpreender; com que, além das ideias, a História das ideias deveria se preocupar? Apesar de sua plausibilidade inicial, há algo de deficiente em colocar o foco principal no conceito ou (como Lovejoy o chamava) na "ideia unidade".

Uma das razões é que tal abordagem ignora o fato de que as ideias são inter-relacionadas e interligadas. Para entender o que alguém quer dizer com uma ideia, temos de ver como ele a emprega e de que modo ela funciona em um quadro mais amplo de convicções acerca do mundo. Em muitos casos, a própria determinação do *significado* de um conceito ou ideia exige que penetremos na malha de crenças do pensador que se vale do conceito. Como estudos recentes mostraram, determinar o significado (para citar apenas alguns exemplos) da concepção da matéria de Newton, da concepção de força de Faraday ou da concepção do Estado de Hobbes exige uma análise de todo o *Weltbild* do pensador em questão.

Mas há outras maneiras ainda mais graves pelas quais o foco em ideias tomadas isoladamente coloca sérios obstáculos no caminho da análise histórica. Como sabemos, as ideias mudam e evoluem. Dar conta delas deve ser uma das tarefas centrais da História das ideias. Tais mudanças só podem ser explicadas observando-se a posição mutável de uma ideia em uma rede conceitual mais ampla em contínuas modificações. Assim, para explicar as mudanças ocorridas em um conceito particular e específico, em geral, devemos considerar uma unidade mais ampla que o conceito em si. Estudos recentes mostraram, por exemplo, que o conceito de "regularidade natural", cuja pré-história pode ser rastreada até a Antiguidade, passou por uma grande alteração durante o século XVII. Entendemos essa mudança quando vemos que ela está intimamente ligada ao surgimento da teologia voluntarista e que a noção de lei da natureza que se coaduna com uma divindade que age livremente é muito diferente do tipo de regularidade natural que se encaixa em um universo ordenado deterministicamente e estruturado teologicamente. Está fadada ao fracasso a tentativa de contar a História do conceito metafísico de ordem natural, sem ao mesmo tempo contar a História dos sistemas ou tradições de pensamento mais amplos (que abarquem tanto a ciência quanto a teologia) em que aquele conceito estava integrado.

O PROGRESSO E SEUS PROBLEMAS 257

Em um nível mais profundo, o perigo central dessa abordagem da História intelectual é sua tendência a tornar os historiadores cegos às mudanças ocorridas com a ideia ou o conceito ao longo de sua evolução. Sugerir, como Lovejoy, que tanto Platão como Leibniz aceitam a ideia da grande cadeia do ser é paliar o fato de que "a cadeia do ser" significa algo diferente para os dois pensadores. Afirmar, como Holton, que o "tema" da descontinuidade é recorrente no pensamento humano obscurece mais questões que esclarece, pois (para tomar dois extremos) as descontinuidades democritianas são diferentes das postuladas por Bohr ou Planck.[16] O que ganhamos encarando a História do pensamento como um contraponto entre polaridades como ser e devir: atividade e passividade ou qualidade e quantidade? Será que representar o pensador como alguém que constrói um sistema tirando água do poço familiar dos conceitos primordiais explica o que ele faz? Creio que os conceitos evoluem como os problemas e que a presunção de *stasis* em qualquer nível equivale a aceitar uma ultrapassada concepção platônica da natureza da História intelectual.

Estudos filosóficos e históricos recentes ressaltam a necessidade de abandonar a tradicional abordagem "vertical" ou baseada na ideia-unidade da História intelectual. Pensadores como Duhem, Quine, Hanson e Feyerabend argumentaram de maneira convincente que são sistemas inteiros de pensamento que enfrentam a experiência. Os conceitos tomados individualmente, as proposições particulares que são

---

[16] Cf. Holton, *Thematic Origins of Scientific Thought*, sobretudo capítulos 1 e 3. Folton pretende identificar a maior parte dos conceitos centrais ("themata") presentes na história da ciência e "desconfia que seu total seja de menos de cem" (On the Role of Thematic in Scientific Thought. *Science*, v.88, p.331).

componentes desses complexos mais amplos, não são – e não podem ser – independentes; assim, não devemos apreciar ou avaliar os conceitos um a um. Pelo fato de esses sistemas (que chamo de "tradições de pesquisa") funcionarem o tempo todo como as unidades efetivas de aceitação (ou rejeição), segue-se que o historiador intelectual – à medida que queira explicar as vicissitudes da evolução das crenças – deve adotar essas tradições como unidades fundamentais para a análise histórica.[17] Isso, por sua vez, exige uma abordagem mais *horizontal* que as que costumamos ver nos estudos históricos. Devemos concentrar-nos mais em períodos menores de tempo, em que examinemos as interligações sistemáticas entre os conceitos em diversas tradições de pesquisa *contemporâneas*. Se quisermos saber por que Newton introduz o conceito de tempo absoluto ou por que Locke modifica o conceito tradicional de monarquia, devemos examinar em pormenor suas próprias tradições e as tradições de seus rivais. Temos de estar preparados para mostrar de que modo, por exemplo, a introdução de certas variações conceituais melhoraram a capacidade de solução de problemas de um ou outro sistema que incorpora a variação.

Há outra dimensão do contraste entre História "vertical" e "horizontal". Alega-se às vezes, e até mesmo se supõe, de modo mais geral, que a função central da História das ideias é esclarecer o que certo "grande pensador" quis dizer em determinado texto. A busca do *Verstehen* de Dilthey, a preocupação de Collingwood com "repensar os pensamentos de outro homem" e "entrar em sua cabeça", assim como o interesse de Skinner em identificar as "intenções" dos grandes pensadores,[18] tudo isso expressa a preocupação dos teóricos da História intelectual

---

[17] Veja Capítulo 3.
[18] Skinner, Meaning and Understanding in the History of Ideas. *History and Theory*, v.8.

O PROGRESSO E SEUS PROBLEMAS   259

com a exegese fiel. Embora inquestionável, esse processo não é a tarefa mais importante do historiador intelectual. O historiador deve estar pelo menos tão interessado em saber como as ideias são recebidas (o que os alemães chamam de *Rezeptionsgeschichte*) quanto em como essas ideias alcançaram a maturidade na mente que as produziu inicialmente. As intenções ou os processos internos de pensamento de um homem que gera uma ideia são irrelevantes para explicar como a ideia foi recebida na comunidade intelectual pertinente. Ou seja, se nosso foco é a evolução das tradições de pesquisa, precisamos dar mais atenção às maneiras como a tradição é interpretada e modificada por seus defensores e menos aos processos raciocinativos que produziram originalmente a tradição.

Ao afirmar que as tradições de pesquisa, e não os conceitos individuais, devem ser a unidade básica da análise histórica, estamos longe de dizer que o historiador intelectual precise evitar as ideias e os conceitos. Minha tese é, pelo contrário, que, se estivermos interessados em conceitos tomados individualmente, devemos começar por uma análise das tradições de pesquisa, pois são as mutáveis fortunas dessas últimas que explicam as mudanças específicas nesses conceitos e suas fortunas. Não devemos nos deixar iludir pelo fato de que a maioria dos físicos fale do espaço ou de que a maioria dos teóricos da política trate do Estado nem pensar que conceitos como "espaço" e "o Estado" tenham autonomia histórica que explique suas transformações históricas independentemente dos padrões mais amplos de crença de que aquele conceito particular constitui apenas um elemento.

EXPLICAÇÕES NA HISTÓRIA INTELECTUAL. Se o fracasso em concentrar-se coerentemente na mais útil das unidades de análise provocou certo mal, um problema tem sido a ambiguidade com relação às ambições da História das ideias. Na maioria das ciências explicativas, o objeto da explicação, o que deve ser explicado é um evento (a queda de uma pedra), um processo (o crescimento de uma planta) ou uma ação (o bombardeio de Hiroshima). De modo geral, a História das ideias não se preocupa em explicar nenhuma dessas coisas. Seus dados básicos são as *crenças* e suas mudanças e modificações. Se a História intelectual quiser ser explicativa, seu objetivo deve ser a explicação das vicissitudes das crenças e convicções da parte dos agentes históricos. Simplesmente documentar quais eram essas crenças e como mudaram, que é o objetivo da História exegética, não nos dá explicações. Para garanti-las, temos de oferecer argumentos históricos convincentes que mostrem por que determinada crença foi formulada, aceita, modificada ou rejeitada. Aí é que está o problema, pois ainda há muita discussão sobre o que pode ser tido legitimamente como "explicação de uma crença".

Como deveria ser um *explanans* de tipo apropriado? Se aceitarmos o modelo habitual de explicação e o aplicarmos à História das ideias, poderíamos sugerir que todo *explanans* adequado contém proposições universais ("leis") e proposições referentes às condições iniciais. Os dois conjuntos deveriam implicar, por meio de um esforço comum, uma proposição que anunciasse uma situação de crença que desejaríamos explicar. Aceitando, por enquanto, esse modelo, nossa pergunta sobre a explicação na História intelectual reduz-se a: Que tipo de coisa, se é que há alguma, vale como leis e condições iniciais adequadas para a explicação de crenças?

Há pelo menos duas maneiras diferentes de responder a essa pergunta. A primeira: se fôssemos ferrenhos deterministas sociais (ou psicológicos), convictos de que todas as crenças são causadas pela (e, portanto, devem ser explicadas em termos da) posição socioeconômica ou pelo estado psicológico dos crentes, deveríamos ter leis que relacionassem um

O PROGRESSO E SEUS PROBLEMAS 261

tipo específico de situação social, x, com um tipo específico de crenças, a (a saber, aquelas que aparecem no *explanandum*). Nossas condições iniciais afirmariam que um crente em particular, z, estava na situação relevante x. Deduziríamos, então, que (e com isso explicar por que) z aceitou a crença a. Esse tipo de explicação raramente é oferecida pelos historiadores das ideias; o que não é de surpreender, pois a maioria deles não aceita o determinismo situacional das crenças e, por esse motivo, não está disposta a aceitar a verdade das "leis" invocadas por esse tipo de explicação. Uma vez que as explicações sociais das crenças não são amplamente aceitas e boa parte do Capítulo 7 trata das ramificações de tal abordagem, não vamos levar adiante essa discussão.

A segunda: muito mais invocada que as mencionadas anteriormente são as que poderíamos chamar de *explicações racionais das crenças*. Aqui pressupomos, implícita ou explicitamente, certas regras ou leis da crença racional e, em seguida, as aplicamos a situações de crença particulares. Um historiador diria (por exemplo) que Bacon rejeitou a crença na mágica supersticiosa porque não via provas a favor dela (pressupondo como lei explicativa geral que "os agentes racionais só aceitam crenças quando dispõem de fatos positivos a favor delas"). Uma vez que esse modo de explicação é fundamental para a própria possibilidade de uma História explicativa das ideias, vale a pena examinar sua estrutura. Consideremos o seguinte esquema:

Todos os agentes racionais no tipo de situação a aceitarão (ou rejeitarão ou modificarão) crenças de tipo b.	(1)
Smith era um agente racional	(2)
Smith estava na situação a_1 (isto é, em uma situação de tipo a).	(3)
Smith aceitou (ou rejeitou ou modificou) a crença b_1.	(4)

As sentenças (3) e (4) do esquema (1) são presumivelmente não problemáticas; os fatos devem estabelecer sem ambiguidade seu estatuto de verdade. A sentença (2) é só um pouco mais difícil; estudos biográficos atentos podem estabelecer com grande probabilidade se determinada figura histórica geralmente era ou não racional na avaliação das crenças nesse campo. Em compensação, (1) é o caso problemático, pois, como descobrirmos leis ou princípios do tipo 1?

A pergunta não pode ser evitada ou adiada, pois uma resposta plausível a ela é pré-requisito a qualquer História (em oposição a cronologia) das ideias. As leis gerais procuradas pertencerão, é claro, à teoria da crença racional; pois só essas teorias oferecem princípios gerais do tipo representado pela sentença (1). A aplicabilidade dessas teorias da crença racional, por sua vez, depende do que introduzimos em nossa caracterização do "tipo de situação" do crente. Como ressaltei na Parte 1, a maior parte das teorias da crença racional não é muito útil para o historiador, porque lida com poucos tipos de situação.

Para uma teoria *indutivista* da racionalidade, por exemplo, os únicos tipos de situação levados em conta seriam aqueles em que fosse atribuída a uma crença uma probabilidade muito alta (ou muito baixa) com base nas provas empíricas conhecidas. Mas, como vimos, isso não é de muita valia para o historiador da ciência ou para o historiador intelectual geral, porque praticamente nenhum caso histórico de crença real exemplifica as condições estritas exigidas pelos modelos indutivistas. Nas teorias *dedutivistas* da racionalidade, por outro lado, os únicos tipos de situação permitidos seriam aqueles em que houvesse relações de implicação entre a crença a ser explicada e as outras crenças do agente. Embora tais casos ocorram na História do pensamento (e, sob esse aspecto, os modelos dedutivistas de racionalidade têm *mais*

O PROGRESSO E SEUS PROBLEMAS 263

a oferecer ao historiador intelectual que os indutivistas), mesmo assim eles constituem apenas uma minúscula fração das situações de crença que ele procura explicar. Uma variante do modelo dedutivista frequentemente invocada pelos historiadores intelectuais é a teoria da pressuposição de Collingwood. Aqui, a ideia é chegar aos conceitos que estão por trás das crenças explícitas a que o pensador adere. O problema é que a análise pressuposicional (pelo menos sob sua forma collingwoodiana) é, em essência, puramente dedutivista. Explica as crenças de uma figura histórica que decorram estritamente de seus alegados pressupostos; mas não explica nem os mesmos pressupostos, tampouco uma crença que não seja consequência dedutiva desses pressupostos. Pior ainda, a História pressuposicional não oferece instrumentos para se discutir por que os agentes históricos aceitaram um conjunto de pressupostos e não outro. Assim, deixa sem explicação o próprio aspecto da História que considera o mais importante.

Além das limitações já citadas, esses modelos de crença racional padecem de mais um defeito quando aplicados à História das ideias: a saber, sua insensibilidade (que equivale a uma negação) à questão de até que ponto os *cânones específicos de racionalidade são temporalmente dependentes.* Um modo de argumentar que uma época ou "escola de pensamento" considera legítimo é visto por outra tradição intelectual como sem fundamento e obscurantista. Nem as teorias da racionalidade indutivistas nem as dedutivistas dão ao historiador a possibilidade de lidar com essas mudanças temporais sutis nos padrões de argumentação com que ele continuamente se depara em sua pesquisa.

Aquilo de que a História intelectual mais precisa, em minha opinião, é de uma teoria da crença racional que vá além das limitações restritivas dos modelos indutivista e dedutivista.

O modelo de racionalidade baseado na solução de problemas examinado anteriormente representa um passo nessa direção. Ele é sensível aos cânones mutáveis e locais de crença racional; permite uma avaliação comparativa e racional dos pressupostos; não limita a crença racional aos casos em que há rígido vínculo proposicional dedutivo ou indutivo.

Essas grandiosas pretensões soam muito bem no plano abstrato, mas como, na prática, o modelo baseado na solução de problemas lança luz sobre casos específicos? O método de aplicação do modelo é relativamente simples. Começa-se por identificar o conjunto de sistemas explicativos disponíveis (ou seja, as tradições de pesquisa) em dada época e determinada comunidade intelectual. Definimos, então, para cada uma dessas tradições de pesquisa quão progressistas elas eram (ou seja, quão efetivas eram em aumentar ao máximo o número de problemas resolvidos e em reduzir ao mínimo os problemas anômalos e conceituais). Essa análise permitirá ao historiador construir um perfil do progresso de cada uma das opões disponíveis.[19] Independentemente desses perfis, temos leis ou princípios gerais de racionalidade. Entre eles, haveria: (1) todos os agentes racionais preferirão uma tradição de pesquisa mais efetiva a outra menos; e (2) todos os agentes racionais, ao modificar uma tradição de pesquisa, preferirão as modificações mais progressivas às menos.

Tais princípios, quando conjugados com os perfis de progresso ou de racionalidade de cada uma das tradições de pesquisa existentes, permitirão *explicar* muitos desenvolvimentos ocorridos na História do pensamento até agora avessos às explicações. Essa, pelo menos, é a pretensão do modelo baseado na solução de problemas.

---

[19] Esses perfis correspondem *grosso modo* à história exegética ou descritiva.

O PROGRESSO E SEUS PROBLEMAS   265

Devemos ressaltar que, para dar explicações históricas do tipo aqui proposto, não precisamos de quaisquer avaliações racionais e normativas. Poder-se-ia dizer que não é tarefa do historiador determinar se certa crença era racional, apenas que certo pensador *julgou que ela o fosse*. Suponhamos, por exemplo, que queiramos explicar por que Newton defendeu forças com ação a distância para explicar a gravidade. Não bastaria recitar as razões alegadas por ele para introduzir o conceito, acrescentando talvez que ele as considerava suficiente para se valer do conceito? Nessa análise, não há lugar para o historiador colocar a questão de se, pelos cânones apropriados da crença científica da época, Newton *estava certo* em julgar bem fundamentada a ação a distância.

Para situar a falha dessa abordagem, examinemos um segundo exemplo. Suponha que se deseje explicar por que certos "criacionistas especiais" acreditam ter havido um dilúvio universal nos tempos de Noé. Suponhamos, ademais, ser possível mostrar que sua única razão para tal crença é que ela concorda com as Escrituras e, uma vez que considera a concordância com a Bíblia um sinal de verdade, julga sua crença bem fundamentada. Diante de tal "explicação", apenas metade do trabalho do historiador estaria completa, pois queremos saber por que esse criacionista aderiu a tão estranha teoria da verdade. Nossa curiosidade é aguçada quando lhe dizem que alguém aceitou uma crença para a qual não havia "boas" razões.

Em contrapartida, se pudemos mostrar que um pensador aceitou certa crença que era realmente a melhor disponível na situação, percebemos que a nossa tarefa explicativa foi cumprida. Implícita nessa maneira de ver a questão é a suposição de que *quando um pensador faz o que é racional, não é preciso levar adiante a investigação sobre as causas de sua ação*; ao passo que, quando faz o que é na verdade irracional – mesmo que creia ser racional –, precisamos ir adiante na explicação. Essa suposição funciona no reino do comportamento humano como o princípio de inércia na mecânica. Nos dois casos, os princípios oferecem uma caracterização do que consideramos "comportamento normal". Um corpo que se move em velocidade constante e um homem que se comporta racionalmente são "estados esperados", que não exigem análise causal adicional. Só quando os corpos mudam de velocidade ou quando os homens agem irracionalmente exigimos explicação desses desvios em relação ao padrão. Essa proposta, é claro – de que o comportamento racional é a regra, não a exceção –, está aberta ao debate, mas, como veremos no Capítulo 7, é preferível às demais opções. Justamente por ser preferível, as avaliações normativas – enquanto opostas às puramente descritivas – devem desempenhar um papel nas explicações históricas, pois nos dizem quando nossa tarefa explicativa chegou ao fim.

Solução de problemas e tradições de pesquisa não científicas

Poder-se-ia pensar que o modelo baseado na solução de problemas articulado na Parte 1, embora aplicável à História das ideias científicas, só tem uso limitado nas áreas da História intelectual que lidam com as áreas não científicas. Embora ocorram problemas conceituais em todos os campos de investigação, os problemas empíricos parecem ocorrer de maneira menos global. Muitos estudiosos afirmaram que apenas as ciências são disciplinas empíricas, do que se seguiria que apenas a ciência tem o que foi chamado de problemas empíricos e não haveria contraparte de resolução de problemas empíricos nas disciplinas não científicas. Se fosse verdade que as ciências naturais e sociais esgotassem o domínio dos

O PROGRESSO E SEUS PROBLEMAS 267

problemas empíricos (como diziam os positivistas), teríamos dúvidas a respeito da adequação de um modelo baseado na solução de problemas para se lidar com a História intelectual geral. Imaginar que as disciplinas "não científicas" tradicionalmente não tiveram elemento empírico significativo é uma paródia histórica grosseira. Vejamos apenas alguns exemplos:

1. A metafísica é frequentemente citada (em especial por antimetafísicos profissionais) como exemplo de disciplina sem conteúdo empírico. Mas há, e classicamente houve, um sem-número de problemas empíricos que os sistemas metafísicos tentaram resolver. Por exemplo, vemos em nossa experiência diária que a maior parte dos objetos perdura ao longo do tempo. Um dos problemas empíricos fundamentais da metafísica tem sido explicar que propriedades do ser explicam a aparente persistência dos objetos. Do mesmo modo, a maioria das mudanças que experimentamos no mundo parece estar vinculada a outras mudanças. Uma exploração do nexo causal tem sido um problema persistente para a metafísica. Mesmos os sistemas metafísicos (como o ocasionalismo) que negam a realidade última da ligação causal entre eventos ainda devem explicar um problema empírico; a saber, por que é que o mundo parece estar interligado. É verdade que a especificidade dos problemas empíricos enfrentados, digamos, pelo químico e pelo ontólogo é diferente, mas a diferença é de grau, não de tipo. O metafísico e o historiador da metafísica, tanto quanto o químico e seu historiador, devem tratar dos problemas empíricos de sua área do saber.

268 LARRY LAUDAN

2. Alega-se muitas vezes que a teologia, como a metafísica, é transcendente e, portanto, carente de problemas empíricos. Poucos teólogos tradicionais ou historiadores aceitariam, no entanto, essa visão. Por exemplo, o "problema do mal" é essencialmente empírico *par excellence*: como manter a crença em uma divindade benévola e onipotente diante de todas as mortes, as enfermidades e os desastres naturais de nossa experiência? Muitas doutrinas teológicas foram concebidas para lidar com essa aparente anomalia empírica. A teologia judaico-cristã, em especial, dispõe de um vasto grupo de problemas empíricos semelhantes. Em certo nível, a teologia faz certas asserções históricas acerca da existência de pessoas e da ocorrência de eventos. Em outro, a teologia judaico-cristã faz asserções acerca dos efeitos experienciais da "verdadeira crença" nos crentes. Tais asserções são, em princípio, testáveis no reino da experiência.[20] Se falsas, tais asserções são ameaçadas por uma ampla base de anomalias empíricas que toda teologia adequada (isto é, progressiva) deve resolver ou sofrer as consequências cognitivas de não conseguir resolvê-las. Se verdadeiras, constituem então problemas empíricos resolvidos.

Poder-se-iam fazer observações semelhantes acerca da existência de problemas empíricos em todos os outros ramos da investigação humana. Mesmo nas chamadas ciências formais, como a lógica e a matemática, em que seria menos

---

[20] Foram maciçamente desacreditados *pela experiência*.

O PROGRESSO E SEUS PROBLEMAS   269

de esperar encontrar problemas empíricos, eles existem em grande número – como demonstraram os fascinantes estudos de Lakatos sobre a História da matemática.[21]

A aplicação de um modelo baseado na solução de problemas às disciplinas não científicas tem implicações não só na escrita da História de tais disciplinas, mas também *para se avaliar o estatuto cognitivo delas*. Afirma-se, com frequência, que somente as ciências são progressivas e cumulativas, ao passo que as outras áreas da investigação apresentam mudanças de maneira e estilo que não podem ser descritas como progressivas.[22] O contraste às vezes é expresso de maneira diferente; diz-se que as ciências descobrem quando suas suposições estão erradas, mas as disciplinas humanísticas, não; costuma-se alegar que as ciências são "autocorretivas", mas as não ciências carecem dessa característica. Seja como for que a distinção é colocada (progressivo *versus* não progressivo, racional *versus* não racional, empírico *versus* não empírico, falseável *versus* não falseável), ela não resistirá ao exame atento. Disciplinas como a metafísica, a teologia e até a crítica literária apresentam todas as características que exigimos para fazer avaliações racionais dos méritos relativos de ideologias concorrentes em seu seio. As não ciências, tanto quanto as ciências, têm problemas empíricos e conceituais; ambas têm critérios para avaliar a adequação das soluções; pode-se mostrar que fizeram progressos significativos em certas fases de sua evolução histórica.

O que obstou o reconhecimento da paridade cognitiva entre as ciências e as não ciências foi uma identificação simplista

---

[21] Cf. Lakatos, Proofs and Refutations. *British Journal of Philosophical Science*, v.14.

[22] Popper é autêntico ao dizer que na ciência (e só na ciência) dizemos ter progresso; sabemos mais que sabíamos antes.

da racionalidade (científica) com o controle experimental e a precisão quantitativa. Já que as teorias "humanísticas" costumam carecer de ambos, foi fácil para alguns pensadores rejeitar suas credenciais racionais. Como vimos, porém, a essência da racionalidade na ciência não depende dessas características.

Dito isso, não devemos saltar para o extremo oposto. Considero estabelecido que é *possível* e *apropriado* tratar de progresso e de racionalidade nas não ciências, pelo menos programaticamente; não se segue daí, porém, que as diversas disciplinas humanísticas tenham *de fato* sido tão progressivas e racionais quanto as ciências. Como dissemos na Parte 1, o progresso é questão de grau; dois sistemas de pensamento podem ser progressivos, embora um apresente taxa mais alta de progresso que o outro.

Se houver verdade na tese (positivista) acerca das diferenças entre as ciências e as não ciências, e suspeita-se que haja, ela será encontrada, não na exclusividade do progresso por parte das ciências, mas na mais alta taxa de progresso que elas apresentam. E mesmo nesta tese ainda há algo de vaga intuição, e assim permanecerá até que os historiadores das ideias não científicas reescrevam a História com a intenção de avaliar o progresso e a racionalidade relativa das tradições de pesquisa rivais nas humanidades.

Há um aspecto final do contraste entre humanidades e ciências que deve ser comentado. Alega-se frequentemente que a adoção de doutrinas nas não ciências só é questão subjetiva de gosto e de moda. Tornar-se empirista, idealista, trinitário ou socialista, a decisão (assim pretendem) é arbitrária. Não se "prova" que nenhuma dessas posições seja verdadeira ou falsa, e sempre há argumentos a favor e contra. Como documento de Psicologia social descritiva, há muito que dizer a favor dessa perspectiva. Muitas pessoas, de fato,

O PROGRESSO E SEUS PROBLEMAS 271

veem (e fazem) a escolha entre ideologias concorrentes como uma questão intrinsecamente não racional. Em princípio, porém, não há razão para que isso seja assim. A escolha entre o ateísmo e o teísmo, entre o fenomenalismo e o realismo, entre o intuicionismo e o formalismo, entre o capitalismo e o socialismo (para citar apenas alguns exemplos) poderia ser feita por meio da avaliação da progressividade relativa (e, portanto, da racionalidade relativa) dessas tradições de pesquisa concorrentes. Se mostrássemos (como desconfio que podemos para todos os pares citados anteriormente) que, no momento, uma tradição tem sido um solucionador de problemas mais progressivo que suas competidoras, teríamos razões legítimas e racionais para preferi-la. Se as tradições concorrentes saíssem da análise com avaliações igualmente progressivas, estaríamos autorizados a afirmar que a escolha entre elas é arbitrária e convencional. A presunção de que a aceitação ou a rejeição das ideologias nunca deve, em princípio, ser racionalmente justificada (presunção central para a Sociologia do conhecimento) é, segundo esta análise, sem fundamento.

A História é indispensável para a avaliação das teorias

Até este ponto, nossa preocupação tem sido examinar problemas fundamentais da historiografia das ideias. Como conclusão, porém, vamos encaminhar a discussão para a consideração da *relevância* da História intelectual para os casos *contemporâneos* de avaliação de teorias. Muitas vezes se tem afirmado que é um erro categorial qualquer tentativa de usar a avaliação histórica de um sistema de ideias como veículo para se criticar ou avaliar sua atual condição. Os lógicos ensinam que é um caso especial da chamada falácia genética imaginar que a origem ou a carreira histórica de uma doutrina tenha a ver com sua validade cognitiva. Oferecendo uma versão sofisticada da frase de Henry Ford de que "a História é balela", a maior parte das teorias modernas da avaliação racional ressalta que a carreira temporal de uma doutrina ou tradição de pesquisa é irrelevante para a sua aceitabilidade racional.[23] Em oposição a essa ideia, afirmo que *não se faz uma avaliação racional sensata de nenhuma doutrina sem amplo conhecimento de seu desenvolvimento histórico* (e da História das suas concorrentes).

O que leva a essa perspectiva divergente a respeito da relevância da História intelectual é um desacordo sobre os objetivos e a natureza da avaliação racional em si. Se aceitarmos a visão tradicional de que, ao avaliar uma doutrina, devemos identificar crença racional com presunção de verdade, a História da doutrina é, de fato, irrelevante para o seu estatuto racional. Pode-se imaginar que a doutrina tenha tido qualquer História passada e, mesmo assim, continue verdadeira; do mesmo modo, uma doutrina falsa pode apresentar qualquer padrão histórico. O problema aqui é que – já discutimos o porquê – não há como determinar se um sistema ou teoria (coerente) é verdadeiro, falso ou até mesmo presumivelmente uma ou outra coisa. Por conseguinte, as avaliações da racionalidade da aceitação de uma doutrina deve basear-se em outros fatores além de seu estatuto de verdade. Foi sugerido anteriormente que o fator mais promissor em que basear nossa aceitação é o "progresso na solução de problemas".

---

[23] Uma das autênticas intuições de Lakatos foi que a clássica vaca sagrada dos filósofos tinha de ser abandonada para que se pudesse desenvolver uma teoria *adequada* da racionalidade.

O PROGRESSO E SEUS PROBLEMAS 273

Se, porém, aceitarmos a proposta de que a avaliação das doutrinas deve basear-se na progressividade e na efetividade quanto à solução de problemas da tradição de pesquisa com que estão associadas, estaremos comprometidos com a ideia de que a História intelectual deve ser um ingrediente *indispensável* de qualquer situação de escolha racional. Pois, até sabermos como a tradição de pesquisa evoluiu ao longo do tempo (sobretudo relativamente a seus rivais), não há como avaliar suas credenciais racionais. Até certo ponto, uma abordagem como esta já é amplamente utilizada. A tese de que o "positivismo lógico perdeu o fôlego", a observação de que "a nova crítica já não é um instrumento promissor de análise literária", a acusação de que "a psicanálise vem tornando-se cada vez mais *ad hoc* e doutrinária"; essas caracterizações e outras semelhantes já se valem da ideia de que a História das tradições é relevante para a avaliação de seu atual estatuto cognitivo.

Mas esse modo de análise ainda está pouco desenvolvido para que se suponha bastar uma superficial "intuição" histórica sobre como evoluiu uma tradição. Se levarmos essa visão tão a sério quanto ela merece, precisaremos de mais que uma vaga impressão acerca das dimensões temporais de uma tradição de pesquisa. Se quisermos que nossas avaliações sejam confiáveis, precisamos de estudos históricos sérios dedicados às várias tradições de pesquisa em cada um dos campos de pesquisa. Sem a informação que esses estudos geram, é impossível fazer uma escolha bem informada e racional entre ideologias concorrentes em qualquer área. Nesse sentido, e nessa medida, todas as disciplinas contemporâneas são, ou deviam ser, parasitas de seus antepassados intelectuais – não só genética, mas cognitivamente.

Esse último ponto permite voltar às objeções formuladas pelos historiadores gerais acerca da História intelectual como empreendimento. Essas objeções, à medida que implicam que a História geral prescinde da História das ideias, são equivocadas, se os argumentos deste capítulo forem válidos. Pois a História em si é uma disciplina teórica com ideologias rivais, metodologias alternativas e tradições concorrentes; a escolha sensata entre essas tradições depende, como vimos, da consciência da História intelectual dessas ideologias. Assim, apesar de todo o suposto "elitismo" e "idealismo", a *História intelectual*, longe de estar na periferia das preocupações do historiador geral, está no centro de toda pesquisa histórica e *é pressuposta por todas as outras formas de História* – pelo menos à medida que os problemas e as metodologias do historiador têm uma História intelectual de que o historiador deve estar consciente para trabalhar em uma História válida.

Mas isso equivale a ressaltar apenas que o historiador social ou econômico deve estar ciente da História intelectual da História em si. Ainda não desafiamos a tese comum de que a História das ideias deve ser substituída por uma forma mais ampla de História socioeconômica cuja função seria a identificação das causas "reais", não intelectuais, da mudança de padrões de crença. É essa questão específica que abordaremos agora.

CAPÍTULO 7

RACIONALIDADE E SOCIOLOGIA DO CONHECIMENTO

*Um homem tem sempre duas razões para fazer alguma coisa –
uma boa razão e a razão real.*

J. Pierpont Morgan

*Todo aquele que insiste
em falar do irracional em que a lucidez
e a acuidade da razão deve prevalecer
mostra que tem medo de enfrentar o mistério
em seu lugar legítimo.*[1]

Uma das mais importantes controvérsias na comunidade de especialistas que estudam a evolução da ciência diz respeito ao papel dos fatores sociológicos e psicológicos no desenvolvimento do pensamento científico. É nesse enlace entre o "interno" e o "externo" que os historiadores intelectuais da ciência travam batalhas com os historiadores sociais da ciência e onde aqueles que defendem uma análise racional da ciência disputam com os sociólogos históricos e os psico-historiadores

---

[1] Karl Manheim, *Essays on the Sociology of Knowledge*, p.229.

da ciência. Recentemente, essa controvérsia tem gerado mais calor que luz, o que é ruim, pois é uma controvérsia genuína, cujo resultado importa para dar forma à concepção geral da própria ciência. Há, é claro, uma enorme e viva literatura sobre a Sociologia da ciência. O objetivo deste capítulo não é discutir as conclusões pormenorizadas que vem surgindo nesse campo, é examinar a extensão e o alcance explicativo da Sociologia do conhecimento científico, em particular, e da Sociologia do conhecimento (da qual a primeira é parte) em geral.[2] Será demonstrado, em especial, que o modelo de racionalidade esboçado na Parte 1 tem ramificações para a compreensão da natureza e dos limites da Sociologia do conhecimento.

Temos de começar, porém, por algumas distinções preliminares, pois boa parte da confusão existente nessa área não leva em conta algumas elementares *differentia*. É fundamental fazer desde o começo a distinção entre dois tipos diferentes de sociologias da ciência: (1) suponhamos que alguém queira explicar por que determinada sociedade ou instituição científica foi fundada, por que a reputação de certo cientista foi destruída, por que certo laboratório foi estabelecido em tal lugar e quando o foi ou por que o número de cientistas alemães cresceu entre 1820 e 1860. Sugiro chamar a investigação de tais problemas de *Sociologia não cognitiva da ciência*. Esses estudos são não cognitivos justamente porque seu interesse principal não é explicar as *crenças* dos cientistas sobre o mundo natural, mas seus modos de organização e suas estruturas institucionais. (É bem verdade que as crenças dos cientistas condicionam seus modos de organização

---

[2] Embora a maior parte deste capítulo concentre-se na sociologia do conhecimento, a maioria de suas conclusões também se aplica, *mutatis mutandis*, à psico-História das ideias.

O PROGRESSO E SEUS PROBLEMAS　　　277

institucional;[3] mas o que faz que essa forma de Sociologia seja não cognitiva é que os problemas que ela se propõe resolver não são crenças acerca do mundo natural.) (2) Em contrapartida, o sociólogo pode explicar por que certa *teoria* foi descoberta (ou, depois de descoberta, aceita ou rejeitada) mostrando os fatores sociais ou econômicos que predispuseram os cientistas a ser simpáticos ou hostis a ela. Ou, então, pode mostrar que certas estruturas sociais foram influentes na gênese dos conceitos de uma teoria. Tais esforços pertencem à *Sociologia cognitiva da ciência*. É claro que estes dois modos de abordagem, o cognitivo e o não cognitivo, aplicam-se a qualquer disciplina intelectual, desde as ciências específicas à teologia, à metafísica ou mesmo à Sociologia. Por conseguinte, é possível tratar de um modo mais geral das sociologias não cognitiva e cognitiva do conhecimento.

Pelo que foi dito no Capítulo 6, deveria ter ficado claro que não há intersecção nem conflito entre o historiador intelectual da ciência (ou do conhecimento) e o sociólogo *não cognitivo*, porque eles tratam de situações diferentes. O historiador intelectual explica por que os cientistas ou outros pensadores do passado adotaram determinadas crenças ou soluções (teorias); o sociólogo não cognitivo, por definição, não tem as crenças acerca do mundo entre os elementos de sua classe de problemas por resolver. Ocorre o contrário quando comparamos a Sociologia cognitiva da ciência à historiografia intelectual ou racional da ciência. Pois, nesse caso, existe a possibilidade de um enorme (e potencialmente fértil) conflito. O historiador intelectual do conhecimento em geral explica por que agentes acreditavam em certas teorias, falando

---

[3] Por exemplo, a menos que o cientista acredite em partículas subatômicas, é improvável que ele ingresse em um laboratório que pesquise a estrutura do núcleo.

sobre os argumentos e provas a favor e contra a teoria e as concorrentes. O sociólogo cognitivo do conhecimento, por outro lado, geralmente explica por que o agente acreditava na teoria em termos das circunstâncias sociais, econômicas, psicológicas e institucionais em que estava. Os dois tentam resolver o mesmo problema (a saber, a crença de certo agente histórico), mas seus modos de solução são tão diferentes que tornam-se quase incomensuráveis. Há algum meio, dadas essas estratégias explicativas conflitantes, de determinar quem está certo, o historiador intelectual ou o sociólogo cognitivo? Ou será que *ambos* estão?

A possibilidade de responder a essa importante pergunta depende de articular um critério justo para decidir entre as explicações históricas aparentemente concorrentes dadas pelo sociólogo cognitivo e o historiador intelectual. A articulação de tais critérios é um dos objetivos centrais deste capítulo.

O campo da Sociologia cognitiva

Antes de iniciarmos essa tarefa, esclareçamos o caráter da Sociologia cognitiva, pois alguns dos seus mais competentes praticantes às vezes parecem ter afirmações confusas e até incoerentes acerca do alcance da teoria sociológica e da natureza das explicações sociológicas.

A natureza da Sociologia cognitiva

Como já foi afirmado, uma das importantes características da Sociologia cognitiva é que ela tem as *crenças* como seus problemas empíricos. É claro que isso não basta para distingui-la de outros modos não sociológicos de explicar as

O PROGRESSO E SEUS PROBLEMAS 279

crenças (como, por exemplo, a História racional da ciência). O que também distingue a Sociologia cognitiva desses outros campos, o que a torna *socio*lógica, deve ser a suposição de que as crenças devem ser explicadas *em termos das situações sociais dos crentes.* Podemos, assim, dizer que uma tarefa essencial de qualquer sociólogo cognitivo deve exibir, para todas as crenças que quiser explicar, raízes e origens sociais. Dizer isso caracteriza uma explicação sociológica. Presumivelmente vamos precisar também de alguma identificação dessas situações de crença que provavelmente serão submetidas a uma análise sociológica.

Há quem afirme que praticamente toda mudança ocorrida nas crenças, em qualquer comunidade de pensadores, pode ser explicada em termos de infraestruturas sociais e, assim, torna a área de problemas da Sociologia do conhecimento coextensiva com a História integral do pensamento humano.[4] No outro extremo estão críticos da Sociologia do conhecimento que têm afirmado praticamente não haver transformação ocorrida na História das ideias que de alguma maneira se deva a mudanças na estrutura social ou que seja função delas. Os deterministas sociais inflexíveis (por exemplo, certos marxistas – embora não o próprio Marx) e os idealistas intransigentes (por exemplo, Hegel) exemplificam esses dois polos.[5] Infelizmente, nenhum dos pontos de vista

---

[4] Veja, por exemplo, Scheler, que afirma ser "inquestionável o caráter sociológico de todo conhecimento, de todas as formas de pensamento, intuição e cognição" (apud Merton, *Social Theory and Social Structure,* p.231).

[5] A respeito destes dois extremos, é mais que irônico que Mannheim, que critica os historiadores intelectuais "mais velhos" por se servirem do pressuposto *a priori* "de que as mudanças nas ideias deviam ser entendidas no plano das ideias" (*Ideology and Utopia*, p.268), tenha adotado a ideia de que praticamente *todas* as mudanças nas ideias estejam "vinculadas à existência social" (Ibid., p.278).

dá conta da documentação histórica. Há uma enorme quantidade de fatos que mostram que certas doutrinas e ideias não têm relação direta com as exigências do ambiente social: para citar dois exemplos, o princípio de "2 + 2 = 4" ou a ideia de que "a maior parte dos corpos pesados cai quando é solto" são crenças aceitas por pessoas de uma ampla variedade de situações culturais e sociais. Todos que sugerissem que tais crenças são socialmente determinadas ou condicionadas revelariam uma notável ignorância do modo como foram geradas e estabelecidas. Do mesmo modo, existem ideias e crenças com raízes e origens sociais tangíveis. Imaginar, por exemplo, que um senhor de escravos do século XIX, branco, adote a crença na inferioridade racial dos negros por motivos intelectuais é uma proeza de caridade moral que poucos de nós conseguiria realizar. Sugerir que a maior parte dos operários industriais alemães do século XIX que aderiram ao socialismo fez isso por causa da boa fundamentação racional de suas doutrinas é, mais uma vez, uma ideia que exige um grau enorme de credulidade.

Mas se aceitarmos que a verdade, nesse caso, está em algum lugar entre a rígida determinação social e o idealismo isolado, topamos de imediato com um problema central, a saber, *quais tipos de crenças são candidatos à análise sociológica e quais não são?* Em outras palavras e na linguagem dos capítulos anteriores, que tipos de situações de crença funcionam como problemas empíricos legítimos para a Sociologia? Poderíamos pensar que essa é uma questão empírica, que não pode ser resolvida *a priori* e só pode ser decidida considerando-se os casos um por um. Os problemas com essa resposta inócua à pergunta são tanto práticos quanto teóricos. Do lado prático, topamos com o fato de que há, na documentação existente, milhões de crenças. Se o sociólogo não tiver um princípio regulador que o guie na seleção inicial dos problemas

O PROGRESSO E SEUS PROBLEMAS   281

promissores, ele dificilmente fará algum progresso. Por exemplo, poderíamos perguntar, sobre *cada uma* das verdades da aritmética, se têm origens sociais. Poderíamos começar com, digamos, "1 + 1 = 2" e seguir a partir daí. Por causa dessas dificuldades práticas com uma abordagem empírica da especificação do conjunto de problemas da Sociologia cognitiva, os pesquisadores do campo procuraram delimitar o domínio dos problemas sociológicos por meio da adoção de certos princípios reguladores ou metodológicos cuja função é oferecer um mecanismo útil de classificação inicial que aponte quais os tipos de crenças são mais suscetíveis a uma análise sociológica.

Existem, porém, razões teóricas e práticas para se estabelecer de antemão algum modo de decidir os limites dos problemas potenciais do sociólogo cognitivo. Se *todas* as crenças não fossem fruto de uma deliberação racional ou de uma avaliação esclarecida, mas determinadas pela situação social do crente, o empreendimento da Sociologia cognitiva seria autoincriminador; pois, se *todas* as crenças são causadas socialmente, e não racionalmente bem fundamentadas, as crenças do próprio sociólogo cognitivo não têm credenciais racionais relevantes e, portanto, não têm direitos especiais à aceitabilidade.[6] Ernst Grünwald colocou o problema de maneira eloquente ao observar:

---

[6] Mannheim enfrentou este problema (sem sucesso) durante a maior parte de sua carreira. Por um lado, insistia no fato de que a sociologia mostrara as origens sociais de praticamente todos os sistemas de crença, inclusive da própria sociologia: "Uma vez que nos familiarizemos com a concepção de que as ideologias de nossos oponentes são, afinal, apenas função da posição deles no mundo, não podemos deixar de concluir que nossas próprias ideias também são funções de uma posição social" (*Essays on the Sociology of Knowledge*, p.145). Por outro lado, como

282   LARRY LAUDAN

Pois a tese de que todo pensamento é existencialmente (isto é, socialmente) determinado e, assim, não pretende ser verdadeiro ela própria pretende ser verdadeira.[7]

Assim, o sociólogo cognitivo, para evitar ser atingido por seu próprio petardo, é obrigado a aceitar que *algumas* crenças são racionalmente bem fundamentadas, e não socialmente determinadas.

Há três princípios metodológicos diferentes que são citados (ou usados implicitamente) com mais frequência pelos sociólogos cognitivos do conhecimento. Vou chamá-los de *suposição de irracionalidade, suposição histórico-social* e *suposição interdisciplinar*. Embora não estritamente compatíveis, essas condições são amplamente (muitas vezes simultaneamente) usadas na maioria das obras sobre a Sociologia do conhecimento. Vamos discuti-las com certa minúcia, pois o modelo de ciência e de conhecimento desenvolvido na Parte 1 deste ensaio afeta cada uma delas e, com isso, a totalidade da Sociologia cognitiva do conhecimento.

A SUPOSIÇÃO DE A-RACIONALIDADE. Muitos sociólogos do conhecimento, seguindo Karl Mannheim, fazem a distinção entre ideias "imanentes" e "não imanentes" (ou "determinadas

---

Mannheim aos poucos percebeu que essa ideia viciaria as pretensões da sociologia de possuir validade objetiva (e talvez sob pressão dos argumentos de Alfred Weber), ele passou a afirmar que os pensadores – *como ele* – eram muitas vezes imunes às influências sociais e desenvolveu a noção da "*intelligentsia* relativamente desvinculada da sociedade" (Ibid., p.252-ss.). Mas se a *intelligentsia* transcende a determinação social e se a História das ideias trata dela, que espaço – mesmo na visão de Mannheim – resta à sociologia cognitiva?

[7] Grünwald, *Das Problem einer Soziologie des Wissens*, p.229.

O PROGRESSO E SEUS PROBLEMAS 283

existencialmente").[8] As *imanentes* (ou conceitos, ou proposições ou, crenças – tudo isso anda junto para a maioria dos autores) são aquelas que mostram estar natural e racionalmente vinculadas a outras ideias a que o crente adere. Um exemplo arquetípico seriam os teoremas da geometria de Euclides. Uma vez aceitos os axiomas, somos lógica ou racionalmente obrigados a aceitar suas consequências teoremáticas. Nenhum ser pensante que entendeu um deles pode negar o outro. As *não imanentes* (existenciais), por outro lado, são aquelas que não trazem consigo suas credenciais racionais. São ideias que as pessoas aceitam, mas não são intrinsecamente mais racionais que muitas outras ideias alternativas que poderiam ter aceitado.

A maioria dos sociólogos do conhecimento concorda com Mannheim em que *só as ideias não imanentes*, as que não são as mais bem fundamentadas racionalmente em dada situação, *são apropriadas a candidatar-se a uma explicação sociológica*. É fácil ver a plausibilidade dessa condição. Se a aceitação de uma crença x parece seguir-se natural e racionalmente da aceitação anterior das crenças y e z, não há razão para afirmar que a adesão a x seja causada diretamente por circunstâncias sociais ou econômicas.[9] Se, por outro lado, alguém aceitar uma crença a que não esteja racionalmente relacionada como suas outras crenças b, c, ..., i, parece que a única maneira natural de explicar sua adesão a a seja em

---

[8] Para uma articulação desta distinção, veja em especial Mannheim, *Ideology and Utopia*, Capítulo 5.

[9] Talvez a aceitação das crenças y e z seja função de fatores sociais, e, nesse caso, diríamos que a aceitação de x (ditada racionalmente por y e z) é *indiretamente* o resultado da situação social. Mas isso não refuta a tese de que a explicação mais direta e fundamental para a aceitação de x por um pensador é que ela se segue racionalmente de y e z.

284   LARRY LAUDAN

termos de fatores extrarracionais, como a situação social (ou psicológica) do crente em questão.

Chamemos esse critério de demarcação de *suposição de a-racionalidade*; basicamente, ele equivale à afirmação de que a *Sociologia do conhecimento apresenta-se para explicar crenças se, e somente se, essas crenças não forem explicadas por seus méritos racionais*. Como ressalta Robert Merton, essa ideia é amplamente aceita pelos sociólogos em atividade:

> Um ponto central de concordância em todas as abordagens da Sociologia do conhecimento é a tese de que o pensamento só tem base existencial [isto é, social] à medida que não for determinado imanentemente [isto é, racionalmente].[10]

A suposição de a-racionalidade estabelece uma divisão de trabalho entre o historiador das ideias e o sociólogo do conhecimento; dizendo, com efeito, que o historiador, ao se valer do instrumental disponível, explica a História do pensamento quando bem fundamentado racionalmente e que o sociólogo do conhecimento entra em cena naqueles pontos em que uma análise racional da aceitação (ou rejeição) de uma ideia não se enquadra na situação real.

Devemos ressaltar que a suposição de a-racionalidade é um princípio *metodológico*, não uma doutrina metafísica. Não afirma que "toda vez que uma crença puder ser explicada por meio de razões adequadas, ele não terá sido causado socialmente"; ela faz a proposta mais fraca, programática, de que

---

[10] Merton, *Social Theory and Social Structure*, p.516, 558. Para a formulação de Mannheim dessa suposição, cf. op.cit., p.267.

O PROGRESSO E SEUS PROBLEMAS   285

toda vez que uma crença for explicada por meio de razões adequadas, não há necessidade de – nem parece promissor – procurar explicação alternativa em termos de causas sociais.

Embora a suposição de a-racionalidade seja amplamente aceita pelos sociólogos cognitivos, há poucos argumentos citados para sua validade. Por ter sido recentemente atacado por alguns sociólogos históricos e ser tão crucial como critério de demarcação entre as explicações racionais das crenças e suas explicações extrarracionais, vale a pena explorar as razões para isso. Suponhamos, para tanto, a seguinte situação: uma pessoa x crê em A. Seus padrões de crença estão sendo investigados por dois pesquisadores, y e z. Suponhamos que y seja um historiador intelectual que leve a sério a suposição de a-racionalidade; ele procura e encontra uma maneira de mostrar que a crença de x é bem fundamentada, dadas as suas outras crenças B, C, ..., I. No que diz respeito a y, ele parece ter a mais completa explicação da crença de x em A. Suponhamos, porém, que z é um sociólogo não conformista que se recusa a aceitar a suposição de a-racionalidade. Embora admita que y descobriu uma explicação "racional" para a crença de x, z está convencido de que ainda há espaço para o trabalho sociológico acerca da crença A (talvez por suspeitar que y tomou erroneamente uma "racionalização" de x pela causa "real" para x aceitar A). Depois de levar adiante certa pesquisa biográfica sobre x, z descobre que x era de classe média baixa e tinha uma fixação edipiana pela mãe. Suponhamos, além disso, que z alegue que as pessoas na situação de x em geral tendam a crenças como A. Embora não negue que y ofereceu explicação alternativa para a crença de x, o sociólogo z insiste em que sua própria explicação se mantém; que ela é, na verdade, "mais fundamental" que a de y. Como y convence z de que sua explicação é falsa por violar a suposição de a-racionalidade?

Podemos simplesmente postular a suposição de a-racionalidade como uma questão de fé; como um postulado sem o qual talvez jamais seja possível escolher entre explicações conflitantes da crença humana. Mas esse modo piedoso de contornar a questão dificilmente convenceria nosso decidido determinista social z. O que ajuda é uma análise da orientação intelectual do próprio z. Z e pessoas com mentalidades parecidas estão tentando explicar crenças. Qualquer explicação, se convincente, é um argumento, um processo de raciocínio que parte de premissas adequadas e chega a conclusões plausíveis. A única utilidade de se oferecer uma explicação, a menos que seja um ocioso ato de fala, é demonstrar que a conclusão se segue racionalmente das premissas. É o caso de z, que, à medida que oferece explicações sociológicas, presume que algumas pessoas aceitam certas crenças porque têm razões para isso. (Presume-se que z não aceitaria tranquilamente a sugestão de que a única causa de sua crença em certa explicação sociológica seja a sua posição na malha social!) Mas, se z insistir no fato de que as crenças de certos agentes (a saber, as dele mesmo) são racionalmente bem fundamentadas e não meramente função de sua posição social, cabe a ele o ônus de mostrar por que é apropriado considerar suas próprias crenças transcendentes situacionalmente, ao passo que as crenças das pessoas que ele estuda – mesmo quando podem ser racionalmente explicadas – não devem ser vistas como independentes da situação social delas.

Há um modo muito diferente de se julgar esta controvérsia entre y e z, a saber, considerando seus sistemas (na linguagem da Parte 1) *como tradições de pesquisa concorrentes*. Vistas deste modo, perguntamos qual delas resolveu os problemas empíricos mais importantes. Não resta dúvida de que, pelo menos até este momento, a historiografia racional das ideias aproximou-se mais da explicação de bom número

O PROGRESSO E SEUS PROBLEMAS 287

de importantes casos históricos de crença que a Sociologia histórica. De fato, a "proporção de sucesso" da História intelectual é várias ordens de grandeza maior que a da Sociologia cognitiva.[11] No que se refere aos problemas conceituais, também, em geral se reconhece que as tradições do historiador intelectual enfrentam dificuldades menos agudas que as do sociólogo cognitivo.[12] Sob tais circunstâncias, seria correto dizer a z que quando temos explicações racionais e sociológicas rivais *da mesma crença*, o bom-senso manda que devemos dar prioridade à explicação "racional" em detrimento da sociológica, justamente porque a primeira se tem mostrado mais fértil. (O que não quer dizer que as explicações sociológicas sejam inadequadas *se as reconstruções racionais não podem ser aplicadas*.)

Não sei se é com base em razões como essas que a maior parte dos sociólogos cognitivistas adere à suposição de a-racionalidade. Mas, sejam quais forem essas razões, ela é tida como axiomática pela maior parte dos praticantes e é importante examinarmos aqui algumas de suas consequências.

Apesar da sua grande penetração, pouco se notou que a suposição de a-racionalidade é mais problemática que a maior parte de seus proponentes admitem. Para aplicá-la, precisamos de uma teoria acerca do que é a crença racional. Sem tal teoria, a condição de a-racionalidade carece de sentido. Como vimos na Parte 1, porém, e como devia ter ficado claro o tempo todo, há mais de uma teoria da racionalidade concebível. Uma vez que diferentes teorias da

---

[11] É tão verdade hoje como quando Mannheim o apontou, em 1931, que "a tarefa mais importante da sociologia do conhecimento [...] é demonstrar sua capacidade [explicativa] na pesquisa real no reino do histórico-social" (Ibid., p.306).

[12] Para um exame de alguns desses problemas conceituais, veja p.306-ss.

288   LARRY LAUDAN

racionalidade classificam as crenças de diversos modos (com algumas vendo determinada crença como racional enquanto outras teorias a veem como irracional), um *prolegômeno essencial a qualquer correta Sociologia cognitiva do conhecimento é a escolha da teoria da racionalidade.*[13] Se aceitarmos, como alguns sociólogos em atividade , uma teoria da racionalidade simplista, que imponha condições excessivas em relação ao que deve ser tido como crença racional, o domínio do a-racional – e, portanto, o domínio do sociológico – vai crescer desmedidamente. Se, por outro lado, adotarmos uma teoria da racionalidade mais rica, mais crenças vão parecer "imanentes" e, portanto, não suscetíveis de uma análise sociológica.

A falta de sensibilidade para teorias acerca da crença racional tem sido fonte de discórdia e confusão nos textos de muitos sociólogos preeminentes. Supondo que a teoria da racionalidade "indutivista, de manual" que eles herdaram dos filósofos da ciência fosse sacrossanta e definitiva, os sociólogos têm estado dispostos a considerar irracionais (e, portanto, sociológicos) episódios da História do pensamento que são, segundo outros padrões de racionalidade, inteiramente

---

[13] Uma observação parecida com esta foi feita por Lakatos quando escreveu: "*a História interna* [da ciência] *é primária, a História externa* [da ciência], *apenas secundária, uma vez que importantes problemas da História externa são definidos pela História interna*" (History of Science and its Rational Reconstructions. In: Buck; Cohen (Eds.) *Boston Studies in the Philosophy of Science*, v.8, p.105). O que prejudica a análise de Lakatos é o não reconhecimento da diferença entre as tentativas cognitiva e não cognitiva de lidar com a História da ciência. Embora estejamos autorizados a dizer que os "problemas importantes" da sociologia *cognitiva* são, por assim dizer, definidos pela História racional da ciência, não é verdade acreditar que os "problemas importantes" da sociologia não cognitiva são, em algum grau significativo, definidos pela chamada História interna (ou racional) da ciência.

O PROGRESSO E SEUS PROBLEMAS 289

racionais. Isso, por sua vez, levou os sociólogos a procurar causas sociais para processos que podem ser explicados inteiramente em termos imanentistas.

Se, por exemplo, adotarmos um modelo cru de racionalidade "empirista", segundo o qual o sucesso de uma teoria é o único determinante relevante de sua aceitabilidade racional, veremos com desconfiança esses episódios da História do pensamento em que (para usar a linguagem da Parte 1) os problemas conceituais desempenham um papel importante na determinação de quais teorias serão aceitas ou rejeitadas. Se no passado uma teoria tiver encontrado resistência por sua incompatibilidade com certa estrutura de crença metafísica, ou epistemológica ou teológica, os proponentes desse modelo de racionalidade limitado e empírico verão o caso como irracional, como um episódio em que certos preconceitos sem fundamento foram autorizados a obstar os juízos racionais dos agentes em questão. Isso, por sua vez, levará à conclusão de que fatores sociais devem ter tido algo a ver com o resultado da decisão, pois os cânones racionais de preferência foram aparentemente ignorados.

O que prejudica essa abordagem da História é a existência de outros modelos de crença racional que veriam como racional, sob *certas* circunstâncias, que fatores de tipo filosófico ou teológico entrem na avaliação racional de uma teoria particular. Vistos pela perspectiva desses modelos, desenvolvimentos que antes teriam sido considerados preconceituosos, obscurantistas e irracionais adquirem legitimidade racional, o que elimina a necessidade de buscar no ambiente social uma explicação do que está acontecendo. A moral da História deveria ser clara: antes de classificarmos um episódio como a-racional, antes de começarmos a busca de causas sociais para explicar os "desvios" da norma racional, devemos estar certos de que a noção que temos de racionalidade é a mais adequada.

290 LARRY LAUDAN

Que eu saiba, poucos sociólogos, se é que algum, viram a
força desse ponto, e o trabalho deles é prejudicado por não
conseguirem enxergá-la. Infelizmente, o erro é duplo; além
de não reconhecerem que possa haver um amplo espectro de
teorias da racionalidade, eles também optaram pelo modelo
de racionalidade mais limitado.

Para vermos quão difundido está esse erro, consideremos exemplos importantes. Em seu influente livro *Estrutura
das revoluções científicas*, Thomas Kuhn examina diversos
dos mais conhecidos modelos "empiristas" de racionalidade
científica a que os filósofos aderiram. Considera inadequados
tanto o modelo confirmacional quanto o falsificacional, mas
parte daí para enunciar seu próprio modelo de racionalidade
científica. Em suas características essenciais, esse modelo é
empirista e compartilha com os outros modelos a convicção
de que só a capacidade que a teoria tem de resolver problemas
empíricos é relevante para sua apreciação racional. Kuhn,
então, mostra, com toda razão, que há muitos episódios da
História da ciência que envolvem decisões acerca de teorias
nas quais outros fatores desempenhavam papel preeminente
que não as credenciais empíricas das teorias em exame.[14]
Argumenta Kuhn, ou afirma sem argumentar, que em tais
casos deve haver pressões sociais e institucionais em ação.
Não há objeções contra isso, mas seria desejável que ele tivesse
se empenhado em dizer o que significa racionalidade antes
de saltar para a conclusão de que seu modelo empírico de
racionalidade era sutil o bastante para fornecer a cuidadosa
discriminação entre o imanente e o a-racional.

Saltos precipitados como esse para a presunção de
a-racionalidade ocorrem repetidas vezes no recente livro

---

[14] Veja, por exemplo, a observação de Kuhn citada na p.155, nota 42.

O PROGRESSO E SEUS PROBLEMAS 291

de Maurice Richter, *Science as a cultural process* (*A ciência como um processo cultural*). Richter afirma, por exemplo, que a teoria da evolução de Darwin "foi desafiada no século XIX não só com base em *argumentos científicos razoáveis* [...], mas também com base em pressupostos teológicos dogmáticos".[15] Richter pode, é claro, estar certo em sua tese histórica; mas a imagem de racionalidade científica que forma o pano de fundo da sua noção de "argumentos científicos razoáveis" é, no mínimo, suspeita. Ele afirma, por exemplo, que "os conteúdos do conhecimento científico [...] devem ser determinados por observações da natureza".[16] Essa noção empirista do que constitui a ciência propriamente dita leva Richter, o que não é de surpreender, a ver muitos episódios históricos como irracionais (pelo fato de não serem reconstruídos com base em um ingênuo modelo empirista de racionalidade) e, portanto, como sociológicos.

Um dos exemplos mais impressionantes da corrente hiperpositivista da Sociologia cognitiva da ciência é fornecido pela obra do famoso sociólogo Bernard Barber. Em um artigo da revista *Science*, de 1961,[17] Barber explorou os vários fatores de que dispõem os cientistas a recusar novas ideias e novas descobertas. Em sua versão moderna dos "ídolos" de Bacon, Barber identifica a metodologia e a teologia como duas das maiores fontes de "resistência cultural às novas ideias". Não há nada de errado, é claro, com o palpite de que a Filosofia e a Teologia desempenharam um papel importante no debate científico. Seu positivismo só se revela quando, tendo notado essa interação, passa a deplorá-la e a aconselhar que se reduza

---

[15] Richter, *Science as a Cultural Process*, p.81; grifos do autor.
[16] Ibid., p.6.
[17] Barber, Resistance by Scientists to Scientific Discovery. *Science*, v.134.

sua influência perniciosa.[18] Barber não reconheceu que muitas vezes é razoável, e não simples preconceito, atentar para as amplas implicações metodológicas e filosóficas de uma nova teoria científica nem que historicamente a metodologia e a teologia participaram com igual frequência na legitimação de novas teorias e na tentativa de desacreditá-las. Barber louva o que ele chama de cientista "de mente aberta", que se limita aos méritos diretos, "científicos" das novas ideias. O modelo puramente empirista de Barber sobre a avaliação de teorias não dá espaço para mais nada.

Nesses e em muitos outros casos da literatura recente que poderíamos citar, os estudiosos parecem ter chegado prematuramente à conclusão de que a inaplicabilidade de um ou outro modelo convencional de racionalidade a algum caso particular estabeleça a a-racionalidade (e, portanto, o caráter social) do caso em questão. Deveria estar claro que, se aceitarmos um modelo diferente de racionalidade, talvez um construído segundo as diretrizes esboçadas neste ensaio, o domínio dos casos supostamente sociológicos será muito menor que se aceitarmos uma das mais tradicionais teorias empíricas da racionalidade. (Minha proposta seria que um caso só precisa ser analisado sociologicamente quando mostramos que a avaliação real de determinada teoria no passado foi de encontro à apreciação que ela deveria ter recebido segundo o modelo de racionalidade baseado na solução de problemas.)

---

[18] Barber, por exemplo, trata da "cegueira" de Kelvin quando este se opôs à teoria da luz de Maxwell, por esta não ser mecanicista o bastante (Ibid., p.540). Com a vantagem da visão retrospectiva, podemos chicanear com a busca de modelos mecânicos por parte de Kelvin; mas, em suas circunstâncias históricas, nada havia de cego ou irracional na reação inicial de Kelvin ao trabalho de Maxwell.

O PROGRESSO E SEUS PROBLEMAS 293

Demorei a falar da dependência parasitária da Sociologia cognitiva do conhecimento em relação às teorias da racionalidade não só para chamar atenção à necessidade de que os sociólogos tenham mais autocrítica em seus juízos acerca da racionalidade de casos particulares, mas também para ressaltar o fato de que *a aplicação da Sociologia cognitiva aos casos históricos deve aguardar os resultados da aplicação dos métodos da História intelectual.* O sociólogo cognitivo deve buscar pistas no historiador intelectual sobre quais são os casos adequados à análise. Até a História racional de um episódio ter sido escrita (por meio da melhor teoria da racionalidade disponível), o sociólogo cognitivo deve aguardar sua vez; agir de outra maneira é ab-rogar a suposição de a-racionalidade que está no centro do pensamento sociológico contemporâneo. (Algo semelhante a isso foi reconhecido por Mannheim,[19] mas seus discípulos modernos estão mais propensos a supor que se possa fazer História sociológica na beata ignorância da História racional das ideias!)

Vemos, assim, que aceitar a suposição de a-racionalidade tem três consequências importantes: (1) o domínio das situações de crença suscetíveis de análise sociológica restringe-se àquelas em que os agentes aceitam crenças ou ponderam os problemas de maneira incompatível com a que as avaliações racionais sugeririam; (2) o sociólogo do conhecimento deve mostrar que a teoria da racionalidade a que adere (para determinar que casos tratados pelo método sociológico) é a melhor disponível; (3) o sociólogo histórico do conhecimento deve mostrar, para todo episódio que queira explicar, que ele não é explicado segundo a História racional e intelectual.

---

[19] Mannheim admite, de fato, este ponto em *Essays on the Sociology of Knowledge*, p.181-ss.

Ao distinguir, como fiz, entre o racional e o sociologicamente explicável, não quero sugerir que não há nada de social na racionalidade ou nada de racional nas estruturas sociais. Muito pelo contrário; o florescimento de padrões racionais de escolha e crença depende inevitavelmente da preexistência de certas estruturas sociais e de certas normas sociais. (Para tomar um exemplo extremo, a escolha racional de teorias seria impossível em uma sociedade cujas instituições suprimissem a livre discussão de teorias alternativas.) Da mesma maneira, o funcionamento eficiente da maior parte das instituições sociais (por exemplo, o sistema de julgamento por júri) pressupõe que os agentes que atuam nessas instituições, na maior parte dos casos, tomem decisões racionais.

Mas essa contínua interpenetração de fatores "racionais" e "sociais" não deve entravar nossa capacidade de invocar a suposição de a-racionalidade. Como mostrou John Stuart Mill mais de um século atrás, ao oferecer uma explicação para um acontecimento ou crença, *não devemos aspirar à completude*. Dar uma explicação "completa" de uma situação qualquer S seria exigir uma enumeração completa de todos os acontecimentos do Universo antes de S, uma vez que todos esses acontecimentos são elos na cadeia causal que culmina em S. Em vez de aspirar a tal explicação completa, Mill afirmava que, quando explicamos uma situação qualquer, S, devemos selecionar entre os antecedentes de S aquelas circunstâncias particulares, c, que parecem mais cruciais e relevantes à ocorrência de S. Se levarmos a sério a análise de Mill (e deixarmos de fazê-lo provocaria a anarquia explicativa), ela oferece fundamento para se evitar esse ecletismo confuso que afirma que os fatores intelectuais nunca sejam distinguidos de maneira proveitosa.

Seguindo o exemplo de Mill, podemos aceitar que certos fatores sociais são precondições da crença racional e,

O PROGRESSO E SEUS PROBLEMAS 295

mesmo assim, excluir legitimamente esses fatores sociais da explicação de determinada crença, *contanto que* mostremos que o antecedente mais crucial e relevante para a aceitação da crença seja um processo de raciocínio bem fundamentado da parte do agente da crença. Defender assim (como sugere a suposição de a-racionalidade) a prioridade das explicações racionais sobre as sociais das crenças – quando ambas estão disponíveis – não implica que a tomada de decisões racionais não tenha dimensões sociais; pelo contrário, ressalta-se que, nos casos em que os agentes têm boas razões para suas crenças, essas razões apropriadas para se invocar numa explicação das crenças que essas razões garantem.

A SUPOSIÇÃO HISTÓRICO-SOCIAL. Se o não reconhecimento da dependência da Sociologia cognitiva em relação às teorias da racionalidade tem sido uma característica persistente da Sociologia do conhecimento, outra importante fonte de ambiguidade pode ser encontrada na tendência a confundir e, às vezes, identificar o "histórico" com o "social". Os textos de Karl Mannheim fornecem exemplos deste equívoco. Entre as crenças aceitas no passado há dois tipos muito diferentes: aquelas cuja própria formulação e cujos pressupostos podem ser rastreados até um determinado tempo e lugar e aquelas que não revelam nada acerca de suas origens históricas ou sociais. Colocando essa distinção em outros termos, certas proposições herdadas de seu passado carregam algo de sua História, ao passo que outras não fornecem pistas sobre quando e sob que circunstâncias foram pela primeira vez enunciadas. Se, por exemplo, nos depararmos com a sentença "o coração é como uma bomba", sabemos que tal sentença deve ter sido proferida depois da invenção das bombas e provavelmente depois de algumas investigações anatômicas detalhadas do sistema circulatório. É uma sentença que um grego do século III a.C. ou um polinésio do século XVIII não teriam proferido. No outro extremo, certas crenças (por exemplo, "2 + 2 = 4") dizem realmente muito pouco sobre o tempo ou o lugar em que surgiram pela primeira vez. Podemos chamar de *contextuais* as crenças que carregam consigo suas Histórias, pois fornecem pistas importantes sobre o contexto cultural que as gerou. As outras crenças chamamos *não contextuais*.[20] Esses dois extremos são, é claro, casos ideais; para o historiador em atividade, quase todos os casos serão uma questão de contextualidade maior ou menor. (Mesmo no caso extremo de crenças como "2 + 2 = 4", podemos tirar conclusões confiáveis acerca de características intelectuais das culturas em que tais crenças teriam nascido.)

O importante não é a distinção em si, mas o que os sociólogos cognitivos do conhecimento fazem com ela. Mannheim, por exemplo, afirma que uma crença contextual (no sentido esboçado anteriormente) é uma crença "histórica e socialmente determinada". Dando-se um sentido amplo a "determinação", esse argumento é, sem dúvida, válido, embora vazio. Mas o passo seguinte de Mannheim é afirmar que toda crença contextual – isto é, toda crença situada *na História* – está aberta à análise *sociológica*. Se atribuirmos uma crença a "um contexto histórico particular", temos, segundo Mannheim, uma prova presuntiva "de uma 'infiltração da posição social' do investigador nos resultados do estudo".[21]

---

[20] O que chamo de crenças contextuais é mais comumente chamado de "crenças determinadas existencial ou situacionalmente". Evitei a segunda terminologia porque ela evoca desnecessariamente imagens da filosofia acadêmica alemã do século XIX que são irrelevantes para o caso em questão.

[21] Mannheim, *Ideology and Utopia*, p.272. Veja também p.265-6, 271-ss.

O PROGRESSO E SEUS PROBLEMAS

Esse argumento é especioso, exatamente porque ao fazê-lo, Mannheim (assim como outros que o seguem) comete um equívoco entre o "histórico" e o "social". Se, por exemplo, nos depararmos com uma sentença como "a eletricidade é causada por um fluido cujas partículas se repelem umas às outras", qualquer pessoa que conheça a História das ciências físicas pode com facilidade datá-la e tecer conjecturas confiáveis acerca do contexto intelectual em que a sentença foi pronunciada pela primeira vez. Do mesmo modo, se nos depararmos com uma sentença como "o absoluto é puro devir", todas as pessoas que conheçam a História da Filosofia podem fazer conjecturas válidas acerca de quando, onde e por quem essa sentença se tornou objeto de crença. Mas o fato de essas sentenças serem contextuais, de terem sido objeto de crença apenas em certos tempos e lugares, *não* estabelece que elas sejam *sociais* ou suscetíveis de uma análise sociológica. O que faz o argumento de Mannheim parecer plausível é a constante conjunção dos termos "histórico" e "social", como quando ele trata de "crenças histórica e socialmente determinadas".[22] Ele se esforça, e com razão, para estabelecer que certas crenças têm caráter *histórico*. É, então, por um desvio puramente retórico que Mannheim finge ter mostrado que essas crenças também têm um caráter socialmente determinado.

Um pensador da estatura de Émile Durkheim mostra uma tendência parecida ao supor que toda crença surgida em determinada cultura ou em determinado tempo é produzida de maneira social. Por exemplo, em seu influente livro *As formas elementares da vida religiosa*, Durkheim afirma que certas diferenças culturais nas leis da lógica "provam que elas dependem

---

[22] Cf. Ibid., p.264-99.

de fatores históricos *e, por conseguinte, sociais*".[23] Esta última parte da citação em itálico diz tudo. Se o estabelecimento da contextualidade histórica de uma crença equivale a tornar essa crença socialmente determinada, a tarefa do sociólogo cognitivo torna-se fácil. Basta considerar a História das ideias para descobrir as crenças que são contextuais e – pronto! – ele já tem todo um conjunto de desiderato "sociológico".

Como dissemos anteriormente, o desvio do historicamente determinado para o socialmente determinado nada mais é que prestidigitação intelectual. O "por conseguinte social" do trecho citado de Durkheim é gratuito; se quisermos estabelecer que toda crença é socialmente determinada, devemos estabelecer certo vínculo entre a situação social do crente e a crença a que ele adere. O fato de aderir à crença em 1890 e não em 1870 – suficiente para estabelecer o caráter *histórico* da crença – deixa a questão de seu caráter social em aberto.

Há muitos outros sociólogos cognitivos, além de Mannheim e Durkheim, que parecem crer que, se uma crença tiver surgido em um contexto histórico particular, ela seria *a fortiori* suscetível de explicação sociológica.[24] Mas essa suposição envolve *uma confusão entre cultura intelectual e cultura social*. Como a Parte 1 deixou claro, acontece de certas crenças tenderem a surgir sob circunstâncias intelectuais específicas, que são função tanto dos problemas empíricos reconhecidos quanto das tradições dominantes de pesquisa características da época. Mas pode não haver interesse social ou sociológico nesse processo de assimilação intelectual de ideias dentro de um contexto ou quadro intelectual preestabelecido.

---

[23] Grifos do autor; citado por Merton, *Social Theory and Social Structure*, p.232.

[24] Veja alguns exemplos a seguir, p.311.

O PROGRESSO E SEUS PROBLEMAS 299

A SUPOSIÇÃO INTERDISCIPLINAR. Até aqui, examinamos ambiguidades implícitas na suposição histórico-social e dificuldades colocadas pela suposição de a-racionalidade. Há ainda outra suposição disseminada acerca do alcance da Sociologia cognitiva, a "suposição interdisciplinar". Em sua forma mais geral, ela pressupõe que sempre que os pensadores de um ramo de investigação ou disciplina se valem de, ou reagem a, ideias de outras disciplinas, temos razões para presumir que há fatores sociológicos em ação. A versão mais específica desse postulado, quando aplicada à História da ciência, equivale à tese de que *quando os "cientistas" são influenciados pelas consequências "não científicas"* (por exemplo, morais, religiosas, epistemológicas, metafísicas) *da teoria científica, isso indica a intrusão de fatores extrarracionais e sociais na situação científica.*

Creio que o postulado interdisciplinar vem de uma interpretação idiossincrática da suposição de a-racionalidade. Se pressupusermos que a ciência só é racional à medida que é independente e que tudo o que é a-racional é socialmente causado, a suposição interdisciplinar segue sem dificuldade. É a primeira premissa que torna a inferência pouco digna de crédito. Como a Parte 1 deste trabalho deixou claro, não é necessariamente a-racional para os cientistas estarem interessados nas relações conceituais entre seu trabalho científico (no sentido estrito da expressão) e os componentes intelectuais mais amplos da cultura de seu tempo. Já examinamos os méritos dessa tese. O que deve ser ressaltado é que há "escolas" inteiras de Sociologia cognitiva (pensamos sobretudo em Sorokin, Scheler, Durkheim[25] e Richter, por exemplo) que

---

[25] Se a inclusão de Durkheim parece estranha, basta lembrar seu argumento de que, sempre que a aceitação ou rejeição de conceitos é determinada por sua compatibilidade com as crenças predominantes, estamos lidando com um "processo sociológico".

consideram o objetivo central da Sociologia o estudo dos modos como os diversos elementos ideológicos presentes em uma cultura se integram. Se os argumentos deste ensaio tiveram validade, os estudos de "integração ideológica", à medida que tal integração é racionalmente bem fundamentada, pertencem à História intelectual e ficam *de fora* do reino da Sociologia cognitiva.

Poder-se-ia pensar que essas considerações abstratas não têm a ver com a pesquisa real feita pelos sociólogos de orientação histórica e que essas confusões fundamentais não constituem problema quando aplicadas a casos particulares. Tal visão seria enganosa, como verificamos ao examinarmos em pormenor dois dos mais famosos estudos históricos recentes de Sociologia das ideias científicas; a saber, o trabalho de Theodore Brown e Paul Forman.

Esses dois estudos históricos, embora tratem de épocas e ciências diferentes, mostram como a recepção de certas teorias científicas dependeu das circunstâncias sociais e institucionais. Vale a pena analisar essas investigações com certa minúcia, pois ressaltam alguns dos confusos pressupostos por trás mesmo dos mais sofisticados estudos da Sociologia histórica da ciência.

O objetivo de Brown é explicar por que importantes médicos e filósofos naturais ingleses aceitaram a abordagem mecanicista da vida em meados do século XVII. Em resumo, sua resposta é que esses pensadores estavam associados ao Royal College of Physicians (Colégio Real de Médicos), associação cujo prestígio social e monopólio do licenciamento dos praticantes da medicina vinham sendo seriamente ameaçados – em parte porque o Colégio estava associado à moribunda e ultrapassada fisiologia de tipo galeno-aristotélica. A Filosofia mecanicista, em contrapartida, era vista como uma abordagem atualizada, "na moda", com a qual

O PROGRESSO E SEUS PROBLEMAS 301

os médicos combatiam seus tradicionais adversários – os farmacêuticos. Brown sugere que a adesão à nova abordagem mecanicista da fisiologia pelos membros do College foi consequência direta da crise institucional e social pela qual passava essa instituição. Nas palavras do próprio Brown:

> os médicos colegiados [...] tomaram emprestadas ideias da Filosofia mecânica [...] por estarem envolvidos em lutas políticas com prestígio profissional abalado, e porque, com esse empréstimo esperavam elevar novamente o prestígio, melhorando sua posição política.[26]

Forman, por outro lado, explica por que o princípio de indeterminação foi rapidamente aceito pelos físicos teóricos alemães no fim da década de 1920. A hipótese dele é que esses físicos estavam predispostos a receber com simpatia os ataques ao princípio de causalidade porque havia, no ambiente intelectual alemão, uma forte corrente (derivada em especial de Spengler) segundo a qual a ciência era demasiado racionalista, mecânica e determinista – que, em suma, ela não deixava espaço para os valores humanos nem para a fragilidade da mente humana. Segundo Forman, esse movimento neorromântico e antimecanicista ameaçou a tal ponto o prestígio dos cientistas físicos que eles passaram a procurar maneiras de melhorar essa imagem, repudiando o materialismo determinista de que eram acusados.[27] A relação de incerteza (quando

---

[26] Brown, The College of Physicians and the Acceptance of Iatro-Mechanism in England, 1665-95. *Buletin of the History of Medicine*, v.44, p.29.

[27] Forman: "foi só quando essa reação romântica contra a ciência exata conquistou popularidade dentro e fora da universidade suficiente para solapar seriamente o prestígio social dos físicos e matemáticos que eles foram forçados a lidar com ela" (Weimar Culture, Causality,

302 LARRY LAUDAN

interpretada ingenuamente) oferecia-lhes uma resposta a seus detratores, uma vez que os físicos usavam-na para provar que não estavam comprometidos com uma representação mecanicista do mundo.

O que está por trás das análises de Brown e de Forman é um conjunto de pressupostos historiográficos acerca do caráter da ciência, pressupostos que lhes permitem articular seus problemas. Os principais desses pressupostos são as convicções kuhnianas de que: (1) as disciplinas em geral têm uma autonomia que as torna imunes às "pressões" vindas do ambiente social e cultural mais amplo;[28] (2) toda disciplina científica é fundamentalmente *conservadora* e resiste à reorientação de seus compromissos conceituais, salvo em tempos de crise; (3) esses raros períodos de crise intelectual (e aqui Brown e Forman se separam de Kuhn) são gerados não de dentro da disciplina, mas por uma ameaça externa ao prestígio, aos fundamentos ou ao estatuto intelectual dos praticantes da disciplina;[29] e (4) a reordenação das crenças de

---

and Quantum Theory, 1918-27: Adaptation by German Physicists and Mathematicians to a Hostile Intellectual Environment. *Historical Studies in the Physical Sciences*, v.3, p.110).

[28] Compare-se, por exemplo, as ideias de Kuhn acerca do "isolamento ímpar das comunidades científicas maduras em relação às solicitações dos leigos e do dia a dia" (*The Structure of Scientific Revolutions*, p.163). Veja também o exame das ideias de Kuhn sobre a autonomia disciplinar apresentado anteriormente, p.244-6.

[29] Esta crença de que todos os conflitos e debates intelectuais são, em essência, uma forma sublimada de conflito social permeia a obra de muitos historiadores da ciência. Como diz Steven Shapin, o "bom" historiador deve "assimilar o conflito de ideias ao conflito entre grupos rivais na sociedade" (Phrenological Knowledge and the Social Structure of Early 19th Century Edinburgh. *Annals of Science*, v.32, p.221). É difícil considerar essa crença (ou outras relacionadas, como "as disciplinas científicas

O PROGRESSO E SEUS PROBLEMAS　303

uma comunidade de cientistas é causada por essas pressões sociais externas, e não por processos de avaliação racional dentro da própria disciplina. O próprio Forman torna explícitos muitos desses pressupostos quando escreve:

> Podemos supor que, *quando os cientistas* e suas atividades *gozam de muito prestígio* em seu ambiente social imediato (ou mais importante), *também estão relativamente livres para ignorar as doutrinas, simpatias e antipatias que constituem o ambiente intelectual correspondente.* Certos da aprovação, estão livres de pressões externas, livres para seguir as pressões internas da disciplina – *o que costuma significar um apego à ideologia tradicional e às predisposições conceituais.* Quando, porém, cientistas e suas atividades sofrem perda de prestígio, são levados a tomar medidas para remediar esse declínio [...] [que] pode até afetar os fundamentos doutrinais da disciplina...[30]

são reacionárias", "os cientistas só se preocupam com a filosofia quando seu prestígio está ameaçado", "as influências do ambiente cultural sobre a ciência deve ser causado por fatores sociais", *ad nauseam*) como algo mais que preconceitos puramente *a priori*, pois nenhum dos historiadores que adere a elas oferece sequer o simulacro de uma justificação. (Para uma crítica minuciosa de algumas das ideias de Shapin, veja Cantor, A Critique of Shapin's Social Interpretation of the Edinburgh Phrenology Debate. *Annals of Science*, v.32).

[30] Forman, Weimar Culture, Causality, and Quantum Theory, 1918-27: Adaptation by German Physicists and Mathematicians to a Hostile Intellectual Environment. *Historical Studies in the Physical Sciences*, v.3, p.6. Diante de afirmações descaradas como essa, é difícil resistir à hipótese *ad hominem* de que os historiadores sociais estão comprometidos em massa em projetar suas próprias inseguranças disciplinares na História da ciência, convictos de que os cientistas são tão sensíveis a questões de prestígio como esses historiadores evidentemente o são.

304   Larry Laudan

Vale a pena notar desde o começo que nem Forman
nem Brown investigam se o surgimento de teorias causais na
Física alemã ou de teorias mecanicistas na fisiologia britânica
foi uma resposta adequada e racional às críticas empíricas e

Essa crítica é mais que meramente retórica. Como Mannheim admite,
toda a disciplina da sociologia do conhecimento surgiu como generalização das características da própria sociologia. Os sociólogos do
começo do século XX, ao examinar a História de sua *própria* disciplina,
chegaram à conclusão de que estava repleta de doutrinas que deviam
mais ao *background* social de seus defensores que a seus méritos racionais intrínsecos. A tese geral da sociologia do conhecimento (a saber,
que as ideias da maioria das disciplinas são determinadas socialmente)
fundava-se na esperança de que todas as outras formas de conhecimento
se revelariam tão subjetivas como a sociologia claramente o era.

Vemos este fenômeno tanto em microcosmo como em macrocosmo
ao examinar algumas das mais francas declarações dos historiadores
sociais da ciência em atividade. Steven Shapin, por exemplo, justifica
a redução da escolha de teorias científicas aos casos simples de conflito
social argumentando que costumamos procurar na vida "cotidiana"
explicar "o comportamento e os motivos das pessoas" (op.cit., p.220-4)
reduzindo-os a causas sociais, em vez de prestarmos atenção nas razões
que as pessoas dão para suas ações e suas crenças. Será que Shapin *realmente* acredita que no "cotidiano" *nunca* julgamos que as pessoas creem
em coisas porque têm boas razões, ainda que não sociais, para tanto?
Estará falando sério quando afirma que as motivações sociais da crença
são "relativamente familiares e conhecidas" quando comparadas com as
motivações intelectuais da crença? Em outro estilo, Thackray, Has the
Present Past a Future? In: Stuewer (Ed.), *Historical and Philosophical
Perspectives of Science*, insiste no fato de que a História da ciência deve
tornar-se mais sociológica e menos intelectual para ganhar a simpatia
dos historiadores gerais, dos sociólogos e dos radicais dos *campi*.

Praticamente todas as razões possíveis de se fazer sociologia da ciência
foram tentadas na literatura recente, *salvo* o argumento de que a sociologia seja capaz de oferecer explicações convincentes de importantes
situações históricas.

O PROGRESSO E SEUS PROBLEMAS 305

conceituais das teorias antes dominantes. Eles evidentemente saltam para o pressuposto de que forças sociais estavam em ação, pelo compromisso com a tese de que as disciplinas só permitem a intrusão de considerações não disciplinares (por exemplo, de natureza filosófica cultural ou política) quando a disciplina em questão está sob forte pressão social. Da mesma maneira, sua convicção de que as disciplinas são reacionárias e resistentes à mudança torna quase inevitável que, quando ocorrem mudanças conceituais, eles, como historiadores, vão buscar em fatores externos sociais e institucionais a explicação do que deve parecer (segundo seu modelo de mudança) um comportamento pouco característico e até "acientífico".[31]

Sob aspectos cruciais, portanto, as investigações de Forman e Brown dependem da adequação de seus pressupostos historiográficos de (1) a (4). À medida que estes são duvidosos (como mostrei na Parte 1), as pesquisas históricas feitas sob sua égide devem permanecer inconvincentes.

Uma vez que a imagem (kuhniana) da ciência os impede de crer que os cientistas tenham boas razões científicas para mudar de ideia ou para se preocupar com questões intelectuais mais amplas, tanto Forman quanto Brown ignoram os méritos científicos e racionais das ideias que discutem. Afinal, *poderia* ser verdade que Heisenberg tivesse enunciado

---

[31] Apesar de toda a oposição à "História de tendência *whig*" e a observar o passado através das lentes do presente, Kuhn, Forman e Brown são culpados de projetar no passado uma concepção da autonomia e insularidade disciplinar que deriva de generalizações acerca da ciência atual. Nenhuma investigação conscienciosa da ciência dos séculos XVII, XVIII e XIX produziu a visão de Kuhn-Brown-Forman de que, como diz Forman, "quando os cientistas e seu empreendimento gozam de grande prestígio [...] também estão livres para ignorar as doutrinas específicas [...] que constituem o ambiente intelectual correspondente" (op. cit., p.6).

o princípio de indeterminação porque, como ele mesmo diz, julgava que o peso da argumentação estava a seu favor. Talvez Walter Charleton tivesse aceitado a Filosofia mecânica por – como explica em 400 túrgidas páginas – aquela teoria ser racionalmente preferível às concorrentes. A invocação por parte de Forman e Brown de explicações sociais e institucionais ocorre em um curioso vácuo teórico. Eles não se perguntam se suas explicações "sociais" da recepção das teorias explicam ou não certas dimensões da situação histórica que poderiam ser explicadas em termos de sólidas razões cognitivas. Eles não produzem prova para sua convicção histórica central de que a ciência seja intrinsecamente conservadora e, em circunstâncias normais, autônoma.[32]

Os fundamentos teóricos da Sociologia cognitiva

A CAUSAÇÃO SOCIAL DAS IDEIAS. Até este ponto, estivemos preocupados com preliminares, sem dúvida importantes, mas ainda temos de tratar do *conteúdo* das teorias sociológicas. Se nosso objetivo até aqui foi clarear um pouco as situações de problemas com que o sociólogo cognitivo deveria, em princípio, se preocupar, devemos voltar nossa atenção para o caráter da teoria sociológica em si. Embora não seja o espaço para detalhar os compromissos substantivos da Sociologia cognitiva, convém tecer algumas observações gerais, sobretudo acerca da Sociologia cognitiva da ciência.

---

[32] É revelador que, quando o modelo sociológico de Forman não explica as crenças dos cientistas (como ele admite acontecer em certos casos), ele insiste no fato de que devemos procurar explicação "psicológica" para a questão de por que um cientista resistiu às forças sociais que exerciam pressão sobre ele em vez de procurar uma explicação racional para a crença do cientista. (Cf. em especial Forman, op. cit., p.114-5.)

O PROGRESSO E SEUS PROBLEMAS 307

Como já observamos, qualquer explicação sociológica cognitiva deve, no mínimo, asserir uma relação causal entre uma crença x de um pensador y e a situação social de y, ou seja, z. Ela fará isso (se as explicações da Sociologia forem "científicas" em algum sentido do termo) invocando uma lei geral que afirme que todos os (ou a maioria dos) crentes que estejam no tipo de situação z adotam crenças de tipo x.

Assim, a viabilidade da Sociologia cognitiva depende de nossa capacidade de descobrir relações causais (ou funcionais) gerais entre as estruturas sociais e as crenças. Mais especificamente, a Sociologia cognitiva da ciência baseia-se na existência de correlações determináveis entre o *background* social de um cientista e suas crenças específicas acerca do mundo físico. Apesar de décadas de pesquisa sobre o assunto, *os sociólogos cognitivos ainda têm de apresentar uma única lei geral para explicar a fortuna cognitiva de qualquer teoria científica, de qualquer época passada.* A aceitação da lei de Boyle, a rejeição da teoria da hereditariedade de Lamarck, a recepção da geologia de Lyell, a gênese das ideias de Newton, o repúdio da fisiologia galênica, a carreira histórica da teoria da relatividade – esses são apenas uma minúscula amostra dos casos para cuja compreensão a teoria sociológica contemporânea não conseguiu fornecer auxílio historicamente significativo. Quando são oferecidas explicações sociológicas de casos específicos, em geral é deixado ao leitor o trabalho de adivinhar os princípios que elas pressupõem.[33]

---

[33] Examinemos, por exemplo, a recente declaração de Elkana de que "a lei da conservação não teria origem no quadro institucional da França nem no da Inglaterra" (*The Discovery of the Conservation of Energy*, p.155). Quais são as regras ou leis gerais da sociologia que garantiriam tal impetuosa asserção? Onde estão os estudos minuciosos de casos da relação entre quadros institucionais e descobertas científicas que nos

308   LARRY LAUDAN

Nem deveríamos nos surpreender com a falência exc-
gética da Sociologia cognitiva da ciência contemporânea,
pois seu atual repertório explicativo é rudimentar para permitir o tipo de discriminação que se exige. Quer falemos
de classes sociais, do *background* econômico, de sistemas de
parentesco, de papéis ocupacionais, de tipos psicológicos ou
de padrões de afiliação étnica, descobrimos que em geral não
há relação próxima com os sistemas de crença dos grandes
cientistas. Encontramos no século XVIII filhos de homens da
classe operária e da nobreza tanto entre os defensores como
entre os detratores da teoria newtoniana; cientistas conserva-
dores e radicais aceitam o darwinismo nas décadas de 1870
e 1880. Os seguidores da astronomia copernicana no século
XVII representam o espectro inteiro dos tipos psicológicos e dos papéis ocupacionais de um professor universitário
(Galileu) a um fidalgo soldado (Descartes) e a um padre
(Mersenne).

Um exame judicioso da documentação histórica abala o
empenho em vincular as grandes teorias científicas a qualquer
grupo socioeconômico. Os marxistas estão errados em falar de
uma matemática burguesa; os seguidores de Weber não apre-
sentaram prova convincente da existência de uma Filosofia
natural puritana; ao contrário do que diz a ideologia fascista,
não há Física especificamente judia; contra as pretensões de
muitos leninistas, não há prova de que haja uma versão prole-
tária da teoria da relatividade restrita.

A principal razão para os sociólogos não descobrirem
uma correlação entre a crença científica e a classe social é que
a vasta maioria das crenças científicas (embora nem todas)

---

torna razoavelmente confiantes de que compreendemos o bastante das
circunstâncias em que surgem as teorias para fazer asserções fortes como
a de Elkana?

O PROGRESSO E SEUS PROBLEMAS   309

parece não ter significância social. Que a gravidade obedeça à lei do inverso do quadrado, que a energia mecânica possa ser convertida em calor, que os átomos tenham núcleos; tais crenças parecem não ter raiz ou consequência social. Dada a evidente distância conceitual entre a maior parte das crenças científicas e os caprichos da mudança social, é difícil imaginar como as pressões sociais seriam responsáveis pela geração ou pela recepção de tais ideias. Para piorar as coisas, a Sociologia contemporânea pouco faz para esclarecer, mesmo no plano abstrato, os mecanismos pelos quais os fatores sociais influenciam a adoção de ideias científicas específicas. Ao olharmos para Marx, Mannheim, Merton ou qualquer outro dos principais teóricos da Sociologia, permanecemos às escuras no que se refere à especificação de um mecanismo geral para explicar a ligação entre a situação social e os compromissos ideológicos na esfera científica ou filosófica. Por que a vida (para tomar exemplos habituais) em uma sociedade mercantil deve predispor à adesão ao empirismo? Por que a vida em uma sociedade feudal predispõe a uma teoria geocêntrica do Universo? Por que – para usar um exemplo famoso de Hessen – o fato de Newton ter vivido em uma nação dada às viagens marítimas deveria fazer que ele interpretasse a lei de Boyle como o fez?[34] Os fatos de que dispomos sugerem que os padrões de crença científica, tanto racionais como a-racionais, atravessam todas as categorias habituais de análise sociológica. É provavelmente por essas mesmas razões que muitos sociólogos contemporâneos da ciência (como Ben-David e, conforme o humor, até mesmo Merton e Mannheim) vejam poucas esperanças para a Sociologia cognitiva da ciência. Como diz Ben-David, "as possibilidades a favor [...] de [uma]

---

[34] Cf. Hessen, *The Social and Economic Roots of Newton's "Principia"*.

Sociologia dos conteúdos conceituais e teóricos da ciência são extremamente limitadas".[35]

Diante do reconhecido fracasso da Sociologia cognitiva contemporânea em explicar qualquer episódio científico interessante, podemos chegar a uma destas duas conclusões:

(a) poderíamos concluir que o fracasso da Sociologia cognitiva se deve ao fato de que a determinação das crenças nas ciências naturais é imune às influências sociológicas e, portanto, à análise sociológica.

Ou sugerir que

(b) não há, *em princípio*, razão pela qual as crenças científicas a-racionais não sejam explicadas sociologicamente, contanto que desenvolvamos teorias mais sutis que aquelas de que dispomos acerca da causação social da crença científica. Importantes sociólogos da ciência defendem (a), considerando o papel da Sociologia não cognitivo, pelo menos no que diz respeito às ciências naturais.

Robert Merton, por exemplo, em seu clássico livro *Science, Technology and Society in 17th Century England* (Ciência, tecnologia e sociedade na Inglaterra do século XVII), renuncia especificamente a toda ambição de explicar o *conteúdo* da ciência do século XVII em termos sociológicos, observando que

---

[35] Ben-David, *The Scientist's Role in Society*, p.13-4.

O PROGRESSO E SEUS PROBLEMAS 311

as descobertas e invenções específicas pertencem à História interna da ciência e são, em boa medida, independentes de fatores outros além dos puramente científicos.[36]

Karl Mannheim chega a concluir que os desenvolvimentos históricos na "matemática e nas ciências naturais" são "determinados por fatores imanentes".[37] Seus argumentos a favor dessa ideia não são, porém, convincentes porque se baseiam na mesma ingênua concepção empirista da ciência que já discutimos. De um modo geral, esses sociólogos que excluem a ciência de seu domínio o fazem por causa de duas convicções associadas, ambas errôneas.

1. A convicção de que as teorias científicas são ditadas pelos dados, sem deixar espaço para determinantes subjetivos e não factuais do conhecimento; como diz Maurice Richter, "a sociedade, em princípio, não determina os conteúdos do conhecimento científico, porque estes devem ser determinados por observações da natureza".[38]

2. A crença de que o conhecimento científico adequado é independente e isolado de outros elementos da crença humana (por exemplo, religião, filosofia, valores) que são, em parte, socialmente determinados.

É a conjunção das crenças (1) e (2) que leva muitos pensadores a negar a possibilidade de uma Sociologia cognitiva da ciência. À medida que ambas as imagens da ciência

---

[36] Merton, *Science, Technology and Society in 17th Century England*, p.75.
[37] Mannheim, *Essays on the Sociology of Knowledge*, p.135.
[38] Richter, *Science as a Cultural Process*, p.6.

estão erradas, como afirmo, há poucas garantias para asserir (a) anteriormente citada. Uma vez que se estabeleceu que a ciência interage com outras disciplinas, se as crenças presentes nessas disciplinas forem "existencialmente" determinadas, seguir-se-ia, obviamente, que também a ciência, pelo menos na medida dessa interação, é determinada socialmente. Mas ainda que a negação de (1) e (2) autorize a possibilidade de uma Sociologia cognitiva das crenças científicas a-racionais (isto é, (b), citada anteriormente), convém ressaltar que é necessário um trabalho *teórico* muito maior dentro da própria Sociologia antes de concluir algo a respeito da sócio-História cognitiva.

Se é verdade que muitos sociólogos são pessimistas quanto às perspectivas da Sociologia cognitiva das ciências, eles são, em geral, muito mais otimistas acerca de uma Sociologia cognitiva de disciplinas como a Teologia e a Filosofia. Infelizmente, seu desempenho nessas outras áreas é quase tão restrito quanto na própria ciência. Por exemplo, em sua provocativa discussão da História da Epistemologia, Mannheim observa que as teorias do conhecimento do século XVII eram influenciadas pelas recém-surgidas teorias científicas da época. Generalizando o resultado, afirma que "toda teoria do conhecimento é ela própria influenciada pela forma assumida pela ciência na época, que é a única a lhe fornecer sua concepção da natureza do conhecimento".[39] Mannheim, então, afirma de imediato que essa dependência da Epistemologia em relação à ciência prova que as teorias do conhecimento são determinadas "socialmente".[40] O único modo de tornar a inferência dele válida é supor que não

---

[39] Mannheim, *Ideology and Utopia*, p.288.
[40] Ibid.

O PROGRESSO E SEUS PROBLEMAS   313

seja imanente ou racional que as epistemologias reflitam as mudanças da crença científica. Mas, se adotarmos um modelo alternativo de racionalidade, veremos que costuma ser racional e natural uma interligação simbiótica entre a ciência e a Filosofia. E a própria existência de interdependência nada implica sobre a questão de saber se é socialmente causada.

Alegou-se na primeira parte deste capítulo que a aplicação de análises sociológicas à História das ideias científicas deve aguardar o desenvolvimento prévio de uma História racional ou intelectual da ciência; assim, o surgimento de uma Sociologia cognitiva do conhecimento na História geral também deve aguardar a articulação de instrumentos e conceitos de análise sociológica totalmente novos.[41] Até essas tarefas logicamente anteriores estarem bem encaminhadas, as afirmações piedosas acerca da determinação social da crença científica continuam sendo gratuitos artigos de fé.

Conclusão

Em boa parte deste capítulo, criticou-se o trabalho teórico e aplicado da Sociologia do conhecimento. É crucial ressaltar, porém, que estas são objeções à disciplina tal como é normalmente praticada. Não foram levantadas dúvidas acerca da possibilidade da Sociologia do conhecimento (contanto

---

[41] Conclusões muito semelhantes aplicam-se à psico-História do conhecimento científico, que provavelmente está ainda mais distante de possuir um modelo psicodinâmico que possa correlacionar crenças sobre o mundo natural com disposições psicológicas (ou psiquiátricas). As questões sobre se, digamos, os maníacos-depressivos tendem a preferir teorias de campo estão mais ou menos no mesmo nível que a questão de se os homens preferem as loiras!

que trabalhe no quadro da suposição de a-racionalidade). Diferentemente, foi dado amplo espaço à pesquisa sociológica cognitiva. Por exemplo, quando um cientista *aceita* uma tradição de pesquisa menos adequada que uma concorrente, quando *explora* uma teoria não progressista, quando atribui um *peso* maior ou menor a um problema ou a uma anomalia do que eles cognitivamente merecem, quando escolhe entre duas tradições de pesquisa igualmente adequadas ou progressivas; em todos esses casos, devemos procurar o sociólogo (ou o psicólogo) para compreendermos, uma vez que não há possibilidade de explicação racional da ação em questão. Continuamos necessitados de teorias sociológicas que lancem luz sobre esses casos, sem dúvidas frequentes na História do pensamento. Particularmente promissora aqui seria a exploração dos *determinantes sociais da ponderação dos problemas*, uma vez que esse fenômeno – provavelmente mais que os outros – parece estar sujeito às pressões de classe, nacionalidade, finanças e outras influências sociais.

Precisamos também de mais investigações *sobre os tipos de estruturas sociais que possibilitam que a ciência funcione racionalmente*. Embora nenhum sistema social seja suficiente para garantir o progresso e a escolha científica racional, algumas instituições sociopolíticas provavelmente estão mais propícias a alcançar esses fins. Mais uma vez, porém, devemos compreender o que é a racionalidade científica antes de estudar esse *background* social.

EPÍLOGO

PARA ALÉM DA *VERITAS* E DA *PRAXIS*

Das muitas perguntas sem resposta, pelo menos duas exigem mais discussão:

1. mesmo se considerarmos que a meta da ciência seja resolver problemas e se garantirmos também que a ciência tem sido efetiva quanto a solucioná-los, devemos perguntar se um sistema investigativo como a ciência – com as técnicas que tem à disposição – é o mecanismo mais eficaz.

2. também devemos perguntar se é possível justificar a investigação de problemas intelectuais do tipo que a ciência estuda, dadas as outras solicitações urgentes a nossos limitados recursos mentais, físicos e financeiros.

Respostas definitivas a essas perguntas não estão a nosso alcance, mas podemos esboçar algo sobre as direções para respondê-las.

Muito se tem escrito sobre os métodos da ciência, embora, com exceção de pragmáticos como Peirce e recentes "analistas de sistemas", ninguém tenha investigado se os métodos utilizados pela ciência são os mais aptos a gerar soluções para os problemas. A preocupação dos filósofos clássicos da ciência tem sido mostrar que os métodos da ciência são instrumentos eficientes para produzir verdade, alta probabilidade ou aproximações cada vez mais próximas da verdade. Nesse empreendimento, eles fracassaram. O que precisamos perguntar é se os métodos da ciência – mesmo se fracassam como boas "máquinas de verdade" – são os melhores instrumentos disponíveis para a solução de problemas.

Não há dúvida de que a ciência tem resolvido problemas; a questão é se alguma correção das ferramentas tradicionais de avaliação empírica e lógica possa aumentar sua eficiência.

Não cabe, aqui, propor respostas a essas questões globais. Mas estamos autorizados a insistir no fato de que as perguntas em si são sérias e não devem ser ignoradas. Até, e a menos que mostremos por que a ciência é um instrumento efetivo para a solução de problemas, seu sucesso pode continuar a ser visto como um caso acidental de boa sorte que, a qualquer momento, simplesmente acaba.

Isso, por sua vez, levanta a questão ainda mais ampla que mencionamos anteriormente: mesmo se pudéssemos provar que a ciência é o melhor instrumento para a solução de problemas cognitivos, como justificar a aplicação de tão amplos recursos à satisfação de uma característica singular da evolução animal, a saber, o senso de curiosidade do homem?

Classicamente, a justificação da pesquisa científica era dupla. Ressaltou-se, por um lado, que a busca da verdade sobre o mundo por parte do homem ("conhecimento pelo conhecimento") era a força por trás da investigação científica. Por outro lado, insistiu-se no fato de que a ciência tem enorme valor prático e utilitário para a melhora das condições físicas da vida. Ambas as abordagens do caso estão surradas.

O PROGRESSO E SEUS PROBLEMAS 317

Até onde sabemos, a ciência não produz teorias verdadeiras ou mesmo prováveis. Da mesma maneira, já é hora de reconhecer que a otimista identificação baconiana do conhecimento com o poder tem hoje tão maus fundamentos quanto quando o Lorde Chanceler da Inglaterra a promoveu pela primeira vez 350 anos atrás. Boa parte da atividade teórica nas ciências, e *a maior parte do que há de melhor nela*, não está voltada para a solução de problemas práticos ou socialmente compensadores. Mesmo nos casos em que a teorização profunda obteve resultados práticos, foi acidental; essas aplicações fortuitas não foram a motivação da pesquisa nem a regra. Se quisermos levar a sério a abordagem utilitária da ciência, seria preciso providenciar um vasto reordenamento das prioridades, uma vez que a atual subvenção de talentos e recursos da ciência não reflete as prováveis prioridades práticas.

Se for possível encontrar uma justificação válida para a maior parte da atividade científica, talvez ela venha do reconhecimento de que o senso de curiosidade do homem sobre o mundo e sobre si mesmo seja tão irresistível quanto sua necessidade de vestir-se e de comer. Tudo o que sabemos sobre a antropologia cultural indica a ubiquidade, mesmo entre culturas "primitivas" que mal sobrevivem, de doutrinas elaboradas acerca de como e por que o Universo funciona. A universalidade do fenômeno sugere que encontrar um sentido para o mundo e descobrir seu próprio lugar é algo com raízes profundas na psique humana. Reconhecendo que resolver um problema intelectual é requisito para a vida, podemos abandonar o perigoso pretexto de que a ciência só é legítima à medida que contribui para o bem-estar material ou para o tesouro de verdades perenes. Visto por esse lado, o repúdio da investigação científica teórica equivale à negação do que pode ser considerado o traço mais caracteristicamente humano.

Isso não é sugerir que o gasto de recursos em todos os problemas teóricos da ciência se justifique *tout court*. Uma parte excessiva da pesquisa científica de hoje se dedica a problemas tão cognitivamente triviais quanto socialmente irrelevantes. O cientista "puro" deve mostrar que seus problemas são significativos e seu programa de pesquisa é suficientemente progressivo para merecer que apostemos nele nossos preciosos e limitados recursos.

REFERÊNCIAS

AGASSI, J. Towards an Historiography of Science. *History and Theory.* Beiheft, v.2, 1963.

_____. Scientifica Problems and their Roots in Metaphysics. In: BUNGE, M. (Org.). *The Critical Approach to Science and Philosophy.* 1964, p.189-211.

AITON, E. *The Vortex Theory of Planetary Motions.* Londres, 1972.

BARBER, B. Resistance by Scientists to Scientific Discovery. *Science*, v.134, 1961, p.596-ss. (Referências ao artigo tal como republicado em BARBER, B.; HISRCH, W. (Eds.). *Sociology of Science.* Nova York: 1962, p.539-ss.)

BARTLEY, W. Theories of Demarcation between Science and Metaphysics. In: LAKATOS, I.; MUSGRAVE, A. (Eds.). *Problems in the Philosophy of Science.* Amsterdam, 1968, p.46-64.

BECKMAN, T. On the Use of Historical Examples in Agassis's "Sensationalism". *Stud. Hist. Phil. Sci.*, v.1, 1971, p.293-ss.

BEN-DAVID, J. *The Scientist's Role in Society.* New Jersey: Englewood Cliffs, 1971.

BERZELIUS, J. Essay on the Cause of Chemical Proportions. *Ann. Phil.* v.2, 1813, p.443-ss.

_____. An Address to those Chemists Who Wish to Examine the Laws of Chemical Proportions. *Ann. Phil.* v.5, 1815, p.122-ss.

BORING, E. The Dual Role of the *Zeitgeist* in Scientifica Creativity. In: FRANK, P. (Ed.) *The Validation of Scientific Theories.* Nova York, 1961, p.187-ss.

BROOKE, J. Organic Synthesis and the Unification of Chemistry – a Reappraisal. *The British Journal History of Science*, v.5, 1970-1, p.363-ss.

BROWN, T. *The Mechanical Philosophy and the Animal Oeconomy.* Dissertação não publicada, Princeton University, 1968.

———. The Electric Current in Early 19th-century French Physics. *History Studies in the Philosophy Science*, v.1, 1969, p.61-ss.

———. The College of Physicians and the Acceptance of Iatro-Mechanism in England, 1665-95. *Buletin of the History of Medicine*, v.44, 1970, p.12-ss.

BRUSH, S. A History of Random Process. I. Brownian Movement from Brown to Perrin. *Archive for History of Exact Sciences*, v.5, 1968-9, p.1-36.

BUCHDAHL, G. Sources of Skepticism in Atomic Theory. *British Journal Philosophy Science*, v.10, 1959, p.120-34.

———. *Metaphysics and Philosophy of Science.* Londres, 1969.

———. History of Science and Criteria of Choice. In: STUEWER, R. (Ed.). *Historical and Philosophical Perspectives of Science.* Minneapolis, 1970, p.204-ss.

———. Methodological Aspects of Kepler's Theory of Refraction. *Studies in History and Philosophy of Science*, v.3, 1972, p.265-ss.

BUNGE, M. *Scientific Research.* 2v. Berlim, 1967.

BUTTS, R. Consilience of Inductions and the Problem of Conceptual Change in Science. In: COLODNY, R. G. (Ed.). *Logic, Laws, and Life:* Some Philosophical Complications. Pittsburgh: University of Pittsburgh Press, 1977.

CANTOR, G. The Changing Role of Young's Ether. *The British Journal of History Science*, v.5, 1970-1, p.44-ss.

———. Henry Brougham and the Scottish Methodological Tradition. *Studies in History and Philosophy of Science*, v.2, 1971, p.68-ss.

———. The Edinburgh Phrenology Debate: 1803-28. *Annals of Science*, v.32, 1975a, p.195-ss.

O PROGRESSO E SEUS PROBLEMAS   321

_____. A Critique of Shapin's Social Interpretation of the Edinburgh Phrenology Debate. *Annals of Science*, v.32, 1975b, p.245-ss.

CARNAP, R. *Logical Foundations of Probability*. 2.ed. Chicago: University of Chicago Press, 1962.

COHEN, I. B. History and the Philosopher of Science. In: SUPPE, F. (Ed.). *The Structure of Scientific Theories*. Urbana, 1974, p.308-ss.

COLLINGWOOD, R. G. *Autobiography*. Oxford: Oxford University Press, 1939.

_____. *The Idea of History*. Nova York: Oxford University Press, 1956.

COSTABEL, P. *Leibniz and Dynamics: the Texts of 1692*. Nova York: Ithaca, 1973.

CULOTTA, C. German Biophysics, Objective Knowledge, and Romanticism. *Historical Studies in the Physical Sciences*, v.4, 1974, p.3-ss.

DUHEM, P. *The Aim and Structure of Physical Theory*. Princeton: Princeton University Press, 1954.

DURKHEIM, E. *Elementary Forms of the Religious Life*. Glencoe; Illinois, 1947. [Ed. bras. *As formas elementares da vida religiosa*. São Paulo: Martins Editora, 2003.]

ELKANA, Y. *The Discovery of the Conservation of Energy*. Londres, 1974.

ELLEGARD, A. The Darwinian Theory and 19th-Century Philosophies of Science, *Journal of the History of Ideas*, v.18, 1957, p.360-ss.

ERIKSSON, B. *Problems of an Empirical Sociology of Knowledge*. Uppsala, 1975.

FARADAY, M. An Answer to Dr. Hare's Letter on Certain Theoretical Opinions. *Philosophical Magazine*, v.17, 1840, p.54-65.

FARLEY, J. The Spontaneous Generation Controversy, I & II. *J. Hist. Bio.* v.5, 1972, p.95-ss, 285-ss.

FEYERABEND, P. Problems of Empiricism. In: COLODNY, R. (Ed.). *Beyond the Edge of Certainty*. New Jersey: Englewood Cliffs, 1965, p.145-260.

_____. Problems of Empiricism, II. In: COLODNY, R. (Ed.). *The Nature and Function of Scientific Theory*. Pittsburgh, 1970a.

_____. Against Method. In: *Minnesota Studies in the Philosophy of Science*, v.4. Minneapolis, 1970b.

322 LARRY LAUDAN

_____. Consolations for the Specialist. In: LAKATOS, I.; MUSGRAVE, A. (Eds.). *Criticism and the Growth of Knowledge*. 1970c, p.197-ss.

_____. *Against Method*. Londres, 1975. [Ed. bras.: *Contra o método*. São Paulo: Unesp. 2011.]

FISCHER, D. *Historians' Fallacies:* Toward a Logic of Historical Thought. Nova York, 1970.

FORMAN, P. Weimar Culture, Causality, and Quantum Theory, 1918-27: Adaptation by German Physicists and Mathematicians to a Hostile Intellectual Environment. *Historical Studies in the Physical Sciences*, v.3, 1971, p.1-ss.

FOUCAULT, M. *The Order of Things*. Nova York, 1970.

FOX, R. The Rise and Fall of Laplacian Physics. *Historical Studies in the Physical Sciences*, v.4, 1974, p.89-ss.

FRANK, P. The Variety of Reasons for the Acceptance of Scientific Theories. In: FRANK, P. (Ed.). *The Validation of Scientific Theories*. Nova York, 1961, p.13-ss.

GHISELIN, M. *The Triumph of the Darwinian Method*. Berkeley, 1969.

GIERE, R. History and Philosophy of Science: Intimate Relationship or Marriage of Convenience? *British Journal of the Philosophy Science*, v.24, 1973, p.282-97.

GILLISPIE, C. *The Edge of Objectivity*. Princeton, 1960.

GILSON, E. *Ètudes sur le rôle de pensée médiévale*. Paris, 1951.

GOLDBERG, S. Poincaré's Silence and Eisntein's Relativity. *British Journal of the History Science*, v.5, 1970-71, p.73-ss.

GRÜNBAUM, A. The Duhemian Argument. *Philosophy of Science*, v.11, 1960, p.75-87.

_____. The Special Theory of Relativity as a Case Study of the Importance of Philosophy of Science for the History of Science. In: BAUMRIN, B. (Ed.). *Philosophy of Science*, v.1, Nova York, 1963.

_____. Can We Ascertain the Falsity of a Scientific Hypothesis. *Studium Generale*, v.22, 1969, p.1061-93.

_____. *Philosophical Problems of Space and Time*. 2.ed. Dordrecht, 1973.

O PROGRESSO E SEUS PROBLEMAS   323

_____. Can a Theory Answer More Questions than One of Its Rivals? *British Journal of the Philosophy Science*, v.27, 1976a, p.1-ss.

_____. *Ad Hoc* Auxiliary Hypotheses and Falsificationism. *British Journal of the Philosophy Science*, v.27, 1976b.

GRÜNWALD, E. *Das Problem einer Soziologie des Wissens*. Viena, 1934.

HARE, R. A Letter to Prof. Faraday on Certain Theoretical Opinions. *Philosophical Magazine*, v.17, 1840, p.44-54.

HARRIS, E. *Hypothesis and Perception*. Londres, 1970.

HEIMANN, P. Maxwell and the Modes of Consistent Representation. *Archive for History of Exact Sciences*, v.6, 1969-70, p.171-ss.

HESSEN, B. *The Social and Economic Roots of Newton's "Principia"*. Nova York, 1971.

HODGE, M. J. S. P. H. D. Lamarck's Science of Living Bodies. *British Journal of the History Science*, v.5, 1970-1, p.323-ss.

_____. The Universal Gestation of Nature: Chambers' Vestiges and Explanations. *Journal of History Biology*, v.5, 1972, p.127-ss.

_____. Methodological Issues in the Darwinian Controversy. No prelo.

HOLTON, G. *Thematic Origins of Scientific Thought*. Cambridge, Massachusetts, 1973.

_____. On the Role of Themata in Scientific Thought. *Science*, v.188, 1975, p.328-ss.

HOME, R. Francis Hauksbee's Theory of Electricity. *Archive for History of Exact Sciences*, v.4, 1967-8, p.230-ss.

_____. Franklin's Electrical Atmospheres. *British Journal of the History Science*, v.6, 1972-3, p.343-ss.

HOOYKAAS, R. *The Principle of Uniformity in Geology, Biology and Theology*. Leiden, 1963.

HULL, D. *Darwin and his Critics*. Cambridge, Massachusetts, 1973.

_____. Central Subjects and Historical Narratives. *History and Theory*, v.14, 1975, p.253-ss.

ILTIS, C. The Leibnizian-Newtonian Debates: Natural Philosophy and Social Psychology. *British History of Science*, v.6, 1972-3, p.343-ss.

JASPERS, K. *The Great Philosophers*. Nova York, 1962.

KING, M. Reason, Tradition, and the Progressiveness of Science. *History and Theory*, v.10, 1971, p.2-ss.

KNIGHT, D. *Atoms and Elements*. Londres, 1970.

KOERTGE, N. Theory Change in Science. In: PEARCE; MAYNARD (Eds.). *Conceptual Change*. Dordrecht, 1973, p.167-ss.

KOPNIN, P. et al. (Eds.). *Logik der wissenschaftlichen Forschung*. Berlim, 1969.

KORCH, H. *Die wissenschaftilche Hypothese*. Berlim, 1972.

KORDIG, C. *The Justification of Scientific Change*. Dordrecht, 1971.

KOYRÉ, A. Review of Crombie's *Robert Grosseteste*. *Diogène*, n.16, out. 1956.

KUHN, T. *The Structure of Scientific Revolutions*. Chicago, 1962. [Ed. bras. *A estrutura das revoluções científicas*. São Paulo: Perspectiva, 2003.]

_____. History of Science. In: *International Encyclopedia of the Social Sciences*. Nova York, 1968, p.74-83.

_____. Logic of Discovery or Psychology of Research? In: LAKATOS, I.; MUSGRAVE, A. (Eds.). *Criticism and the Growth of Knowledge*. Cambridge, 1970, p.1-ss.

LAKATOS, I. Proofs and Refutations. *British Journal of Philosophical Science*, v.14, 1963, p.1-25, 120-39, 221-43, 296-342.

_____. Criticism and the Methodology of Scientific Research Programs. *Proceedings of the Aristotelian Society*, v.69, 1968a, p.149-ss.

_____. Changes in the Problem of Inductive Logic. In: LAKATOS, I. (Ed.). *The Problem of Inductive Logic*. Nova York, 1968b, p.315-417.

_____. Falsification and the Methodology of Scientific Research Programs. In: LAKATOS; MUSGRAVE (Eds.) *Criticism and the Growth of Knowledge*. Cambridge, 1970, p.91-ss.

_____. History of Science and its Rational Reconstructions. In: BUCK, R.; COHEN, R. (Eds.). *Boston Studies in the Philosophy of Science*, v.8. 1971, p.91-ss.

LAKATOS, I.; ZAHAR, E. Why did Copernicus' Research Program Supercede Ptolemy's? In: WESTMAN, R. (Ed.). *The Copernican Achievement*. Berkeley, 1975, p.354-ss.

O PROGRESSO E SEUS PROBLEMAS 325

LAUDAN, L. Grünbaum on the "Duhemian Argument". *Philosophy of Science*, v.32, 1965, p.295-ss.

_____. Thomas Reid and the Newtonian Turn of British Methodological Thought. In: BUTTS; DAVIS (Eds.). *The Methodological Heritage of Newton*. Toronto, 1970, p.103-ss.

_____. C. S. Peirce and the Trivialization of the Self-Corrective Thesis. In: GIERE, R.; BLOOMINGTON, R. W. (Eds.). *Foundations of Scientific Method in the 19th Century*, 1973a, p.275-ss.

_____. G. L. Le Sage: a Case Study in the Interaction of Physics and Philosophy. In: SUPPES, P. et al. (Eds.). *Logic, Methodology and Philosophy of Science-IV*, Amsterdam, 1973b, p.429-ss.

_____. The Methodological Foundations of Mach's Opposition to Atomism. In: MACHAMER, P.; TURNBULL, R. (Eds.). *Space and Time, Matter and Motion*. Columbus, 1976, p.390-ss.

_____. Two Dogmas of Methodology. *Philosophy of Science*, v.43, 1976b.

_____. The Sources of Modern Methodology. In: BUTTS, R.; HINTIKKA, J. (Eds.). *Logic, Methodology and Philosophy of Science-V.* Dordrecht, 1977.

LAUDAN, R. Ideas and Institutions: the Case of the Geological Society of London. *Isis*, no prelo.

LEPLIN, J. The Concept of an *Ad Hoc* Hypothesis. *Stud. Hist. Phil. Sci.* v.5, 1975, p.309-45.

LUKES, S. Some Problems about Rationality. *Archives Européennes de Sociologie*, v.8, 1967, p.247-ss.

McEVOY, J.; McGUIRE, J. God and Nature: Priestley's Way of Rational Dissent. *Hist. Stud. Phys. Sci.*, v.5, 1975.

McGUIRE, J. Atoms and the "Analogy of nature". *Stud. Hist. Phil. Sci.*, v.1, 1970, p.3-ss.

McGUIRE, J. E.; HEIMANN, P. Newtonian Forces and Lockean Powers. *Hist. Stud. in Phys. Sci.*, v.3, 1971, p.233-ss.

MACHAMER, P. Feyerabend and Galileo. *Stud. Hist. Phil. Sci.*, v.4, 1973, p.1-ss.

326   LARRY LAUDAN

McKIE, D.; PARTINGTON, J. Historical Studies on the Phlogiston Theory, I-IV. *Annals of Science*, v.2, 1937, p.361-ss; v.3, 1938, p.1-ss; v.4, 1939, p.113-ss.

McMULLIN, E. The History and Philosophy of Science: a Taxonomy. In: STUEWER, R. (Ed.). *Historical and Philosophical Perspectives of Science*. Minneapolis, 1970, p.12-ss.

MANNHEIM, K. *Ideology and Utopia*. Londres, 1936. [Ed. bras.: *Ideologia e utopia*. São Paulo: LTC, 1986.]

————. *Essays on the Sociology of Knowledge*. Londres, 1952.

MARTIN, E. *Histoire des monstres depuis l'antiquité jusqu'à nos jours*. Paris, 1880.

MASTERMAN, M. The Nature of a Paradigm. In: LAKATOS, I.; MUSGRAVE, A. (Eds.). *Criticism and the Growth of Knowledge*. Cambridge, 1970, p.59-ss.

MAXWELL, A. A Critique of Popper's Views on Scientific Method. *Phil. Sci.*, v.39, 1972, p.31-52.

MERTON, R. *Social Theory and Social Structure*. Chicago, 1949.

————. *Science, Technology and Society in 17th Century England*. Nova York, 1970.

MITTELSTRASS, J. Methodological Elements of Keplerian Astronomy. *Stud. Hist. Phil. Sci.*, v.3, 1972, p.203-ss.

————. *Die Möglichkeit von Wissenschaft*. Frankfurt am Main, 1974.

MITROFF, I. *The Subjective Side of Science*. Amsterdam, 1974.

MUTSCHALOW, I. Das Problem als Kategorie der Logik der Wissenschaftlichen Erkennthis. *Voprosy Filosofiii*, v.11, 1964, p.27-36.

NELSON, L. What is the History of Philosophy? *Ratio*, 1962.

NEURATH, O. Pseudorationalismus der falsifikation. *Erkenntnis*, v.5, 1935, p.353-65.

NYE, M. J. *Molecular Reality*. Londres, 1972.

————. Gustave Le Bon's Black Light: a Study in Physics and Philosophy in France at the Turn of the Century. *His. Stud. in the Phys. Sci.*, v.4, 1974, p.163-ss.

OLSON, R. *Scottish Philosophy and British Physics.* 1750-1880. Princeton, 1975.

ORESME, N. *A Treatise on the Uniformity and Difformity of Intensities.* Madison, Wisconsin, 1968.

PEPPER, S. On the Cognitive Value of World Hypotheses. *Journal of Philosophy*, v.33, 1936, p.575-7.

POPKIN, R. *The History of Scepticism from Erasmus to Descartes.* Assen, 1960.

POPPER, K. *The Logic of Scientific Discovery.* Londres, 1959. [Ed. bras. *A lógica da pesquisa científica.* São Paulo: Cultrix, 2000.]

_____. *Conjectures and Refutations.* Londres, 1963.

_____. *Objective Knowledge.* Oxford, 1972. [Ed. bras.: *Conhecimento objetivo.* Belo Horizonte: Itatiaia, [s.d.]]

_____. The Rationality of Scientific Revolutions. In: HARRÉ, R. (Ed.). *Problems of Scientific Revolution*, Oxford, 1975 p.72-101.

POST, H. Correspondence, Invariance and Heuristics. *Stud. Hist. Phil. Sci.*, v.2, 1971, p.213-ss.

QUINE, W. *From a Logical Point of View.* Cambridge, Massachusetts, 1953. [Ed. bras.: *De um ponto de vista lógico.* São Paulo: Unesp, 2011.]

RESCHER, N. *Methodological Pragmatism.* Oxford, 1977.

RICHTER, M. *Science as a Cultural Process.* Nova York, 1973.

ROGER, J. *Les sciences de la vie dans la pensée française du XVIIIe siècle.* Paris, 1963.

RUDWICK, M. Uniformity and Progression. In: ROLLER, D. (Ed.). *Perspectives in the History of Science and Technology.* Oklahoma, 1971, p.209-ss.

SABRA, A. *Theories of Light from Descartes to Newton.* Londres, 1967.

SALMON, W. Bayes' Theorem and the History of Science. In: STUEWER, R. (Ed.). *Historical and Philosophical Perspectives of Science.* Minneapolis, 1970, p.68-ss.

SCHAFFNER, K. Outlines of a Logic of Comparative Theory Evaluation. In: STUEWER, R. (Ed.). *Historical and Philosophical Perspectives of Science.* Minneapolis, 1970, p.311-ss.

328 LARRY LAUDAN

———. *Nineteenth Century Aether Theories*. Oxford, 1972.

———. Einstein vs. Lorentz. *British Journal of Philosophical Science*, v.25, 1974, p.45-78.

SCHAGRIN, M. Resistance to Ohm's Law. *American Journal of Physics*, v.31, 1963, p.536-47.

SCHEFFLER, I. *Science and Subjectivity*. Indianapolis, 1967.

SCHOFIELD, R. *Mechanism and Materialism*. Princeton, 1970.

SHAPERE, D. The Structure of Scientific Revolutions. *Phil. Rev.* v.73, 1964, p.383-94.

———. Meaning and Scientific Change. In: COLODNY, R. (Ed.). *Mind and Cosmos*. Pittsburgh, 1966, p.41-ss.

SHAPIN, S. Phrenological Knowledge and the Social Structure of Early 19th Century Edinburgh. *Annals of Science*, v.32, 1975, p.219-ss.

SHAPIRO, A. Kinematic Optics: A Study of the Wave Theory of Light in the 17th Century. *Archive for History of Exact Sciences*, v.11, 1973, p.134-ss.

SHARIKOW, W. Das wissenschaftliche Problem. In: KOPTKIN, P. et al. (Eds.). *Logik der wissenschaftlichen Forschung*. Berlim, 1972.

SIMON, H. Scientific Discovery and the Psychology of Problem Solving. In: COLODNY, R. (Ed.). *Mind and Cosmos*. Pittsburgh, 1966, p.22-ss.

SKINNER, Q. Meaning and Understanding in the History of Ideas. *History and Theory*, v.8, 1969, p.3-ss.

SLOAN, P. John Locke, John Ray and the Problem of the Natural System. *Journal of the History of Biology*, v.5, 1972, p.1-ss.

STALLO, J. *Concepts and Theories of Modern Physics*. Cambridge, Massachusetts, 1960.

STEGMÜLLER, W. Theoriendynamik... *Theorie der Wissenschaftgeschichte*. DIEDERICH, W. (Ed.). Frankfurt am Main, p.167-ss.

SUPPE, F. (Ed.). *The Structure of Scientific Theories*. Urbana, 1974.

THACKRAY, A. Has the Present Past a Future? In: STUEWER, R. (Ed.). *Historical and Philosophical Perspectives of Science*. Minneapolis, 1970.

O PROGRESSO E SEUS PROBLEMAS 329

TÖRNEBOHM, H. The Growth of a Theoretical Model. In: *Physics, Logic and History*. Londres, 1970.

TOULMIN, S. Does the Distinction between Normal and Revolutionary Science Hold Water? In: LAKATOS, I.; MUSGRAVE, A. (Eds.). *Criticism and the Growth of Knowledge*. Cambridge, 1970, p.39-ss.

TRUESDELL, C. *Essays in the History of Mechanics*. Nova York, 1968.

VARTANIAN, A. Trembley's Polyp, la Mettrie, and 18th Century French Materialism. In: WIENER, P.; NOLAND, A. (Eds.). *Roots of Scientific Thought*. Nova York, 1957, p.497-ss.

VINER, J. Adam Smith and laissez faire. In: *Adam Smith, 1776-1926*. Chicago, 1928.

WATKINS, J. Influential and Confirmable Metaphysics. *Mind*, N. S. 67, 1958, p.344-65.

WATSON, R. *The Downfall of Cartesianism: 1673-1712*. The Hague, 1966.

WHEWELL, W. *The Philosophy of Inductive Sciences. Founded upon their History*. 2v. Londres, 1840.

_____. *On the Philosophy of Discovery*. Londres, 1860.

WINCH, P. Understanding a Primitive Society. *Amer. Phil. Quart.*, v.1, 1964, p.307-ss.

WITTICH, D. et al. (Eds.) *Problemstruktur und Problemverhalten in der wissenschaftlichen Forschung*. Rostock, 1966.

ZAHAR, E. Why did Einstein's Programme Supersede Lorentz's? I, II. *British Journal of the Philosophical Science*, v.24, 1973, p.95-ss, 223-ss.

ÍNDICE ONOMÁSTICO

A

Agassi, 218, 230, 235
Aiton, 189 n.8
Ampère, 120, 148
Aquino, Tomás de, 138, 184
Aristóteles, 3, 5, 36, 37, 52, 72, 81, 138, 158, 184, 194

B

Bacon, Mill, 38, 84, 254, 261, 291
Barber, Bernard, 291, 292
Barrow, 201
Beckman, 235 n.19
Ben-David, 309, 310 n.35
Berkeley, 64, 189
Bernard, Claude, 81
Bernoulli, Daniel, 37, 139, 147, 189
Berzelius, 45, 159 n.43, 209 n.25
Biot, 29, 148
Black, Joseph, 119
Boerhaave, 119

Bohr, 110 n.17, 237, 257
Boltzmann, 120
Borelli, 119
Boring, E. G., 145
Boscovich, Roger, 147, 189
Boyle, 57, 122, 254, 307, 309
Brewster, 29
Brongniart, 29
Brooke, 76 n.10, 83 n.14
Brown, Robert, 28
Brown, Theodore, 300
Brush, 29 n.9
Buchdahl, Gerd, 1, 66 n.4, 82 n.14, 83 n.14, 87
Buffon, 88 n.21, 122
Butts, 71 n.9

C

Cantor, 69, 83 n.14, 84 n.15, 126 n.28, 303 n.29
Carnap, Rudolf, 5 n.2 e 3, 7, 8, 66
Carnot, 34, 128, 129, 131, 134

332 LARRY LAUDAN

Chambers, 247 n.7

Charleton, Walter, 306

Clapeyron, 134

Cohen, 217 n.1, 228 n.14, 234 n.18, 236 n.20, 237 n.24, 288 n.13

Collingwood, 66, 171 n.1, 205, 206, 208, 210, 250, 251, 258, 263

Condorcet, 205

Conybeare, John, 29 n.9

Copérnico, 64, 66 n.3, 77, 78, 110 n.17

Costabel, 189 n.8

Cotes, 87

Cramer, 31

Culotta, 89 n.22

Cuvier, 208

D

Dalton, 158, 159, 209

Darwin, 4, 48, 65, 66 n.3, 83 n.14, 190, 291

Descartes, 37, 49, 51, 81, 115, 129, 139, 142, 145, 195, 201, 232, 248, 308

Dilthey, 258

Duhem, 39, 57, 58, 60, 61, 62, 79 n.12, 90 n.23, 162, 205, 257

Dujardin, 29

Durkheim, Émile, 297, 298, 299 n.25

E

Eddington, 34

Einstein, 5 n.2, 29, 34, 48, 82, 83, 101, 126, 160 n.44, 163, 179, 195

Elkana, 307 n.33, 308 n.33

Ellegard, 83 n.14

Euclides, 283

Eudoxo, 72

Euler, 189

F

Faraday, 70, 124, 139, 256

Feuerbach, 148

Feyerabend, 1, 6, 8, 66, 93, 104, 154, 155, 160, 197, 199, 208, 219, 235, 257

Fischer, 241 n.2

Forman, 144, 300, 301, 302, 303, 304, 305, 306

Foucault, 252 n.14, 253 n.14

Fourier, 148

Frank, 66 n.3, 145 n.36

Franklin, 49, 127, 128, 209, 210 n.26

Frege, 142

Freud, 4, 65

G

Galileu, 35, 37, 42, 47, 78, 82, 133, 158, 213 n.31, 308

Ghiselin, 83 n.14

Giere, 221, 222, 223, 254 n.15

O PROGRESSO E SEUS PROBLEMAS 333

Gillispie, 213 n.31
Gilson, 248
Grosseteste, 82 n.13, 184
Grünbaum, 1, 2, 38, 57 n.20, 58
   n.21, 109, 125 n.27, 152 n.39,
   160 n.44, 161, 162, 164 n.49,
   176 n.2, 218 n.3
Grünwald, 281, 282 n.7

H

Hales, Stephen, 131, 132
Hanson, 93, 197, 199, 219, 257
Hare, Robert, 70
Harris, 207 n.23
Hartley, 84, 122, 189
Hegel, 148, 239 n.32, 279
Heimann, 69 n.5, 87, 88 n.20,
   189 n.9
Heisenberg, 305
Hertz, 122, 124
Hessen, 309
Hintikka, 7, 8 n.8, 85 n.16, 127
   n.29, 254 n.15
Hipócrates, 81
Hobbes, 115, 201, 254, 256
Hodge, 2, 83 n.14, 247 n.7
Holton, 257
Home, 49 n.18, 209 n.26
Hooke, 115, 201
Hooykaas, 83 n.14
Hull, 2, 83 n.14, 140 n.33
Hume, 249
Hutton, 87, 124 n.26, 147, 208

Huygens, 37, 64, 87, 91, 115,
   118 n.24, 121, 125, 126, 138,
   189, 201, 209

I

Iltis, 114 n.20

J

Jaspers, 249 n.9

K

Kant, 87, 189, 254
Kelvin, 80, 292 n.18
Knight, 83 n.14
Koertge, 109 n.15, 207 n.23
Kordig, 203 n.17, 204 n.17
Koyré, 82, 83
Kuhn, 1, 3 n.1, 6, 8, 17 n.2, 18
   n.2, 26 n.6, 40 n.14, 102-7,
   188, 198, 205, 246, 290

L

Lakatos, 1, 7, 28, 93, 102, 107-11,
   130, 136, 140, 141, 160, 163,
   166, 181, 205, 206, 207, 211,
   212, 219, 228, 238, 269
Lamarck, 247 n.7, 307
Lambert, 85, 189
La Mettrie, 30 n.10, 31
Laudan, L., 176 n.2
Lavoisier, 36, 133, 153 n.40
Leibniz, 64, 65, 87, 91, 114 n.20,
   125, 126, 189, 250, 254, 255, 257

334 LARRY LAUDAN

Leplin, 160 n.44
Le Sage, 85 n.16, 127 n.29, 189 n.9
Locke, 64, 84, 247, 258
Lorentz, 110 n.17, 160 n.44, 163, 164
Lovejoy, 255, 257
Lukes, 184 n.6
Lyell, 114, 115, 124 n.26, 190, 192, 208, 307
Lyonnet, 31
Lysenko, 89

M
McEvoy, 83 n.14, 235 n.19
McGuire, 2, 83 n.14, 87 n.18, 88 n.20, 189 n.9, 235 n.19
Mach, 70, 81, 142
Machamer, 2, 83 n.14, 189 n.9, 235 n.19
McKie, 116 n.22
McMullin, 219, 227 n.13, 235 n.19
Malebranche, 254
Mannheim, 279 n.5, 281 n.6, 282, 283, 293, 295, 296, 297, 298, 309, 311, 312
Margenau, 204 n.17
Martin, 34 n.4
Marx, Karl, 4, 101, 147, 279, 309
Masterman, 102 n.2
Maupertuis, 147, 189
Maxwell, 69 n.5, 101, 124, 133, 178 n.3, 292 n.18

Mersenne, 308
Merton, 279 n.4, 284, 298 n.23, 309, 310, 311 n.36
Michelson-Morley, 48, 124
Mill, 38, 248, 249, 254, 294
Molland, 2, 24 n.4
Morgan, 275
Musgrave, 3 n.1, 99 n.1, 102 n.2, 104 n.8, 107 n.11, 109 n.15, 110 n.17, 111 n.19, 160 n.44, 181 n.5, 187 n.7, 207 n.22, 211 n.28

N
Nelson, 250
Neurath, 39
Newton, 4, 34, 35, 37, 43, 48, 64, 65, 73, 81, 82, 84, 87 n.19, 114 n.20, 118, 121, 126, 134, 139, 142, 145, 192, 201, 209, 213, 232, 251, 254, 255, 256, 258, 265, 307, 309
Nye, 2, 29 n.9

O
Olson, 83 n.14
Oresme, 24

P
Parmênides, 176
Partington, 116 n.22
Pasteur, 133
Peirce, 176, 205, 254, 315

O PROGRESSO E SEUS PROBLEMAS 335

Perrin, 29

Pitcairn, 119

Platão, 3, 72, 176, 257

Playfair, 124 n.26

Poisson, 148

Popkin, 248 n.8

Popper, Karl, 1, 8, 15 n.1, 17 n.2, 18 n.2, 38, 42 n.15, 66, 109 n.15, 161, 163, 176, 181, 191, 205, 206, 207, 208, 224 n.12, 269 n.22

Post, Heinz, 207

Priestley, 83 n.14, 87, 153 n.40

Prout, 44, 45, 238

Ptolomeu, 36, 64, 72, 73, 158

Q
Quine, 39, 197, 257

R
Rayleigh, 54

Régis, 115

Reichenbach, 7, 8, 66, 176, 205

Richter, Maurice, 291, 299, 311

Roger, 88 n.21, 147

Rohault, 115

Rumford, 119, 209

S
Sabra, 82, 115 n.21

Salmon, 7, 63 n.1

Schaffner, 2, 125 n.27, 160 n.44, 166

Scheler, 279 n.4, 299

Schofield, 146, 189 n.9

Shapere, 102 n.2, 104, 198 n.13

Shapin, 302 n.29, 303 n.29, 304

Shapiro, Alan, 118

Simon, 17 n.1

Skinner, 65, 249 n.10, 258

Slater, 101

Smith, Adam, 78 n.11, 148, 261

Sorokin, 299

Spengler, 301

Stallo, 70, 71 n.8

Stegmüller, 205

Suppe, 198 n.13, 219 n.4, 234 n.18

T
Tarski, 109

Teilhard, 253

Thackray, 304

Tomás de Aquino, 138, 184

Törnebohm, 237 n.23

Toulmin, 99 n.1, 219

Trembley, Abraham, 30

Truesdell, 189 n.8

V
Vartanian, 30

Viner, 78 n.11

W
van der Waals, 37

Watkins, 109 n.15

Watson, 238 n.27

Weber, Alfred, 282 n.6, 308
Wegener, 101
Whewell, William, 71, 205, 219, 254
Winch, 184 n.6
Wolff, 91

Y

Young, Thomas, 36, 69 n.6, 126

Z

Zahar, 109 n.15, 110 n.17, 160 n.44, 163, 166, 181 n.5

SOBRE O LIVRO

Formato: 14 x 21 cm
Mancha: 23,1 x 38,3 paicas
Tipologia: AGaramond 12/13,7
Papel: Off-white 80 g/m² (miolo)
Cartão Supremo 250 g/m² (capa)
1ª edição: 2011

EQUIPE DE REALIZAÇÃO

Edição de Texto
Jean Xavier (copidesque)
Thaís Rimkus Devus (preparação de original)
Rosani Andreani (revisão)

Assistência editorial
Olívia Frade Zambone

Capa
Estúdio Bogari

Editoração eletrônica
Sergio Gzeschnik

Impressão e Acabamento

FARBE DRUCK
gráfica e editora ltda.